媒介融合下新闻传播系列特色教材

XINWENXUE JICHU LILUN

新闻学基础理论

鲍海波 王敏芝 编著

陕西师范大学出版总社

图书代号　ZH15N0856

图书在版编目(CIP)数据

新闻学基础理论／鲍海波，王敏芝编著．—西安：陕西师范大学出版总社有限公司，2015.8

ISBN 978-7-5613-8232-5

Ⅰ.①新…　Ⅱ.①鲍…②王…　Ⅲ.①新闻学　Ⅳ.①G210

中国版本图书馆CIP数据核字(2015)第188340号

新闻学基础理论

鲍海波　王敏芝　编著

责任编辑／张建明　李清霞
责任校对／商　甜
封面设计／鼎新设计
出版发行／陕西师范大学出版总社
(西安市长安南路199号　邮编710062)
网　　址／http://www.snupg.com
经　　销／新华书店
印　　刷／西安市建明工贸有限责任公司
开　　本／720mm×1020mm　1/16
印　　张／15.25
字　　数／215千
版　　次／2015年8月第1版
印　　次／2015年8月第1次印刷
书　　号／ISBN 978-7-5613-8232-5
定　　价／30.00元

读者购书、书店添货如发现印刷装订问题，请与本社高教出版分社联系。
电话：(029)85303622(传真)　85307864

前　言

在人类昂首阔步于信息时代之时，没有人会否认互联互通的网络已经引发了社会生活方方面面的巨大变化。从信息生产与消费维度而言，公民们通过网络连接他们需要的任何信息来源，同时发布自己的信息和个人的评论，还可以轻松地在新闻发布者和新闻接受者之间进行角色转换。这种畅通无阻、毫无障碍的信息交流，让我们恍惚间觉得信息高速公路的铺设似乎与人的神经元终端相连接。

毫无疑问，我们的生活将会受到巨大的冲击。到底会发生什么事情呢？类似的疑问以及对确切答案的无限追寻可能会不断进行下去，并且会成为“新常态”。但有些事情却是确定无疑的：

一是在人人都是“麦克风”的时代，人们需要的不仅是信息的索引者(Indexer)、文摘者(Abstracter)，而且需要解释者、记者与主编，即面对蜂拥而至的、庞杂无序的海量信息，人们对合成的、共享的、有序的并经过编辑的信息产品的渴望不会枯竭。

二是虽然我们已经拥有让每个人都能成为平等的信息发送者与接收者的技术，但对于信息高速公路上的可信度，除了那些可以由其本人的可接近性而得到确保的同时，如果没有专业化的新闻机构及其把关者，现代世界真实的图像显然是难以描述的。

面对不断行进的信息时代，新闻事业在某种程度上将会被重构，现代新闻事业的性质有待于重新认识；作为社会机制和文化样态的新闻，也将拓宽人们对于新闻本质的认识与理解，使其更加多元；作为“公共知识”的新闻观念也有望被普通人接纳，等等。在新闻事业诸多变化呈现出纷然表象的同时，对新闻学基础理论的探索更为艰难。为此——

本教程立足于新闻本体。

通过对“新闻”的聚焦与观照，渐次展开并辐射至对于新闻特性、新闻价值、新闻传播活动及其传播主体等问题的探索。

本教程立足于新闻活动。

通过对人类社会实践活动之一的新闻实践活动的梳理，力图揭示在新闻信息传播过程中新闻传播主体与新闻接受主体的主体性与能动性，探寻新闻媒介在新闻活动历史变迁中的承旧与革新，进一步考量作为新闻传播实践主体的人与传播媒体之间的有机互动所形成的不同的信息传播方式、媒介组织与机构等所构成的媒介生态环境等问题。

本教程立足于新闻事业。

在现代社会，新闻事业的产生必然有其特定的现实基础与限定性条件，在新闻事业发展的每一个阶段，都会出现一定的标志物或标志性事件，新闻事业的发展与社会的发展进步之间，相关的协同性在过去、现在乃至于将来都是不可或缺的推进性力量。

本教程立足于对中国新闻事业的观察。

探讨新的时代条件下的新闻基本理论，离不开对具有中国特色社会主义新闻事业的思想与实践资源的系统疏理，离不开对中国现行新闻工作原则的重新审视，从新闻、新闻传播活动、新闻事业的一般的、普遍的规律在中国新闻实践活动的具体演化及其所形成的一些特殊性样态出发进行研究，以期对社会主义新闻事业理论体系的构建，提供可供参考的思想资源。

本教程立足于新闻教育。

理论新闻学是新闻学理论体系的重要组成部分。从学科结构层面而言，理论新闻学处于学科制高点，将对新闻实践活动予以理论指导。以此角度来说，本教程集中讨论理论新闻学中最基础性的问题，不涉及与其他学科的交叉及其延展内容。在对具体问题的陈述与分析中，链接了一些背景资料与相关信息，以帮助学生在理解这些问题时能开阔思路，并将思考引入纵深。

目 录

第一章
新闻学的研究对象与学习方法

20 世纪中叶以来,人类社会进入了信息时代。新闻传播作为一项社会实践活动,已经深入到社会生活的各个领域,成为人们获取信息、交流思想、表达自我、享受娱乐的重要渠道。社会的进步与发展需要新闻传播,新闻传播每时每刻都在同人们发生着千丝万缕的联系,直接或间接地影响着人们的生活、工作和思想。同样,新闻传播也不能离开社会的需要,否则,新闻传播就没有必要存在、发展下去。为了满足社会的需要,即向最大范围的受众提供更多符合其需要的新闻信息,更好地为人们的生活与生产服务,人们开始越来越关注新闻传播中存在的各种关系以及各种矛盾,找寻其中规律性的东西。这也是新闻传播实践提出的学习与研究新闻学的现实要求。由此,以一切新闻现象和新闻事业为研究对象的新闻学应运而生了。

一、新闻学的学科地位

对新闻学的研究与其他学科一样,也是先有“术”后有“学”的,即先有新闻传播实践的经验,进而才有对这些经验的理论探索与概括。

从新闻学研究的时间维度看,欧美一些国家对报纸以及报业的研究经历了一个多世纪,其中最具代表性的是 1845 年在近代报业发源地之一的德国,出版了世界上第一本以报业历史为研究对象的新闻学专著——罗伯特·普尔兹(Robert Prutz)著的《德国新闻事业史》。1895 年,世界上最早的新闻研究所也在海德格堡建立。进入20世纪后，欧美一些国家相继开始了对新闻学较为系统的理论研究。

中国是世界上最早的报纸——《邸报》的故乡。1815年出版的《察世俗每月统记传》则是中国近代报纸的滥觞，它的问世时间比西方整整晚了两个世纪。所幸的是，中国新闻学研究的步伐与西方对新闻学的研究几近同时迈出，其中相差时间不再以世纪论之，而是区区数十年。1918年10月，在时任北京大学校长蔡元培先生的倡导下，北京大学创办了中国第一个新闻学教育与研究团体——北京大学新闻学研究会。

链接——

北京大学新闻学研究会创建于1918年10月14日，由时任校长蔡元培亲自发起并担任会长，徐宝璜和邵飘萍担任研究会导师。校长蔡元培拟定了研究会简章，规定其宗旨是“灌输新闻知识，培养新闻人才”。研究的主要内容包括新闻的范围、选题、采访、编辑、通讯方法以及报社和通讯社的组织等。研究会出版了《新闻周刊》，这是当时中国唯一传播新闻学知识的报纸，也是中国最早采用横排式的报纸。

2008年4月15日，北京大学新闻学研究会正式恢复成立，并聘任10位海内外知名学者担任导师，以“研究新闻学理、增长新闻经验，以谋新闻事业之发展”为研究宗旨。

伴随着北京大学新闻学研究会的成立，在此从教的留美教授徐宝璜和《京报》社长邵飘萍成为中国新闻学研究的开山鼻祖，毛泽东、谭平山等55人成为研究会的首批学员。1919年，徐宝璜将他在研究会的讲稿《新闻学纲要》整理成书，成为中国最早的一部新闻学专著。

新闻史学家方汉奇认为：“认真地说来，有关新闻思想的论述，并不在1918年。早在19世纪70年代，就已经有大量这方面的论文出现了。至于有关新闻思想的只言片语和短简文字则出现更早。其上限，就可以追溯到19世纪的40－50年代”①。

遗憾的是，在新闻学研究经历了一个多世纪的今天，对新闻到底有

① 引自方汉奇为胡太圭著《中国近代新闻思想史》所写序言。山西教育出版社，1996年7月版，第2页。

"学"或无"学"，在相关学界仍存有疑问。通常说来，判断某一学科是不是一门独立的学科，应从以下三个角度来分析：

其一，这门学科的研究对象是否具有其特殊的规定性；

其二，这门学科是否形成系统化的理论体系；

其三，这门学科是否得到社会的广泛承认。

事实证明，新闻学不但有自己形成和发展的历史过程，还有自己独特的研究对象，即把一切新闻现象和整个新闻事业作为自己的研究对象。它已基本上形成了较为系统的理论体系，主要包括新闻本体特征和矛盾关系；新闻传播活动的历史沿革和现状；新闻事业的社会地位及其功能作用；新闻事业工作的原则与方法；新闻业务的知识和技能等。在一百多年的研究过程中，新闻学及其研究已经硕果累累，并且已经得到社会包括学界的广泛认可。可见，新闻传播活动在其发生和发展过程中逐渐形成了自己独特的活动规律和工作原则，也形成了自己的科学理论。毫无疑问，新闻学与其他门类社会学科一样，是一门独立的充满着发展活力的社会学科。

二、新闻学的研究内容

1987 年，当时的国家教育委员会颁发《普通高等学校本科专业目录》，将新闻学正式列为中国社会科学和人文科学的 22 个学科门类之一。在"新闻学"门类下，标记的具体内容是：新闻学总论、马克思主义新闻理论、新闻学派与学说、新闻法制学研究、新闻业务研究、出版业务的应用、电子技术在出版业务中的应用、中国新闻事业史、中国出版事业史、国外新闻事业史等。此后，学科目录的修订工作又经历了 1993 年第二次修订、1998 年第三次修订以及 2011 年第四次修订，新闻传播学所包含的具体内容愈加丰富。

那么，新闻学的研究内容到底包含哪些方面？

新闻学是以人类社会客观存在的新闻现象作为自己的研究对象，即它把一切新闻活动和新闻事业的全部工作作为自己的研究对象。从广义的角度而言，新闻学所要研究的内容主要包括以下三个方面：

1．历史新闻学

历史新闻学主要研究中外新闻事业产生和发展的历史。它探寻的是人类最早的信息传播活动是怎样产生的，即通常所说的“新闻的起源”问题：是什么力量推动着人类新闻传播活动不断向前发展？新闻传播媒介是怎样从低级形式向高级形式演进的？它与社会生产力的发展有什么联系？等等。

在历史新闻学中，报刊这一新闻的物质载体在传统传播时代占有非常重要的地位，因为它是人类从事近代新闻传播活动最广泛使用的媒介，可以说，构成人类新闻传播活动最早的那部分历史就是报刊史，因此，中外报刊史成为历史新闻学最重要的内容。

除此之外，历史新闻学还研究广播、电视、通讯社、新闻电影等电子传播媒介，以及新媒介与新新媒介的发展与演变及其所构成的媒介生态。

2．应用新闻学

应用新闻学是新闻传播实践活动中具体到新闻业务方面的应用知识与技能，它探讨的是新闻采访、写作、编辑、评论、摄影、摄像，以及经营管理方面的技能方法和一般规律。它往往以新闻采访学、新闻报道学、新闻编辑学、新闻评论学、新闻摄影学、媒介经营与管理、新媒体技术应用等等理论形态与实践应用作为学科载体。

3．理论新闻学

与历史新闻学和应用新闻学相比较，狭义的理论新闻学是从应用新闻学与历史新闻学中概括、总结、阐明人类新闻传播活动的基本规律，用以指导具体的新闻传播实践活动的抽象理论。它不仅研究新闻传播的特点、性质、结构与功能等规律性的东西，而且也将新闻现象与新闻实践活动一同纳入自己的研究范畴。

历史新闻学、应用新闻学以及理论新闻学共同构成了广义上的新闻学。从世界范围内衡量，中国的新闻学在20世纪20年代前后初步形成，它的基础框架由以下代表性著作构成，即徐宝璜的《新闻学纲要》，邵飘萍的《实际应用新闻学》，戈公振的《中国报学史》等。这几部著作分别从理论新闻学、应用新闻学和历史新闻学三个维度构建了中国新闻学的最早基础。

具体来说，此处所言的新闻学是指狭义的新闻学，即理论新闻学或称新闻理论。它是对广泛而具体的新闻实践活动规律的概括与总结,用以指导新闻实践活动。在此意义上,新闻传播实践活动成为非常重要的关键概念,也可将其简称为新闻活动。

所谓新闻活动就是新闻工作者以及公众所从事的以一定传播媒介为中介而进行的有目标的信息收集、选择、加工、复制与传播的行为及其结果。整个新闻活动的线性示意图如下:

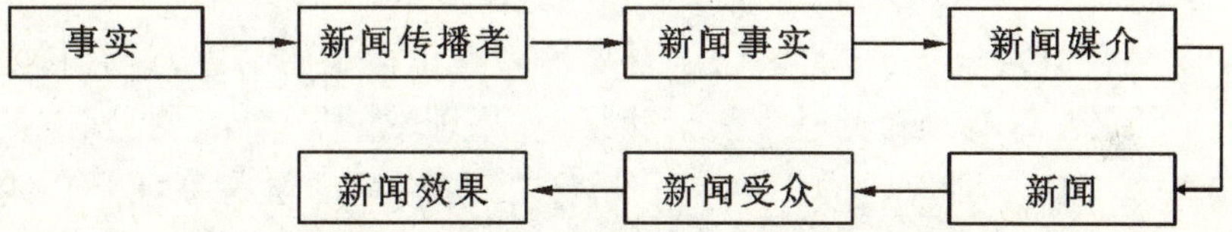

从以上示意图中也可以看出,新闻活动是一个动态的有目标的行为过程。在这个动态过程中,有几个非常重要的结构性要素,它们的相互作用及其有机互动,共同构成了新闻传播活动。这几个重要因素包括:

(1)事实。事实乃新闻之源,对于任何一则新闻而言,事实是其最简单最一般的本质再现。它构成了具体新闻的最基本的要素,以“共同”的形式与内容包含着新闻活动整个过程中的矛盾基因,具有新闻渊源的特征。所以说,事实的传播是一切新闻报道与新闻媒介成立的基础,事实的传播包含着人类传播活动的全部矛盾和规律,构成新闻报道现象的特质。

(2)作为主体的人。无论是新闻传播者还是新闻受众,他们作为新闻信息的发出者与接受者,是新闻传播具体实践的践行者或行为者,他们既把控新闻信息的生产、传播与接受,也决定着新闻传播实践活动的目标指向,更决定着新闻传播实践活动的层次与价值导向。换而言之,作为传播主体的传播者与接受者,新闻传播的技术逻辑、市场逻辑,以及意识形态逻辑的构建与实施均由其完成。更甚者,新闻传播作为社会文明形态与文化形态也由其营造与构建。

(3)媒介。在现代社会中,新闻媒介作为大众传播媒介之一,具有技术素质高、共源复制性、能够专门用来承载符号等特点。当然,作为新闻媒介,不只是高技术复制符号的传播工具,而且还包括具体社会历史环境下的新闻传播渠道以及新闻组织与新闻机构等。

在整个新闻传播的过程中,事实、具有主体地位的人、新闻媒介是非常重要的几个因素。这些要素与新闻本体、新闻、新闻起源、新闻本源、新闻特点、新闻价值、新闻事业的产生发展及其规律、新闻事业的性质职能、新闻事业在不同社会条件下所呈现的不同形态，以及新闻事业自由与控制等问题关系密切。

三、理论新闻学的学科意义

社会科学发展史证明，一门学科要达到真正科学的高度，具有科学的风貌，一刻也离不开理论思维。也就是说，用理性的思考去开掘实践的真理宝库是一门学科成熟的标志。由此观之，理论新闻学是新闻学门类中其他学科——历史新闻学、应用新闻学等学科的制高点。它以其系统的理论抽象方法，使整个新闻学富有鲜明的科学色彩。站在这个制高点上，才能统揽全局，考察整个新闻实践领域的一切细微的形态和结构。

具体说来，学习理论新闻学具有以下几方面的意义：

(1)指导新闻工作者自觉地从事创造性的工作；

(2)指导新闻事业不断地进行正确的改革；

(3)指导人们以科学的态度对待国外新闻工作的理论和实践经验；

(4)指导人们正确地吸收其他学科的成果。①

四、理论新闻学的学习方法

作为一门理论科学，其成熟的标志不仅在于其明确具体的研究对象，而且要有精当严谨的学科体系，甚至还要求它们所揭示的概念和规律能够准确、深刻。新闻实践提出了许多根本性的问题，从理论上予以研究与阐释，学习方法是值得关注的重要问题。一般说来，在学习方法上应该注意以下几点：

1. *以马克思主义新闻思想为指南*

把马克思主义的新闻思想作为新闻学研究的指南，是因为它对任何

① 李良荣：《新闻学概论》，复旦大学出版社，2012 年 11 月版，第 11 – 13 页。

学科的研究都具有指导作用，理论新闻学的学习与研究当然也不例外。同时，就马克思、恩格斯、列宁、毛泽东、邓小平等思想家们而言，他们在新闻理论上的贡献是杰出的，他们的一生都具有丰富的新闻实践经验，同时，又以精要的论断揭示了新闻实践的特殊规律。

总的来说，马克思主义的新闻思想主要表现为对新闻主体活动的社会制约性和社会使命的揭示，其中包括：新闻活动的客观规律与社会作用；新闻实践特征和表现手法；新闻媒介和社会运动的关系；新闻实践活动的党性原则与历史使命；新闻自由的本质与基本类型；两种对立阶级新闻事业的区别原则等。这些极其丰富、深刻的新闻思想，几乎在新闻实践的一切问题上都做出过分析，给出了令人信服的结论。所以，我们将马克思主义新闻思想作为指南体现在两个方面：从方法论上接受马克思主义，将它作为我们新闻思想的指南；从具体的新闻思想上接受马克思主义，继承其丰厚文化遗产，发扬其理论精华。

2. 理论要反映与实际的真实联系

马克思曾经说过：不仅探讨的结果应当是合乎真理的，而且取得结果的途径也应当是合乎逻辑的。马克思所言表明，科学探讨不仅要使研究的成果揭示出客观规律，而且研究方法也应当符合研究对象的客观真实联系。这样，这种研究方法本身也就具有了真理性，成为构成真理的一个重要组成部分，存在于整个真理体系之中。马克思的论断使我们认识到研究方法的重要性，原因是研究方法本身就是真理体系的组成部分。马克思主义的科学研究方法原则对于理论新闻学的学习与研究也是适用的，这样理论新闻学的学习与研究就应从分析事实现象的新闻实践开始而不是从抽象的结论开始，从研究一定社会经济文化形态中的新闻规律开始，而不是从一般的抽象的社会形态的新闻规律开始。一切理论从实际中来，一切分析应依据现实新闻传播的实际运作，而不是脱离实际的纯主观的推断。

3. 辩证吸收现代西方国家新闻学的研究成果

西方发达资本主义国家的新闻事业是巩固资本主义制度，维护其统治的意识形态工具。关于新闻在新闻理论上也有一些深刻的总结，其中以现代传播学之父威尔伯·施拉姆为代表的新闻传播思想家，将新闻传播置于不同的社会制度下，在对其不同的表现形态进行比较的过程中，把传媒理论分为以下四种：

(1)传媒的威权主义理论(Authoritarian theory of the press)；

(2)传媒的自由至上主义理论(Libertarian theory of the press)；

(3)传媒的社会责任理论(Social responsibility theory of the press)；

(4)传媒的苏联共产主义理论(Soviet Communist theory of the press)。

1956年，伊利诺伊大学出版社推出了美国教会全国委员会邀请伊利诺伊大学教授威尔伯·施拉姆(Wilber Schramm)、弗雷德里克·西伯特(Fred. S. Siebert)、西奥多·彼得森(Theodore Peterson)三位新闻传播理论家研究大众传播工具的社会责任问题。他们研究了自大众传播工具诞生以来，报刊在不同社会形态中所起的不同作用后认为：“传媒总是带有它所属社会和政治结构的形态和色彩，尤其是传媒反映了一种调节个人与社会关系的社会管制制度”①，提出了“传媒的四种理论”。他们认为，这四种理论决定了整个世界的传媒形式，并将自己的研究成果汇集成册，由美国伊利诺伊大学出版，名为《传媒的四种理论》。该书甫一出版，立即轰动了美国新闻界，认为这是一部阐述传媒与社会经济、政治制度之间复杂关系的力作。美国新闻学荣誉学会为此还授予该书研究奖章。

链接——

学者展江教授在为《传媒的四种理论》撰写的译者序言中认为：《传媒的四种理论》是一部学术“发电机”，极大地启发了后来者的研究。《传媒的四种理论》及其后来者对全球各国新闻传播体制的分析，表明了这样一个基本的事实：全球的新闻传播理念是多样化的。但是，无论是左翼、右翼还是自认为价值中立的学者，都从“四种理论”中获得了无穷的灵感，各国的学者们多半是根据时代变迁对“四种理论”做出修正和提出批评的，这正是“四种理论”的价值和贡献所在。

半个多世纪以来，传媒的四种理论一直是西方新闻传播学者研究各国新闻体制的主导理论。直到20世纪80年代，美国学者威廉·哈森(William Hachton)在《世界新闻多棱镜：变化中的国际传媒》(The world

① [美]弗雷德里克·S·西伯特、西奥多·彼德森、威尔伯·施拉姆：《传媒的四种理论》，戴鑫译，展江校，中国人民大学出版社，2008年3月版，第1－2页。

News Prism：Changing Media of International Communications）一书中提出的“五种理论”对“四种理论”做出较大的改进，增加了关于第三世界的媒介理论。哈森提出的五种新闻理论如下：

(1)威权主义理论。新闻总是受到国家和君主的直接或间接控制，传媒业不得以任何形式挑战、批评或诋毁统治者。新闻信息不仅由官方垄断，而且新闻运作也总是采取自上而下的程式。

(2)西方理论。在一些具备为个体公民自由和财产提供有意义保护的法律体系的国家，传媒通常有崇尚自由或独立权利的少数西方国家所具有的明确而独立的新闻传统。

(3)共产主义理论。此种理论强调，新闻媒介为共产主义新闻事业的重要组成部分，新闻事业的主要功能是推广政治集团的政策，协助控制社会，在政府统治中起积极作用。

(4)革命理论。革命的新闻事业存在的目的就是要利用传媒，夺取统治权，推翻并不代表他们利益的当权政府。

(5)发展理论。传媒及其所有的传播手段，须在中央政府统一调动下，为国家建设的重大任务发挥作用并提供帮助。①

1983年，美国大众传播学家丹尼斯·麦奎尔（Denis McQuail）在他出版的《大众传播理论》（Mass Communication Theroy）对传媒的原有理论做出补充，提出了“发展媒介”的理论和“民主—参与”的理论。这样，就形成了西方现代新闻学中的六种基本理论。

1. 传媒的威权主义理论

西方传播学家在关于媒介与社会及政府关系的几种理论中，认为从历史和地理层面来说，威权主义理论是最具普遍性的。当社会和技术充分发展到足以产生我们今天称作公众通信工具的时候，这一理论就为许多国家所自动接纳了，即便在不采纳这个理论的地方，它仍然影响着一些在理论上持保守自由主义原则的政府的实际行动。就一般意义来说，威权主义理论是一种资本主义制度建立以前西方古老的新闻体制的指导思想，是16、17世纪欧洲封建社会的产物。它体现的是封建威权主义的新

---

① [美]威廉·哈森：《世界新闻多棱镜——变化中的国际传媒》，张苏、苏丹译，新华出版社，2000年1月版，第14－31页。

闻思想。施拉姆等人认为，当印刷术在西方世界传播二百年后，威权主义理论仍是决定大众传媒对于当今社会关系的唯一基础。英国的都铎王朝、法国的波旁王朝、西班牙的哈布斯堡王朝，事实上在整个欧洲社会都用威权主义的基本原则作为传媒控制制度的理论基础。但这一理论的实际应用，并不以16、17世纪为限，在其后的世纪里，这一理论仍然是地球上大部分威权国家控制新闻传播的基本理论。现代社会仍有许多国家自觉或不自觉地采纳了这一理论。威权主义的理论比任何其他的理论都在较长时期中决定着公众通讯的方式。

传媒的威权主义理论主要包括以下内容：从宏观控制上来说，传媒作为一个社会机构，为了实现国家的目标，其功能和活动应受到政府的控制与管理。从具体的控制手段而言，政府积极参与新闻事业，为了宣传政令、教育人民可以管制传媒，同时，通过特许制、检查制、法院对违法提出公诉、特种营业税以及补贴传媒等办法控制传媒，以达到其目的。关于传播的内容，可分为许可的题材和禁止的题材。总体而言，凡经许可的传媒，有支持政府的义务，公布大众应当知道的事情，应当支持政府的政策和决定，在不进行政治和政策问题讨论的同时，其所传播的消息、思想和意见必须能促进国家和政府目标的实现。

传媒和其他形式的大众传播都发生在一个已经高度组织化的社会里，它与“这个”社会的关系，自然是由奠定社会管理基础的一些基本假设或原理来决定的。在分析威权主义传媒管制原则时，弗雷德里克·西伯特认为：“任何有关大众传播媒介与其所属的组织化社会关系理论，都是由某些有关人与国家关系的基本哲学假设所决定的。”①这些假设包括以下几个方面：

(1)人的本性；

(2)社会与国家的本质；

(3)人与国家的关系；

(4)基本哲学问题，知识与真理的本质。

以威权主义为特征的封建社会的统治阶级首先接受了某些理论假

① [美]弗雷德里克·西伯特、西奥多·彼德森、威尔伯·施拉姆：《传媒的四种理论》，戴鑫译，展江校，中国人民大学出版社，2008年3月版，第1-2页。

设。其最基本的理论假设在于,他们认为,人只有在作为社会一员的时候,才能发挥其全部潜能和力量。作为个人,他的活动范围极其有限,但作为社会或有组织的社会的成员,他实现自己目标的能力就无限地增加了,只有通过团体,个人才能达到他的目的。这就在理论上不可避免地发展出另外一个命题,即集体组织作为最高形式的表现,即国家在价值的尺度上代替了个人,因为没有国家,个人就无从发挥一个高级人的特征。个人必须依傍着国家、从属于国家,才能实现其个体的进步和文明。这是一切威权主义制度的共同声明。在国家里或只有通过国家,人类才能实现他的目的,没有国家,人类只能处在蒙昧的原始状态。

西伯特等人进一步认为,威权主义理论的形成可以上溯至古希腊哲学家柏拉图(Plato)、意大利政治学家尼科洛·马基雅维利(Niccolo Msckiavelli)、英国政治哲学家霍布斯(Thomas Hobbes)、德国哲学家弗里德里希·黑格尔(Friedrich Hegel)等人的影响。总而言之,“从柏拉图到希特勒,所有的威权主义政府理论都贯穿着一条主线。这些理论并非都是以权力、贪欲或个人愿望为基础。它们中的许多理论都是真诚地想解决诸如国家的本质、个人与国家的关系以及真理的本质这些深奥的问题。不论其方法或动机如何,这些理论的结果都是构造了一个有组织的社会制度,在这个制度中,大众传媒被赋予了一种特殊的角色并且要受到控制,从而使它不妨碍国家实现自己的最终目标。”①

2. 传媒的自由至上主义理论

西伯特认为,自由至上主义理论和其他关于大众传播工具在社会中的地位和职能的理论一样均是哲学原则的产物,它为传媒所在的社会和政治结构提供了基础。自由至上主义,作为一种社会的、政治的制度已形成了一种固定的体系,以便各种机构都在它的轨道范围内运行。传媒和其他社会机构一样,也受到这些原则的影响。

自由至上主义者认为:人是理性动物,人本身就是目的;个人的快乐和幸福就是社会的目的;人作为有思想的有机体,能够组织其周围的世界,能够做出促进社会利益的决定。虽然人不常运用上帝所赋予的、解决

① [美]弗雷德里克·S·西伯特、西奥多·彼德森、威尔伯·施拉姆:《传媒的四种理论》,戴鑫译,展江校,中国人民大学出版社,2008年3月版,第10页。

人类问题的理性，但从长远来说，他们凭借个人决心的积累对人类文明事业仍起促进作用。人之所以有别于低等动物，在于他有思想、记忆、利用经验做出结论的能力，由于这种不平常的本领，所以人才是独一无二的。人是文明世界的基本单位，也是它的推动者，因此，个人的自我实现也就成为最终极的目的——个人、社会和国家的共同目标。

自由至上主义的重要贡献是强调了个人的重要性，相信人的理性能力和天赋权利。基于此就会推演出以下假设：

(1)人们渴望获得真理，并且愿意接受真理的指导；

(2)达到真理的方法只有一种，即让观点在公开的市场上自由竞争；

(3)既然个人的意见各不相同，就必须允许每一个人自由地、甚至强烈地坚持自己的意见，只要他同时给别人以同样的权利；

(4)通过这种互相宽容和相互的比较中，最为合理的一种意见就会出现而被大家普遍接受。

纵观历史发展，随着启蒙运动中的政治自由、宗教自由、经济自由的不断发展，传媒自由的要求也日益呼声渐高。在18世纪初期，威权主义的传媒制度逐步走向衰亡：封建国王放弃了管制传媒的权力，教会作为一种管理机构也被取消了，国家垄断出版事业的制度也逐步废弃。到18世纪末，自由至上主义原则已经通过保护言论和出版自由的宪法条文而被认为是各国基本法的神圣原则。对于这一转变，至少有三个英国人和一个美国人做出了贡献，那就是17世纪的约翰·弥尔顿(John Milton)，18世纪的托马斯·厄斯金(Thomas Erskine)、托马斯·杰弗逊(Thomas Jefferson)和19世纪的约翰·斯图尔特·密尔(John Stuart Mill)。

约翰·弥尔顿不仅是英国文学史上最伟大的诗人之一，而且是著名的政论家，主张天赋人权、追求民主。1644年，他出版了《论出版自由》(The Freedom of the Press)，在自由主义的历史传统上写出了主张思想自由的浓重的一笔。他认为，人们运用理性就可以辨别正确与错误，分辨好坏，而要运用这种才能，人们就必须不受限制地去了解别人的观点和思想。他相信，真理是普遍的，是可以表达出来的，只要让真理参加自由而公开的斗争，真理本身就有战胜其他意见存在下来的无可比拟的力量。

英国律师、大法官、下议院议员托马斯·厄斯金在为潘恩辩护而出版的《人的权利》(The Rights of Man)一书时，提出了关于言论自由和新闻自由的自由主义原则,清晰地阐明了自己的立场,他说:“我要将这样一种观点作为新闻自由的基础,没有它,新闻自由就是一句空话。每个人,只要不是故意欺骗他人,而是尝试用自己的理性和良心启发他人,即便他的观点有错,但只要对他来说是真理,就应允许他把自己的观点公布于全民族的普遍理性之前,不论这个问题是有关政府的一般性问题还是我们自己政府的特殊问题。”①

托马斯·杰弗逊既是哲学家又是政治家,他也是美国《独立宣言》的起草者之一。他特别强调“分权说”及“个人第一”的观念,认为个人远比政府重要。在他看来,传媒必须具备三种功能:

(1)教育人民,提高文化水平;

(2)供给新闻,服务于民主政治;

(3)监督政府,保障人民的民主权利;

他同时指出,人们自由权利的保证基于新闻自由,这种自由不能限制也不能丧失。他还强调说:如果要我在有政府无报纸与有报纸无政府中做出选择,我宁取后者。

对于19世纪实用主义哲学家约翰·斯图尔特·密尔来说,自由就是成年人按照自己的意愿进行思考和行动的权力,只要其所作所为不会危害到其他人。对于为什么要维护思想自由,密尔亮出了四个基本观点:

(1)如果压制某种观点,就等于压制真理;

(2)错误的观点可能包含着为达到真理所必需的那么一点点真理;

(3)即使人们接受的观点全部都是真理,但是他们往往习惯于作为一种先入之见而不是在理性的基础上来掌握的,除非他们被迫来维护这种真理;

(4)如果大家接受的观点不是常常和别人的其他观点辩论,就会失去活力,失去对人们行为和性格的影响力。

由上文的援引可以看出,自由主义的传媒制度的思想基础已被弥尔顿等人在17世纪时就奠定了;18世纪时则是制定各种细节并付诸实施;到了19世纪,当自由主义思潮达到顶峰时,这种制度几乎传遍了全球。

---

① [美]弗雷德里克·S·西伯特、西奥多·彼德森、威尔伯·施拉姆:《传媒的四种理论》,戴鑫译,展江校,中国人民大学出版社,2008年3月版,第3页。

世界上所有的民主国家都采用了这种自由主义原则，并体现在各国的宪法或根本法中。按照自由至上主义的观点，在民主社会中，大众传媒有如下功能：

(1)为维护人们“知的权利”和“知的自由”，新闻媒介及其从业人员，应该有采访自由、传递自由、出版自由和批评自由，确认新闻自由是一切民主权利的监护者，政府不得侵犯；

(2)传媒的功能主要在于报道真实新闻和充分反映民意，为公众提供消息、意见的自由市场，由人民自由凭借其理性和良知加以判断和抉择，政府对此无须插手；

(3)新闻事业应为一般企业，依照自由经济原则，在公开市场上从事自由竞争，其成败取决于社会和公众的信任和支持的程度。

传媒的自由至上主义理论存在许多问题，也引来大量的质疑之声，其最大的缺陷在于没有为大众传媒的日常运行提供一个精准的衡量尺度，即在享有自由与滥用自由之间的有效准则。但它也展示了其理论与实践的优势，至少它摧毁了人们思想上的桎梏，开辟了人类自由的美好愿景。

3. 传媒的社会责任理论

西奥多·彼得森认为，自由至上主义媒介理论指导下的自由新闻业，在实践运行中产生了许多问题，其中最大的缺陷，就是未能对大众传播媒介开展具体的实践活动提供严格的执行标准。换言之，即充分享有自由和滥用自由的衡量标准是含糊的、不确定的，甚至有时是不一致的。于是，进入20世纪以后，纯粹自由至上主义传媒理论就必然被逐渐兴起的传媒的社会责任理论所代替。

第二次世界大战以后，美国的新闻自由委员会经过一定的努力，充分认识到要使社会责任成为一个全新的、完整的理论，而不仅仅是传统理论的附加物，将题为《一个自由而负责的新闻界》(A Free and Responsible Press)的报告出版于世。在其“问题与原则”部分中，委员们认为，在现代社会工业组织与新闻界的经济结构的夹击之下，新闻自由处在危险之中。但是，一个自由的新闻界对于社会具有特殊的重要性，并且新闻自由只能以一种可以问责的自由而继续存在。① 由此可以看出,媒介的社会责任理论有一个最基本的前提:自由伴随着义务,享有社会特殊地位的传媒,就应该承担起当代社会大众传播工具的某种主要职能。

社会责任理论下传媒的职能,与自由至上主义理论下传媒的职能基本上一致,但随着传统理论的发展,传媒的具体任务主要有以下几项:

(1)为政治制度服务,提供关于公共事务的信息、观点和讨论;

(2)启发民智,使之能够自治;

(3)监督政府,保障个人权利;

(4)为经济制度服务,利用广告沟通买卖双方的商品和服务;

(5)提供娱乐;

(6)保持经济自立,不受特殊利益集团的压迫。

这六项任务实施的理论依据,是社会责任理论所奠定的新闻思想:

(1)新闻事业享有自由,同时必须承担责任,提倡"为最大多数人谋最大利益",对消息、意见、思想的自由市场,新闻事业要担当起明辨真伪、是非、优劣和善恶的责任;

(2)言论自由是人类的基本人权,但新闻自由仅为新闻从业人员的权利;

(3)新闻事业应对社会公众负责,无论报纸的新闻、评论,广播和电视的各种节目,都应保证正确的立场,不受广大客户的操纵和影响,提倡新闻自由、鼓励新闻自律,以保证新闻报道的真实性和表达意见的公正性;

(4)如果新闻事业不能履行社会责任,其他社会机构必须注意考察并加以干预,必要时,政府可以制定法规以保证新闻报道与意见表达的自由流通;

(5)成立报业评议委员会,使受报刊侵害的个人或团体得到保护。

同时,社会责任理论也对现代传媒提出了五项要求,这五项要求综合起来就是传媒工作的原则和准绳:

(1)提供"一种就当日事件在赋予其意义情境中的真实、全面和智慧

① [美]新闻自由委员会:《一个自由而负责的新闻界》,展江、王征、王涛译,中国人民大学出版社,2004年8月版,第1-10页。

的报道”。这是当代社会对传媒的第一项要求，事实就是事实，观点就是观点，两者不能相混同；

(2)传媒应当成为“一个交换评论和批评的论坛”。这一要求意味着大型大众传媒机构应当把自己变成公众讨论的公共载体，应当刊载一些与自己见解相左的意见，但并不放弃自己的主见；

(3)传媒要投射出“社会组成群体的典型画面”。这一要求与前两项密切相关，它要求传媒正确地描绘每个社会集团，如中国人和黑人。因为人们都习惯凭借自己的好恶来做判断，而一幅错误的画面可能彻底摧毁一个正确的判断；

(4)传媒有责任“呈现和阐明社会的目标与价值”；

(5)传媒要提供“充分接触当日信息的渠道”。因为现代社会之中的公民对于当前信息的需求比以往任何时候都要大，因此新闻和观点必须获得广泛传播。①

从以上的引述可以看出，社会责任理论关于政府性质和作用的观点与传统的自由主义理论有着显著的不同。自由至上主义理论是在政府被当作自由的主要“敌人”的时期发展起来的，自由就意味着不受政府控制。而社会责任理论要求，政府不能只允许自由，还应促进积极自由。所以，报刊的社会责任理论认为，独揽大权的政府是唯一存在的权力的机构，它与社会一道保证自由的有效使用。故而，在必要时，政府应当采取有效的行动对失控的自由加以相应控制。

传媒的社会责任理论伴随着资本主义从自由发展到垄断，特别是国家垄断资本主义阶段而盛行于西方国家，是一种主张限制新闻自由，承认政府对新闻有干预和控制的一种新闻观念，它从新闻理论上论证了国家干预和控制传播的合理性。

4. 传媒的苏联共产主义理论

按照威尔伯·施拉姆的理解，传媒的苏联共产主义理论来源于马克思主义。马克思主义理论扩展至传媒，就形成了苏联共产主义理论的传媒观，并对大众传媒性质的认识与职能的定位进行阐释。

---

① [美]弗雷德里克·S·西伯特、西奥多·彼德森、威尔伯·施拉姆：《传媒的四种理论》，戴鑫译，展江校，中国人民大学出版社，2008年3月版，第75－80页。

总体来说，传媒的苏联共产主义理论认为，大众传播媒介主要是受少数普罗米修斯式的领导者指挥，是领导者为达到预定目的而加以利用的革命工具，并有如下特征：

(1)传媒是被作为“国家和党的工具”来使用的；

(2)传媒“与其他国家权力工具和党的力量紧紧地结合在一起”；

(3)传媒是“维护国家统一和党的统一的工具”；

(4)传媒是“国家发布‘指示’、党开展‘揭露’的工具”；

(5)传媒“几乎是专用于宣传和鼓动的工具”；

(6)传媒“以负有严格执行的责任为特点”。

由此性质，决定了苏联大众传播“工具”所担负的三项主要工作：

(1)将指示通俗化，以提高群众的政治觉悟；

(2)解释理论，宣传领袖的思想；

(3)大量报道官方信息，以利于党和工人组织顺利开展工作。

传媒的苏联共产主义理论认为，党对传媒的控制有三种方式：

第一种方式，党的各级宣传鼓动部门负责任命报刊主编，然后由中央委员会的宣传鼓动部门确认这些任命，首先考虑的当然是被任命者的政治可靠性。

第二种方式，党通过宣传鼓动部门发出大量指示，指明哪些材料可以在报刊上出现，以及如何处理这些材料。

第三种方式，党评阅并批评报刊。党的各级组织都设有一个委员会，负责抽检和批评同级报刊。《真理报》可以随时批评其他报刊，各种专业化党报的上级报纸通常可以批评下级报纸。①

在威尔伯·施拉姆等西方传播学家看来，传媒的苏联共产主义制度是一种威权主义制度，但与启蒙运动以前欧洲封建国家的威权主义相比，或与今日自由世界许多国家的威权主义的现代仿造物相比较，既有一致的地方，也有明显的不同：苏联的传媒是国有的，是国家机器的一部分，而其他国家传媒大部分是私有的，仅受国家的约束。这样，就派生出以下几方面的重要区别：

---

① [美]弗雷德里克·S·西伯特、西奥多·彼德森、威尔伯·施拉姆：《传媒的四种理论》，戴鑫译，展江校，中国人民大学出版社，2008年3月版，第108－119页。

(1)苏联共产主义制度消除大众传播工具的谋利动机,传媒可自由地尽其作为国家和党的工具的职责,而不是博取大量受众的竞争者;

(2)传媒的苏联共产主义理论积极地、确切地规定大众传播工具的作用,同时认为,媒介作为社会变革的工具,应协助党完成这种变革;

(3)传媒的苏联共产主义理论,对传媒采取威权主义的政策是基于经济决定论,而不是根据神权论,是建立在阶级斗争的概念上,其目的是通过一个阶级的统治最后达到共产主义的社会。

5. 丹尼斯·麦奎尔对“四种理论”的补充

英国著名社会学家、荷兰阿姆斯特丹大学传播学终身教授、“欧洲传媒研究小组”成员、《欧洲传播学杂志》三位创始人之一的丹尼斯·麦奎尔(Denis McQuail)不仅是采用社会学方法研究传播现象的代表人物,而且对传播学理论本身的产生与发展极为熟悉。20世纪80年代初,在他出版的《大众传播理论》(Mass Communication Theory)中提出人类传播的“六种理论”。麦奎尔认为:“四种理论”仍然是划分国家媒介制度的主要思想源泉和着眼点,但这种规范理论确实不能适用于发展中国家。于是在“四种理论”基础上,他又从传播学的角度研究了报刊的另外两种理论:“发展媒介理论”(Development Media Theory)和“民主—参与理论”(Democratic Participant Media Theory),对传媒的“四种理论”做了有益的补充:

发展媒介理论主要是针对发展中国家的,麦奎尔认为,发达的大众传播体系,必须具备以下特征:即完善的大众传播的基础设施;受过专业训练的大众传播工作者;丰富的经济和文化资源以及大量的受众。但发展中国家不具备最基本的传播条件,它们不得不依赖于发达国家的技术、技艺和文化产品,而对其最重要的任务与目标就是,为了国家的自治和文化的独立,大众传播媒介必须积极地用于民族的发展。如:

(1)大众传播媒介必须在符合国家政策的前提下,接受和执行积极的发展任务;

(2)根据经济和社会发展的需要,大众传播媒介的自由应该接受限制和约束;

(3)大众传播媒介必须优先考虑其传播内容对该国文化和语言的影响;

(4)大众传播媒介在所传播的新闻和其他信息中,应重点强调那些与本国在地缘、文化上、政治上联系较密切的其他发展中国家的内容;

(5)大众传播从业人员在新闻采访过程中,既享有自由,同时又担负起责任;

(6)为了发展的最终利益,国家有权干预或对大众传播媒介进行管理,有权采取各种检查制度。国家对大众传播媒介经济上的资助者进行直接控制,也是正当的。

与发展媒介的理论相比较,麦奎尔提出的民主一参与理论是针对发达的自由民主社会的,提出这一理论的目的在于反对基于社会责任理论基础上的传播媒介的简单化和垄断化,以及公共广播机构的集中趋向和官僚化趋向。麦奎尔认为,公共广播机构近年表现出许多弊端,其家长作风太甚,沾沾自喜;与官方机构的关系密切;同时,对政治和经济的压力又不太敏感,不利于大众的民主参与;更何况新闻自由不只是新闻界的,而是整个社会的。民主一参与理论的主要内涵如下:

(1)个体公民和少数群体有权使用媒介,有权根据自己的需求决定享受媒介的服务;

(2)媒介组织和内容不得受制于集中的政治或国家官僚政治支配;

(3)媒介的存在首先是为了受众,而不是为媒介组织、专业人士或媒介的客户;

(4)团体、组织和地方社区应该拥有自己的媒介;

(5)小规模互动参与媒介的形式优于大规模、单向的专业化媒介;

(6)社会对大众媒介的某些要求,没有通过个体消费者的要求,或者通过国家及其主要机构充分体现出来。①

可见,在麦奎尔理想中,发达国家的大众传媒应该呈现出别样的“风景”,即大众传媒体制应崇尚多样化、小型化、地方化、非专业化,传受角色互换,使社会各阶级的横向传播与联系以及相互作用能够加强。民主——参与理论的提出,也从另一角度反映了西方社会对既定的多党政治和议会民主制度的幻灭。

---

① [美]弗雷德里克·S·西伯特、西奥多·彼德森、威尔伯·施拉姆:《传媒的四种理论》,戴鑫译,展江校,中国人民大学出版社,2008年3月版,第20页。

五、建设有中国特色的社会主义新闻学

19世纪下半叶，早期资产阶级改良派人士在从事报刊活动的同时开始了对新闻学的探讨，意味着中国新闻学研究的开始。20世纪初，国内开始出现对外国新闻学论著的翻译与介绍。“五四运动”后中国人自己的新闻学研究开始走向普及和深入。如1918年10月，北京大学成立了新闻学研究会；1919年12月，中国第一部新闻学理论著作，同时也是中国第一部新闻学专著——徐宝璜的《新闻学纲要》出版；1921年，中国共产党成立之后，由中国共产党领导的新闻事业，在物质条件极其艰苦和敌我斗争极其严峻的背景下，开始了如火如荼的新闻实践活动；1923年9月，中国第一部新闻业务专著——邵飘萍的《实际应用新闻学》出版；1927年，中国早期重要新闻史论著——戈公振的《中国报学史》出版。

中国马克思主义新闻学研究始于20世纪30年代，并于30年代初出现了马克思主义新闻学团体，30年代末出现了马克思主义新闻教育。到了40年代，在延安“整风”运动时期，中国共产党在中央机关报《解放日报》连续发表了一系列文章如《党与党报》《致读者》等，标志着中国共产党党报理论的基本形成。

新中国成立之后，为了适应全国逐步转入以经济建设为中心的新任务，更好地发挥新闻业在国家经济建设中的作用，新闻界提出了在新的形势下进一步联系实际、联系群众的工作思路，在报纸上积极鼓励开展批评和自我批评等问题，则是对中国共产党党报思想的进一步发展。

“文革”期间，新闻学研究经历了一个低谷期，10年间全国新出新闻学论著仅有24种。在办报指导思想上出现了严重的“左”的倾向，社会主义新闻事业一度受到严重的破坏。

党的十一届三中全会召开以来，特别是1979年至1984年，这时期新闻改革的重点是转变指导思想、改进新闻业务，并在新闻业务上提出了“真，短，快，活，强”的要求。1985年至1988年，中国新闻改革向纵深发展，从改变和更新观念入手，探索新时期新闻工作的性质和特点，认为新闻不仅有宣传功能，还有提供信息、引导舆论、传播知识、提供教育、广

告、娱乐等多种功能。同时,人们对新闻传播行为的特点有了新的认识,新闻报道的范围扩大了,新闻媒体的主体性意识牢固了,新闻活动的主动性增强了。1989 年至今,在继续进行新闻业务改革的同时,开始从市场经济对媒体的呈现要求着手,探索新闻体制的改革,探索建立社会主义市场经济新模式下新闻体制的思想和框架。

目前,通过坚持不懈的改革,中国新闻事业呈现出兴旺发达的总体态势。但是,新闻改革同样是一场总体性的改革,与其他社会系统的改革既相互制约也相辅相成。在一定程度上,新闻改革的步伐还有待加快,新闻媒体对社会的推动作用还需进一步加强。新闻管理体制的改革还没有真正迈开步子,新闻队伍建设上仍是一个薄弱环节。

思考题

1. 如何评价传媒的自由至上主义理论?
2. 建设有中国特色的社会主义新闻理论体系应该关注哪些问题?

阅读书目

1. 徐宝璜:《新闻学》,中国人民大学出版社,1994 年 1 月版。
2. 徐宝璜:《徐宝璜新闻学论集》,北京大学出版社,2008 年 12 月版。
3. 邵飘萍:《邵飘萍新闻学论集》,北京大学出版社,2008 年 12 月版。
4. 戈公振:《中国报学史》,生活 · 读书 · 新知三联书店,2011 年 9 月版。
5. [美]新闻自由委员会:《一个自由而负责的新闻界》,展江、王征、王涛译,中国人民大学出版社,2004 年 8 月版。
6. [美]弗雷德里克 · S · 西伯特、西奥多 · 彼得森、威尔伯 · 施拉姆:《传媒的四种理论》,戴鑫译,展江校,中国人民大学出版社,2008 年 3 月版。

第二章　新闻及其类别

新闻学将一切新闻现象和新闻传播实践活动作为自己的研究对象。但是,对新闻现象和新闻活动的研究也存在研究的逻辑起点问题,即理论新闻学将以什么作为逻辑起点,来对具体的问题进行研究和探讨。

一、新闻及其定义

刘建明教授在《宏观新闻学》一书中明确提出:不能忽视理论新闻学研究起点的确立,这关系到如何用由具体到抽象、由实践到理论的认识秩序去建立严整的思维框架。他认为,确定一种对象的研究起点,必须寻求对象的多样性统一的基础。[①] 作为"基础",它是对象的最简单和最一般的本质再现;它是构成具体对象的最基本的要素;它以"共同"的形式包含着整个对象发展中的矛盾基因,具有事物渊源的特征。以此研判,理论新闻学研究的逻辑起点是"新闻"。因为"新闻"是整体新闻学理论体系的各个构成部分中最简单和最一般的本质再现。历史新闻学将"新闻"放置于具体的历史情境之下予以考察与阐释,应用新闻学则将"新闻"置于丰富的实践活动中展开剖析,理论新闻学将"新闻"放置于理论思维的考辨范畴。其次,无论是新闻现象、新闻活动、新闻事业,或者涉及新闻传播的任何层面、任何阶段,"新闻"都是构成具体对象的最基本要素;再次,"新闻"的"共同"形式包含着整个新闻实践活动乃至于新闻事业发展

① 刘建明:《宏观新闻学》,中国人民大学出版社,1991 年 8 月版,第 6 页。

中各种矛盾的基因，厘清“新闻”就等于抓住了矛盾的关键节点。简而言之，“新闻”包含了整个新闻活动及新闻事业的一切矛盾关系。

1．“新闻”词义辨析

据考证，“新闻”一词最早出现在我国唐代初年出版的《新唐书·隐逸传》中。其文献记载，有位叫孙处玄的文人，因抱怨当时缺少传播海内外奇闻逸事的书籍而慨叹曰：“恨天下无书以广新闻。”另有记载，唐人尉迟枢将他从南方收集到的一些民间传闻汇集起来修成《南楚新闻》一书；唐人李咸用所著《披沙集》中有“旧业久抛耕钓侣，新闻多说战事功”的诗句。到了宋代，赵升在其所著的《朝野类要》记有“有所谓内探、省探、衙探者，皆衷私小报，率有泄露之禁 ，故隐而号之曰新闻。”上述文献记载中的“新闻”主要指的是民间传闻轶事。从“新闻”一词在我国早期文献中的具体含义来看，主要指最新发生的事情或民间流传的奇闻趣事。也有学者对历史文献有自己的解读。学者姚福申认为，新闻一词，古已有之。汉语的“新闻”有三个层次的含义：一是指新近发生或变动的事实；二是指新闻稿；三是指报纸。①

美国新闻学家卡斯珀·约斯特(Casper Yost)对“新闻”一词在何时起源也作过考证。他认为，虽然“新闻”一词在上古时代的语言中已发现其根源，但据英国《新英语词典》的解释，正式将其解释为“新闻报道”则是1423年的事。具体地说，苏格兰詹姆士一世(James I)的《国王书》(The King's Quare)使用了“新闻”一词并写道：“我带来了王室的好消息。”约斯特经过考证后指出，有人把“新闻”一词 news 说成是由英语 north、east、west 和 south 四个词第一个字母组成的，意指来自四面八方的消息，这种说法仅仅是一种幻想的观念，没有切实的依据。他指出，“新闻”一词是由“new”这一词引申而来的。

链接——

美国新闻学家卡斯珀·约斯特(Casper Yost)在《新闻学原理》一书中提到：“‘新闻’一词就像其所指事物一样，具有古代语言与生俱来的词根。‘新闻’根源于罗盘的几个方向(东南西北)的传言虽广为流传，

① 姚福申：《新时期中国新闻传播评述》，复旦大学出版社，2002年1月版，第23页。

但是由于缺乏令人信服的事实或者语用学方向的证据，只能算作一种误传。新闻源于单词'new'……作为动词，它的意思等同于'更新'（renew），作为名词，它用以指代任何新事物。'new'的复数形式是'news'……news究竟何时开始用作现代定义的'新闻'（news）语义来指代新事物，尚不得知，根据《新英语词典》（The new English Dictionary）的释义，在尚存的书写中，该词用于上述意义的最早记录是在1423年。"

通过对"新闻"一词由来的分析可以看出，虽然经历了一千多年的演化过程，但它所表达的基本含义应该是"新鲜"，这也是最能代表和反映这个词本义的一种解释。

2. 众说纷纭的"新闻"定义

新闻学研究走过了一百多年的路程。这期间，无数新闻学家根据自己对新闻现象的理解，概括出了数以百计的关于新闻的定义。[①] 如：

美国哥伦比亚大学教授梅尔文·门彻：新闻是事件正常发生过程中出现的突变信息，是正常状况的突变。

美国威斯康星大学教授布莱尔：新闻是新近发生的、能引人兴味的报道。

美国新闻学家、著名报人卡斯珀·约斯特：新闻是已经发生和正在发生的事情的报道。

德国柏林大学新闻学教授道比法特：新闻就是把最新的事实的现象在最短的时间距离内，连续介绍给最广泛的公众。

日本新闻研究所所长小野秀雄：新闻是根据自己的使命，对具有现实性的事实的报道和批判，是用最短时距的有规律的连续出现来进行广泛传播的经济范畴的东西。

…………

上述关于新闻的定义，是新闻学家、新闻教育家们的学术研究成果。他们大都从新闻的新鲜性、及时性、重要性、纪实性和趣味性等角度给新闻下定义。

---

① 邵培仁、叶亚东：《新闻传播学》，江苏人民出版社，1995年版，第2页。

国外也有一些新闻从业者，如记者、编辑、主编、发行人等对新闻问题进行了阐述，他们基本上都是从新闻实践的角度，揭示新闻的操作方法和实用价值。如19世纪30年代《纽约太阳报》采访部主任约翰·博加特直截了当地对新闻予以“经典性”的概说：“狗咬人不是新闻，人咬狗才是新闻。”20世纪30年代初期，美国《纽约先驱论坛报》采编部主任斯坦利·瓦利克尔坦言：“什么是新闻呢？新闻就是女人、金钱和犯罪”，即新闻就是三个“W”：woman（女人），wampum（金钱），wrongdoing（坏事）。

在我国，从19世纪中叶开始，人们开始就新闻学中的许多具体问题展开探索。对于新闻“是什么”的问题也有诸多不同的解答，如：

徐宝璜：“新闻者乃多数阅者注意之最近事实也。”①

邵飘萍：“新闻者，最近时间内发生的认识一切关系于社会人生的兴味、实益之事物现象也。”②

李大钊：“新闻是现在新的、活的社会状况的写真。”③

陆定一：“新闻的定义就是新近发生的事实的报道。”④

胡乔木：“新闻是一种新的、重要的事实。”⑤

范长江：“新闻，广大群众欲知、应知而未知的重要事实。”⑥

王中：“新闻是新近变动的事实的传布。”⑦

甘惜分：“新闻是报道或评述最新的重要事实以影响舆论的特殊手段。”⑧

---

① 徐宝璜：《新闻学》，中国人民大学出版社，1994年1月版，第4页。

② 邵飘萍：《新闻学总论》，京报馆出版部发行，1924年版，第80页。

③ 李大钊：《在北大记者同志会上的演说词》（1922年2月12日），《新闻战线》，1980年第2期。

④ 陆定一：《我们对于新闻学的基本观点》，刊于《解放日报》1943年9月1日，见陈建云编：《中外新闻学名著导读》，浙江大学出版社，2005年8月版，第150页。

⑤ 胡乔木：《人人要学会写新闻》（1946年9月1日），中国社会科学院新闻研究所编：《中国共产党新闻工作文件汇编》（下），新华出版社，1980年12月版，第224页。

⑥ 范长江：《记者工作随想》（1961年），《新闻战线》，1979年第1期。

⑦ 王中：《论新闻》（1981年5月），《王中文集》，复旦大学出版社，2004年12月版，第226页。

⑧ 甘惜分：《新闻理论基础》，中国人民大学出版社，1982年7月版，第50页。

链接——

1943年9月1日，陆定一在延安《解放日报》发表《我们对于新闻学的基本观点》一文，在文章的第一部分"新闻的本源"中写道：

"新闻是什么？对于这个问题，有两种回答。由于对于新闻的本源理解不同，一种人对于新闻是什么，作了唯物论的解决，另一种人则作了唯心论的解决。

唯物论者认为，新闻的本源乃是物质的东西，乃是事实，就是人类在与自然斗争中和在社会斗争中所发生的事实。因此，新闻的定义，就是新近发生的事实的报道。

新闻的本源是事实，新闻是事实的报道，事实是第一性的，新闻是第二性的，事实在先，新闻(报道)在后，这是唯物论者的观点。

因此，唯物论的新闻工作者，必须尊重事实，无论是在采访中，在编辑中，都力求看重客观的事实。"

以上所援引的若干具有代表性的新闻的定义，提出的年代纵贯百年，提出者的身份、经历和所处的时代背景迥然不同，在表达方式上各有千秋，但在具体内容的表述上却有不少相通之处：新闻学家们都抓住了新闻的"新鲜""重要""真实""有趣""及时""读者关心"等特征。但深入分析后，便不难发现新闻学家们看问题的角度还是有明显差异。归结起来，有以下几种代表观点：

(1)事实说

主要是立足于新闻传播现象的基础而下的定义。新闻学家们所理解的"新闻"，并不仅仅指经过新闻传播媒介传播的内容，而是包括了广泛存在于现实社会当中的一切可以称作新闻的现象或事物。

(2)报道说

这是从新闻传播实践的角度下定义的。这里所言的"新闻"是指经过新闻传播媒介复制、传播的内容。

(3)影响说

这是将新闻作为一种传播媒介的物质功能及其手段来下定义，注重"新闻"的社会功效。

应当说，上述定义的提出都经过了前贤学者的反复思考，其内容具有一定的科学性，为人们认识和理解新闻提供了重要思想资源。在众说纷纭的观点中，学术界仍然希望能找到广为认同的一种。

链接——

姚福申主编的《新时期中国新闻传播评述》一书，在第一章《争论了一个世纪的老话题：新闻究竟是什么？》中认为，有关于"新闻"是什么的争鸣主要有四种主张，即事实说、意识说、意识形态说、信息说。

1986年10月，在南京召开的全国新闻理论教育研讨会上，与会的新闻理论教育工作者认为，陆定一撰写的《我们对于新闻学的基本观点》，其中提出的"新闻是新近发生的事实的报道"，这一定义广为流传并且被广泛运用，并对该概念给予了高度评价：

其一是科学性。此定义把客观事实作为报道对象，强调了事实对于新闻的决定作用，符合唯物主义的反映论。

其二是鲜明性。此定义强调了新闻的本质特征，将新闻与其他形式的社会记录现象明确区分开来。

其三是普遍性。此定义广泛适用于不同社会背景下新闻传播媒介传播的新闻，适用于中外一切新闻传播现象。

当然，就定义本身来说，文字简约，概括得当，可谓言简意赅。但也因语言表达的结构方式或形式逻辑关系问题引起了不少争论。[①] 其实，对于当今世界任何一个学科的科学研究来说，定义法受到严重的挑战。如英国科学家、科学学创始人之一贝尔纳就认为：不能用定义来诠释，必须用广泛的阐明性的叙述来作为唯一的表达方法。[②]

二、新闻活动与社会生活

贝尔纳所倡导的科学研究方法，对后来者认识新闻本质有很大的启迪作用，其"阐明性的叙述"迫使思想者不仅仅要观察新闻信息传播过程

① 刘智：《新闻文化与符号》，科学出版社，1994年4月版，第297－298页。

② 刘智：《新闻文化与符号》，科学出版社，1994年4月版，第290页。

中所呈现出的诸多现象,而且必须深入其内在机理当中并“广泛地阐明”之。

在绪论中,我们将新闻传播者、媒介、受众所构成的从信息的收集、选择、加工到信息传播与接受这个动态的行为过程称作新闻活动,其行为的结果就是新闻。由此看来,新闻与新闻活动是相互联系和制约的,如果没有新闻活动,新闻便无从产生,而新闻活动中的一切行为又必须体现出新闻的本质特征。

一般来讲,所谓新闻活动,就是主体所从事的信息的收集、加工、传播以及接受等一系列信息传播的动态行为及过程。从泛传播的观念而言,新闻活动不限于与大众传播工具的直接接触,而是包括人们为沟通客观世界新近变动的情况所进行的一切活动。当然,对新闻活动及其结果的理解,还应从以下几个方面来把握:

1. 新闻活动是人类社会的一种交往方式

从新闻活动的起源来看,唯物主义者认为,新闻活动既不是人类的“好奇心”所导致的结果,也不是源于人的本能,而是人类劳动社会化的结果。“好奇心”是人类原始动机的一种呈现,它通常表现为当人遇到新奇的事物或处于新的环境时,所表现出来的一种关注和操作等行为,它是一种内在的推动力量。新闻活动虽然也是人类行为的表现,但表现的不是人类原始动机,而是表现理智、逻辑的行为方式,从原始人类的信息传播与动物之间的本能交流的比较中就可以看出这一点。据一些动物研究专家分析,在许多动物之间也存在凭借特定的方式,如声波、释放气味等以达到某种信息传播的目的,但无论动物之间的交流是多么完善,它只是动物的一种本能需要。新闻活动则不然,它是人类所特有的,与动物之间的交流有着本质的区别。人类的信息传播总是通过一定的传播方式——这种传播方式往往是人类的独特创造,如古代的信号、图画、现代的报纸、广播等传播方式;反映一定的内容——丰富的社会性内容;达到一定的目的——满足传播主体或接受主体主观上的需求。从一定意义上说,人类的新闻活动,不仅是新闻信息传播的过程,也是充分表达人类理性的过程。

作为人类理性活动之一的新闻活动缘何而起?当然是源于人类生活和生产的社会化需要。人类社会的形成,使其生活、生产具有一定的社会性,而社会化的生活与生产需要群体行为的协调。为了使这种群体行动成为可能和变为现实,就必须相互传递客观世界与社会中存在的瞬息间变动的信息。这样,就产生了最初的、原始阶段的新闻。信息的传播、新闻的产生,就使得人类的活动不再是孤立进行的,而成为人类的社会活动。由此,彼此交换新闻和各自的观念,不仅成为人们相互之间交往的方式,而且也成为社会交往中最重要、最有价值的内容。也就是说,这种交往是在结成一定的生产关系中进行的,并构成社会化生产活动的前提。如果没有这种信息传播活动,人类就无法协调共同的社会行为从而进行共同的物质生产。可见,原初阶段的新闻活动是因为客观世界的变动关系到人类的生存;人类的社会性生产和社会性生活决定了从事新闻活动的重要性;人类从事新闻活动的目的是为了发现和了解客观世界的变化,以调节自身适应外部环境。

随着社会不断进步,人类的交往范围和方式有了更进一步的发展。新闻活动在这种交往中充当了极为重要的角色。个体、阶级、集团、国家之间也往往通过交换消息和意见进行彼此的合作和斗争,人们一方面在交往中使用新闻手段,另一方面又借助新闻实现其交往。如此看来,无论是在人类生产活动极为落后的原始社会,还是社会经济高度发达的当代社会,新闻活动都是人类社会的一种最基本的交往方式,而这种交往方式的变化也体现和印证着社会的进步与发展。

2. 新闻是特殊的社会意识形态

意识形态是直接的、自觉的、高度的反映社会经济形态和政治制度的思想体系,是社会意识诸形式中构成观念上层建筑的部分。就人类社会实践活动所包括的物质生产活动和精神生产活动两个方面而言,新闻是精神生产活动中特殊的意识形态。托夫勒在《未来的震荡》一书中曾说过:随着广播、电视、报纸、杂志和小说在整个社会的流行,随着人们接受预制信息的比重增高,向人们提供形象的信息量正稳步上升,包围着人们的信息的汪洋大海正以空前紧迫之势开始向人们的意识扑来。这也可以说是各种传播媒介所传播的信息正在大规模地冲击着人类的意识,新闻报道更是时时刻刻地冲击着人类的意识,它已经成为上层建筑领域中控制、操纵社会意识的一种独特的意识形态。日本新闻学家和田洋一在分析资本主义报道时得出这样的结论:在资本主义社会的言论报道活动中,通过把“偶然发生的事情”变成“事件”的无意识性和资产阶级的假设这二者的结合，制造出了意识形态性。这就说明了在资本主义社会的新闻活动中，一些“偶然的事情”是如何转化为具有意识形态性的“新闻”的。新闻媒介是由人来把持、操控的中介机构，一切流入新闻组织和机构的信息流均通过人的“加工”，就变成了“事件”本身的无意识性和资产阶级假设这二者的结合，即成为具有意识形态的“新闻”。新闻活动就是一种人类的意识活动，即以源源不断的事实反映世界，以简短精辟的言论解释、评价世界。

当然，判断意识形态的重要标志不在于它是否从事观念活动，而在于它是否是生产思想观念的有机体。任何经济形态部门也都在物质生产、交换的过程中伴随着观念活动，即伴随着在什么思想指导下从事生产与商品的交换，但他们始终是物质生产部门而不是观念生产的有机体。这是因为，他们的生产成果是物质产品而不是精神产品。在那里，观念活动只不过是保证物质生产的手段，意识形态部门生产的是意识或观念，而不是有形的物质。就新闻传播活动而言，新闻传播者的全部活动，不是简单的报告事实、传播信息，而是名副其实的观念生产活动。传播者在传播信息的同时，不仅对客观事件做出评价，而且还指出所报道事件、事态的发展方向，向广大受众提供理性认识。这只是新闻意识形态性的表现之一。

从另外一个方面讲，现代社会人们对整个世界的认识以及对周围社会的复现，除运用自身的感官系统感知之外，主要是新闻传播这种意识形态活动提供给我们诸多感知的材料，即从这面“镜子”中看到了周围世界，也看到了人类自身发展过程中的不同面相。关于这一点，和田洋一在《新闻学概论》中这样认为：新闻媒介每天报道的“事件”，是我们周围发生的事情的任意选择式的集聚。而这种集聚，又都是没有相互关联的世界影像，这就是报纸的意识形态，我们用报纸、电视所给予的信息，凭借自己的想象构成了一个世界的影像。和田洋一的论述，不仅阐述了新闻活动中由“事情”到“事件”的转化中，即新闻传播活动中第一个环节——新闻生产过程中的意识形态性，而且也阐述了新闻传播活动的第二个环节——新闻接受过程中的意识形态性，即在人们接受“事件”中“复现”周遭世界的全过程。可见，新闻是一种意识形态，而且是一种具有层次性的意识形态。

新闻作为一种意识形态和其他社会意识形态有很大的差别，它在反映客观社会生活时也与其他社会意识形态有明显不同。如从反映的对象和手段来看，哲学反映的是整个世界，文学反映的是人类生活的具体形象，新闻则反映的是社会生活中新近发生的事实。所以，人们往往将文学称为“人学”，将新闻称为“事学”。又如从反映的主观性来看，哲学是一种理智认识活动，表现为对本质和规律的认识与把握；文学则是一种充满着感性、个性化的感受活动，表现为创造性的把握和领悟；新闻则是一种新闻事实的传递活动，表现为对事实及事实变化的掌握和理解。所以，作为意识形态来看，新闻显然是一种特殊的意识形态。

3. 新闻活动是社会进步的中介

新闻活动是一种社会交往方式，是随着社会的发展而产生并且发展的。同时，新闻又因其具有特殊的社会意识形态性而成为一种特殊的社会意识形态，并且发挥着极为重要的导向作用。在此基础上，新闻活动在社会生活中还扮演了另外一个非常重要的角色，即充当社会有机运动的中介。

新闻活动充当着经济基础与上层建筑的中介。在任何社会制度下，新闻媒介的组织和机构作为上层建筑的重要组成部分与意识形态部门，必然反映并维护其经济基础。并且，与其他的意识形态相比，新闻的真实报道比任何国家体制中的其他机构都更准确、更普遍地再现了人们在社会生活中的实际需要和真正趋势。只要新闻媒介对广泛存在的事实予以完整的报道，就能使上层建筑中相关的权力机构了解社会生产力及生产关系中发生的各种变化，其具体的权力运行应根据这种变化相应地做出调整。社会权力机构的运行常常会通过新闻中介全面把握经济、政治和思想动态所出现的新情况、新趋势、新变化，同时，也能最大限度地提高权力运行的社会效率。

新闻活动充当着社会生产力发展的中介。在社会的物质生产与精神生产过程中，新闻也是生产力发展的中介性因素。因为，生产力的发展水平不仅决定社会生活的方式，而且决定新闻传播的形式。同时，它构成生产力的能量输入系统，为生产力的适度增长提供信息资源。传统观念认为，新闻报道充其量是对经济基础的一种反作用力，与生产力本身没有直接关系。但实际情况是，现代生产力主要由生产者、生产工具、材料、能源、基础设施、科学技术、经济信息、劳动教育和高效管理等诸多要素构成,只有把这些因素按照一定的规律予以有机整合,才能成为现实的生产力。生产力要素的有机整合是非常复杂的、多网络、成系统的社会工程,其中新闻信息的传播就是使生产力要素形成有机整合的一种重要力量。新闻活动在生产力的三个层次中,即在生产资料的配置、劳动工具的改进与劳动技能的提升,以及生产程序、效益提高等生产管理方面,都可以发挥沟通情况、输送指令和传授知识与技能的作用。生产力发展的根本动力是生产力内部要素的相互有机运动,而新闻这种生产力中介,能更迅速地把生产力各个侧面纳入一个整体的框架中,提高生产力发展的质量与水平。因此可以说,新闻活动充当着生产力发展的中介。需要注意的是,新闻充当生产力发展的中介也具有两重性。一方面,它能促进生产力的发展,推动社会前进,另一方面,它也会发挥负面作用,可能成为生产力发展的阻力。

三、新闻事实的转化

在与社会生活的互动关系中,新闻活动作为一种社会交往方式,作为特殊的意识形态,以及社会进步的中介性因素而存在。其实,这是一个问题的几个不同层面。在社会生活的直观层面,新闻通过一系列的新闻活动方式成为社会个体或群体之间的一种重要的交往手段和方式;新闻也作为一种特殊的社会意识形态,对与之相对应的社会经济基础具有反作用并推动社会的进步和发展;新闻对社会生活的这一重大影响不同于其他社会意识形态之处在于它是客观世界直接、真实的反映。人们从新闻传播中可以了解有关人类社会的一切,而这一切都是由新闻的特有属性所决定的,即新闻的事实性。

1. 普通事实与新闻事实

事实是指人们对存在于人的主观意识之外的、不以人的主观意志为转移的、于现实世界中客观存在的复杂多样的事物、事件和事态的反映,或者说,事实是人们对信息的概念性占有。

有了事实,不等于有了新闻。对整个社会而言,事实是由可知事实和未知事实两部分组成的。未知事实是否能够转化为多数人所需要的新闻,要依靠新闻传播者的活动。现实生活中的事实无穷无尽,千变万化,新闻传播者没有可能把如此繁多的事实都报道出来,必须经过选择,将那些直接关系社会个体或群体的喜、怒、哀、乐、生、老、病、死、爱、恨、情、仇等,以及与人类命运相关或对人类有一定意义的事实从不具有新闻价值的事实中精选出来。新闻传播者在采访中的选择活动,其实做的就是区别事实工作。选择出来的事实和普遍存在着的事实,既有区别又有联系,选择出来的事实如果满足传播的需要就能转化为新闻。理论新闻学认为,具有传播价值的事实叫作新闻事实,那些对人类社会无重大意义、大量存在着的生活琐事称作普遍事实。普遍事实与新闻事实之间既是共性和个性的关系,是一般事实与重要事实的关系,更是陈旧事实与新鲜事实的关系,归根到底,是有价值的事实和没有价值的事实的关系。新闻传播者的选择正是在这几对关系中能动地反映客观事实的过程。作为普遍事实,它们是数量可观的、自然存在的;而作为新闻事实,就带有鲜明的主观色彩,因为新闻事实是主观与客观相结合的产物,是主观认识对客观存在的一种价值厘定。由于新闻传播者主体性差异千差万别,其政治或其他社会组织的隶属、宗教信仰、经济地位,以及文化修养、社会阅历的深浅,甚至新闻敏感的强弱等,使他们在辨别什么是普遍事实、什么是新闻事实,以及怎样评价这些事实方面,也出现了许多不同的情况。

经过选择的普遍事实还必须具备另外一个条件才可能具有新闻性,那就是未知事实,即新闻必须是一种未知的事实。新闻事实和普遍事实总是混杂在一起的,区分的原则一般是:重要与非重要;有趣味与无趣味;新事实与旧事实;已知事实与未知事实。在这四对矛盾关系中,把握事实在人类社会生活和交往中的作用与地位,从这四对矛盾的关联中综合评估事实满足人们需要的程度,就可以确认普遍事实转化为新闻事实的必然性。

2. 普遍事实向新闻事实转化

事实都具有一定的时空环境。随着时间的推移和空间的变化,新闻事实都具有相对性,即事实是随时间、地点、人物、原因等新闻要素中某一要素或几个要素的变化而变化的。事实能否构成新闻由具体条件决定但并不绝对,某一事实在一定条件下是新闻,在另一条件下也许不是新闻。如美国哥伦比亚大学新闻系教授梅尔文·门彻(Melvin Mencher)认为:"新闻显然是一个相对的概念,它随着地理、人口和时间的变化而变化,一个世纪以前,80%的人以农业为主,所以农业是新闻也是重要的。今天只有不到8%的人干农业,那么,只有当农业的结果影响到城市居民生活的时候,农业新闻才是重要的。"①

可见,普遍事实转化为新闻事实有以下几种方式:其一,普遍事实随时间的变化而转化为新闻事实;其二,事实的新闻性随地点的变化而变化;其三,随人物变化而改变事实的价值,也是一种常见的普遍事实向新闻事实转化的形式;其四,事实的新闻性随着事实被广知的程度而变化。

当普遍事实具备了新闻事实的条件后,就开始向新闻事实转化。由此,我们可以说,新闻是由事实构成的,是事实的社会通告,或者说,新闻是一种事实的报道。从普遍事实向新闻事实转化的条件中可以得知,一般事实要成为新闻,不仅会随着时间、地点、人物、环境等条件的变化而变化,而且众多的新闻构成一幅宽阔的社会生活环境图画,人们在新闻事实中增长见识、延伸人体、了解与认识人类自身的命运。因此,对于新闻的理解应该是:新闻是新近发生或发现的,具有广泛认识价值的事实的报道。

四、新闻要素

新闻要素指新闻事实的主要构成因素。作为新闻构成的基本成分,又称新闻五要素或五个"W"。在新闻报道历史上,新闻要素是在19世纪80年代由西方新闻界首先提出,一般包括何时(when)、何地(where)、何人(who)、何事(what)、何故(why),这五个要素的英文开头字母都是W,故通称五个"W",即所谓"新闻五要素"。后来增加了一个要素,即如何(How)。1898年,美联社主编M. E. 斯通提出,新闻中要回答五个W和一个H,即How(如何),用英文字头简称"5W1H",由此又有新闻六要素之说。1913年,由广学会翻译出版美国新闻学家休曼所著《实用新闻学》,其中所提及的新闻五要素随即被介绍到我国。

① [美]梅尔文·门彻:《新闻报道与写作》,展江主译,华夏出版社,2003年8月版,第89页。

新闻要素也被视为新闻的重点记叙要素:时间、地点、人物、事件的起因、经过、结果。如以下示例:

例1:新华网快讯:交通部新闻发言人徐成光在11时举行的新闻发布会上透露,截至5日10时20分,“东方之星”遇难者已确认97人,获救生还人员仍为14人。

例2:人民网6月5日讯　据韩联社报道,韩国保健福祉部(卫生部)旗下的中央中东呼吸综合征(MERS)管理对策本部5日在政府世宗办公大楼举行例行记者会表示,截至当天凌晨5点,韩国MERS隔离对象为1820人,比前一天增加153人。另有159人被解除隔离,截至当天被解除隔离的累计人数为221人。

例3:据卡塔尔半岛电视台网站6月5日报道,美国联邦人事管理办公室(OPM)表示,网络安全漏洞导致约400万联邦雇员信息被窃。美国联邦调查局(FBI)现已对此展开调查。

例4:新华网北京11月11日电(记者 璩静)　中国记协第七届理事会第二次会议日前审议通过了新修订的《中国新闻工作者职业道德准则》(修订稿)。中国记协相关负责人表示,这是继该准则1991年在中国记协第四届理事会一次会议通过、1994年和1997年修订后进行的再次修订,体现了我国新闻界对职业道德的理解和共识。

“新闻五要素”或“新闻六要素”说法的出现,也是电信新技术应用于新闻信息传播的结果。由于当时电信技术应用还在不断完善,新闻编辑部不得不指令新闻记者把五个“W”或五个“W”和一个“H”写进新闻的第一段,即新闻导语中。如果电文在发出和接收过程中出现故障,只要收到电讯的第一段就等于收到一条新闻的大意。延续到后来,新闻要素逐步演变成新闻写作的重要原则。

新闻要素在新闻实践中意义重大。在新闻信息的采集阶段,因新闻要素高度概括了新闻事实、事态、事件本身存在的客观联系,对新闻记者在新闻采访中迅速收集到有效的信息有现实的指导意义。

在新闻信息的加工阶段，新闻要素是记者写导语的核心素材。导语是以简练而准确的文字介绍或陈述新闻事实中最重要的内容，揭示消息的主题并能引起接受者“阅读”兴趣的开头部分。在新闻导语中对新闻要素的有序使用和有机陈列，既显示记者对新闻事实的全方位把握，同时，也是其新闻写作水平高下的界标。

在新闻信息接受阶段，新闻接受者通过对新闻六要素的把握，可以迅速地了解新闻事实的主要内容。尤其是对于每天接触海量信息的现代人，快速筛选有用信息，提高新闻接受效率，无疑是有帮助的。

需要说明的是，在对新闻要素进行分析的过程中，判断哪个要素最为关键并无固定和绝对的标准。在一般情况下，新闻要素中的重要项既与新闻传播者和接受者对新闻事实的认识有关，也与各个新闻要素的信息含量多寡或价值大小有关。

五、新闻类别

新闻类别指对新闻报道按照一定的标准所进行的分类，因为分类标准不同，新闻类别也有不同的划分结果：

一是以新闻内容进行分类，可以将新闻报道分为时政新闻、经济新闻、科教文卫新闻、法制新闻、社会新闻、民生新闻、娱乐新闻、体育新闻、军事新闻等。

二是以新闻事实发生的地域和范围分类，可以将新闻报道分为国际新闻、国内新闻，或国际新闻、全国新闻、地方新闻。

三是以新闻事实发生与发现的时间性分类，可以分为突发性新闻和延缓性新闻。所谓突发性新闻是对出乎人们预料而突然爆发的事件的报道，如地震、海啸、空难、火灾等无法预估的自然灾害；突发的战争及政局变动等。延缓性新闻是对逐步发生或发现变化的新闻事实或可预测的新闻事实的报道，如气候渐渐变暖、经济走势日趋平稳等。

四是以新闻事实自身的特点分类，可将新闻报道分为事件性新闻与非事件性新闻，单一性新闻与综合性新闻，动态性新闻与静态性新闻等。

五是以新闻传播的手段分类,可以分为口头新闻、文字新闻、广播新闻、电视新闻、网络新闻等。

六是以新闻报道的内容与受众的关系分类,可以分为硬新闻与软新闻。所谓硬新闻,是指密切关系到国计民生以及人们切身利益的新闻,包括国家重大方针政策、重大经济活动、疾病流行、重大灾害事故等,这类新闻为人们的政治、经济、文化工作,以及日常生活的决策提供现实依据,有较强的实效性要求;所谓软新闻,是指富有人情味、知识性、趣味性的新闻,这类新闻与人们的切身利益并无直接关联,主要向受众提供娱乐性信息,使其增长见识、开阔眼界、娱乐身心、陶冶情操等,或作为茶余饭后的谈资,并不特别讲求实效性。衡量硬新闻与软新闻的主要标准在于,新闻事实的重要性及其所要求新闻报道的时效性。

思考题

1. 社会生产方式和人类的新闻活动有何关系?
2. 新闻活动对社会发展有何作用?
3. 新闻要素对新闻报道有何作用?
4. 硬新闻与软新闻的衡量标准是什么?

阅读书目

1. 甘惜分:《新闻理论基础》,中国人民大学出版社,1982 年 7 月版。
2. 刘建明:《宏观新闻学》,中国人民大学出版社,1991 年 8 月版。
3. 吴高福:《新闻学基本原理》,武汉大学出版社,1993 年 4 月版。
4. 季广茂:《意识形态》,广西师范大学出版社,2005 年 5 月版。
5. [美]卡斯珀·约斯特:《新闻学原理》,王海译,中国传媒大学出版社,2013 年 1 月版。

第三章 新闻的基本特性

特性是指一事物区别于其他事物的固有性质,新闻的特性即指新闻所具有的本质规定性。在前文中,新闻的定义被概括为:新闻是新近发生或发现的、具有广泛认识价值的事实的报道。结合对新闻概念本身的认识与理解,可将新闻的基本特性概括为以下几个方面:

一、新闻的真实性

新闻来源于客观事实,事实发生或发现在先,新闻反映在后,没有客观事实的发生或发现,就没有新闻报道。所以,新闻的本源是物质的,是客观事实。作为对事实的反映和报道,新闻只能是第二性的。正如陆定一所说:“唯物论者认为,新闻的本质乃是物质的东西,乃是事实,是人类与自然斗争和社会斗争中所发生的事实。事实是第一性的,新闻是第二性的,事实在先,新闻(报道)在后,这是唯物论者的观点。”[①]这一论断深刻说明,新闻是真实的事实报道,真实性是新闻的第一生命。这一点,不仅是一切新闻事业都要遵循的最基本的原则,更是新闻报道取信于民的首要因素。

何为新闻真实性?新闻真实性是个复杂的概念。不同媒介环境下从事新闻传播实践活动的实践主体或者研究主体,对此概念的理解有很大

① 陆定一:《我对于新闻的基本观点》,《中国共产党新闻工作文件汇编》(下册),新华出版社,1980年12月版,第188页。

的差异。如美国专栏作家、新闻评论家沃尔特·李普曼在《公众舆论》一书中说:“我认为最有生命力的假设是新闻与真相并非同一回事,而是必须加以清楚地区分。新闻的作用在于突出一个事件,而真相的作用是揭示隐藏的事实,确立其相互关系,描绘出人们可以在其中采取行动的真实画面。只有当社会状况达到了可以辨认、可以检测的程度时,真相与新闻才会重叠。”①

美国新闻学家卡斯珀·约斯特在《新闻学原理》中写道:“有关新闻的真实性需要加以界定。新闻首先是关于新近发生的事实或者情况的报道。假如新闻报道准确地叙述了显著的事件及其具体的事实,那么它就呈现了真实。因为新闻主要报道已经发生或者正在发生的事件,同时报道人们易于观察的敏感事件和可能需要通过尝试以其他任何具体事实加以证明的事情。”②

中国新闻学鼻祖徐宝璜在谈到新闻真实性时说:“新闻须为事实,此理极明,无待解释,故凡凭空杜撰闭门捏造之消息,均非新闻。”③

从以上引述的文献可以看出,对新闻的真实性问题理解各有不同,但要正确理解新闻的真实性,必须对新闻如何反映事实、报道事实作深入分析,必须深刻把握这种意识形式反映社会存在的特点。马克思主义认识论认为:任何意识形式都是从感觉到知觉,再到思维,即认识的过程是从客观到主观的认识过程。主观反映的全部内容只有对客观进行复写,才能原原本本地再现客观事物,如果改变客观事物的本来面目,就不再属于真实性的范畴了。可见,真实地反映甚至带有模拟具体形象的意味,即把客观事物的具体情形、情况、情状在主观意识中复写出来,用一系列语言符号或符号系统予以表征并转达给其他人,其中不应附加任何外来成分,这一全部过程就是复现。这是一般认识论中的真实性问题。

新闻作为一种特殊的意识形态,其在反映客观事实过程中的真实性

---

① [美]沃尔特·李普曼:《公众舆论》,阎克文、江红译。上海人民出版社,2006年4月版,第256页。

② [美]卡斯珀·约斯特:《新闻学原理》,王海译,中国传媒大学出版社,2013年1月版,第53－54页。

③ 徐宝璜:《新闻学》,中国人民大学出版社,1994年1月版,第10页。

就应该这样理解：所谓新闻的真实性，从结果上来说，就是新闻报道与客观事实的面貌相一致，这要求包括新闻中的每一个具体事例或事件必须合乎客观事实；要求每一种大众传播工具，通过连续不断的新闻报道，向受众呈现一幅现实社会的真实图画。

在新闻传播实践活动中，新闻学者与新闻传播者对新闻真实的不同理解，形成了关于新闻真实性的基本理念。

1. 具体真实与整体真实

在承认新闻的真实性就是新闻与其反映的客观对象相符合的前提下，对新闻传播的真实范围也应予以考量。具体真实指的是具体报道的真实，或者说某一条具体新闻报道若是真实的，那么新闻真实就已经实现。新闻报道的真实范围只限于具体真实。进而言之，新闻真实性只关乎具体事实的实在性，不必然承担反映一定范围内客观世界整体面貌的任务。

整体真实是在具体真实的前提下，新闻报道不能只停留于具体真实的层次上或范围内，应追求和实现整体真实，即新闻传播要反映报道领域或现实世界的整体面貌。所以有学者将新闻的整体真实称之为总体真实、全面真实、广义真实、客观真实或时代的真相。[①] 新闻的整体真实，在具体的新闻传播实践活动中，可逻辑地划分为微观层面、中观层面和宏观层面的整体真实。

微观层面的整体真实报道观念，要求新闻传播者以及媒介组织与机构不能以片面的、孤立的、绝对的眼光来选择事实、报道事实，而应既准确又全面地反映与报道事实。中观层面的整体真实，指具体的、单一的或个体的新闻媒体在一定的时空范围内由所有报道集聚而成的整体所体现出的真实性。宏观层面的整体真实，则是一定时空范围内所有的、全体的新闻媒体全部新闻报道的真实性。

从理论上分析新闻报道的整体真实性，或者从原则上为新闻报道的整体真实性提供一些理论指导以及具体建议，是比较可行的，但在具体的新闻传播实践活动中，要实现新闻报道的整体真实，则是相当艰难的。因为整体真实是新闻媒体难以把握、难以实现的一种真实；整体真实常常是

① 甘惜分：《新闻理论基础》，中国人民大学出版社，1982 年 7 月版，第 121 页。

新闻传播界新闻报道的一种整体效应,非单个或几个媒体能够实现的。特别是从宏观层面、中观层面的整体真实难以评判。[①] 因此,面对新闻报道整体真实的现实困境,可将整体真实作为一种理想境界的价值目标,置于新闻传播者的自发、自觉的追求当中。

2. 现象真实与本质真实

在哲学视野中,任何一种对象都既有显露于外的形象和形态,也有深藏于内的属性与本质。所谓现象是指事物的外部联系和表面特征,是事物的外在表现。本质则是事物的根本属性,是组成事物基本要素的内在联系。事物的本质是由它本身所应有的特殊矛盾所决定的。[②] 由此可见,任何事物的本质都要通过一定的现象来表现,现象则要通过一定的本质来支撑。本质是事物内在的、相对稳定的方面,隐藏在现象之后并表现在现象之中。现象是事物外在的、活动易变的方面,是本质的表现形式。

新闻报道的目标对象是新闻事实,任何新闻事实都是现象与本质的统一体。但人们通常能够感觉到、观察到、认识到的往往是事实的现象,此现象既可能直接反映事实的本质,也可能通过曲折的方式来反映其本质。所以,新闻报道的现象真实,就是对新闻真实性的理解与追求,旨在真实地报道或反映事实所呈现出来的可以观察到的现象。但是,现象本身有真相、假象的不同客观呈现方式,因而从逻辑上决定了现象真实也表现为两种基本类型:真相性现象真实与假象性现象真实,或简称为真相真实与假象真实。[③]

所谓真相真实,是指新闻真实地反映或报道了新闻事实的真实现象;假象真实则是新闻真实地反映或报道了新闻事实的假象。无论是"真相"还是"假象",就新闻报道"符合"客观事实而言,凡是与报道对象相符合的新闻就是真实的新闻。显而易见,对假象真实的新闻应在认清其本质之后,竭力避驱之。首先,假象真实的新闻不是假新闻,而是新闻传播者对于事实假象的真实呈现;其次,事物的发展往往具有阶段性,而且

---

① 杨保军:《新闻真实论》,中国人民大学出版社,2006 年 4 月版,第 56 - 60 页。

② 李秀林、王于、李淮春编:《辩论唯物主义和历史唯物主义原理》,中国人民大学出版社,2004 年 5 月版,第 253 页。

③ 杨保军:《新闻真实论》,中国人民大学出版社,2006 年 4 月版,第 79 页。

真假互掺，对事实真假的辨别需要新闻传播者高超的认识与辨别能力；再次，假象真实的新闻往往需要在具体的时空环境发生变化之后才能印证其真假。

需要强调的是，正因为有所谓的假象真实的新闻，人们才将新闻真实性的理想寄托在所谓新闻的本质真实层面。而且“新闻的本质真实其实并不是一个神秘的、难以理解的问题。它既是新闻报道的一种内在要求，也是新闻报道可以实现和应该实现的目标。比起现象真实观来，本质真实观是一种对社会、对受众、对新闻媒体及传播者自身更为负责任的新闻真实观念。”①新闻的本质真实是基于事实真相与假象之分、具体与整体之分、表层与深层之分、现象与本质之分的观念之上，所以，新闻报道实现本质真实是新闻真实性的更高层次的要求。

在新闻传播实践中，对本质真实的理解与要求有以下几种具体的表述：其一，本质的真实是指新闻报道应该反映事物的客观规律，“提倡新闻报道应当透过现象看本质，全面、深刻地认识和把握事物，不为表面现象所迷惑，这是对新闻工作者更高层次的要求。”②其二，本质的真实是指全面地反映情况，即新闻报道应当全面、客观、公正地反映与报道现实世界光明一面之时，也注意提示阴暗的一面；在暴露阴暗面时，也要注意体现出光明的力量；其三，本质的真实指的是正确的立场，也可以视之为无产阶级新闻报道的特色之一。新闻要报道、宣传、提倡、反对什么，都必须符合党的政策和人民大众的根本利益。

上述观点，角度各异。但新闻的本质真实，最主要的是要把事实的真相揭示出来。这样，对于具体的报道而言，本质真实是具体报道对象的真相的真实，其核心在于：新闻报道陈述、再现出新闻事实的真相，而不是真相与假象的混合之物，更非假象；就整体报道来说，是宏观层面的本质真实，即任何新闻媒体在一定的时空范围内，能够揭示整个时代的社会整体，及其真实的实际情况。

新闻报道的现象真实与本质真实是统一的。相较于现象真实，本质真实除了是一种更高层次的真实性要求外，还在理论上没有给失实新闻

---

① 杨保军：《新闻真实论》，中国人民大学出版社，2006 年 4 月版，第 84 页。

② 郑保卫：《当代新闻理论》，新华出版社，2003 年 11 月版，第 272－273 页。

与虚假新闻留下任何余地。

3. 新闻真实的现实可行性

上述几种新闻真实性观念，显然具有存在的合理性。具体的真实与现象的真实，是新闻传播实践活动对新闻真实的必然要求，整体的真实与本质的真实可视为对新闻真实性的理想追求。如果将新闻真实性放置于现实情境的考量之下，真实性的现实可行性应包括以下几个方面：

（1）新闻要素的真实。

一则具体的新闻是由一系列新闻要素构成的。新闻的要素真实，是把任何一则新闻看成是一个相对独立的系统，此系统的诸多构成要素要真实反映客观事实的构成。对存在于一定时空限定中的事实而言，“何人”或“何物”，发生了“何事”是构成一个事实的基本要素，特别是“何事”的存在是由空间的三维性与时间的一维性构成，时间的延续性和空间的延展性交互作用，则构成了“何事”的演变过程，即“怎么样”和“如何”的形态。事物、事情、事件或事态的演变必然有其内在和外在的原因，这便构成了事实的另外一个要素“为什么”。所以，“何人”或“何物”（Who or What）、“何时”（When）、“何地”（Where）、“何事”（What）、“怎么样”或“如何”（How）、“为什么”（Why）这些新闻事实要素的构成，决定了报道新闻事实的新闻必须包含构成新闻事实的所有要素。所谓新闻要素的真实，即是说“五个 W”和“一个 H”在具体的新闻作品中得到全面、真实的反映。

（2）新闻事项的真实。

新闻是对新闻事实的陈述或再现。作为一种符号表征和表征系统，或者说，作为一种话语和话语系统，新闻对事实的陈述或再现总是按照一定的逻辑顺序进行或展开。当然，从新闻实践活动的具体情形而言，陈述或再现事实应该而且必须遵循和符合客观事实自身的逻辑。任何新闻事实都是在一定的时空中发生、发展的，事实在展开过程中必然会形成一些既相对独立又相互联系的部分或片断事实。“这样部分或片断称作为新闻事实的事项，也可称作事实单元。”[①]不同的事项在一个完整的新闻事实中所处的地位、所起的作用在其本质上有一定的差异，具体可分为重要

① 杨保军：《新闻事实论》，中国人民大学出版社，2006 年 4 月版，第 67 页。

事项、次要事项、边缘事项、背景事项等。新闻的当下表现形式或状态，是由主要事项、次要事项和边缘事项构成，背景事项则构成当下新闻事实的背景性依托。主要事项对新闻事实的性质、表态、结果具有主导作用；次要事项、边缘事项作为对新闻事实影响较小的事实部分或事实片断，其影响性依次递减。

(3)新闻话语的真实。

在具体的新闻实践活动中，新闻真实性一方面依赖于新闻要素与新闻事项的真实，另一方面，取决于新闻话语的真实。新闻是事实的报道，报道即是话语。任何新闻要素、新闻事项所构成的新闻事实，均是在一定的语境下，由话语主体借助于一定话语中介传播于受话人的。这种具体的话语的符号可以是语言的、文字的、图片的、图像的、音频的、视频的，等等。或者也可以说，表征新闻事实的符号或符号系统可以是多种多样的，但话语的结果必须是真实的。这就意味着新闻在其具体话语方式的运用上具有一定的限定性，即新闻的话语方式应该是陈述，客观地介绍、说明或讲述新闻事实的发生、发现、发展及其一系列的变化和结果。

新闻话语的真实也面临着许多的现实困境。首先，任何新闻事实都是主观对于客观的评价性结果。新闻传播主体在选择新闻事实时，是以其新闻敏感和新闻价值的综合尺度来对事实予以考量与评价的，这就导致新闻事实本身带有一定的主观性；其次，新闻传播者往往以传播效果的最大化实现来选择话语符号以及话语方式的使用，话语符号和话语方式的不当使用有可能带来新闻事实的局部变形甚至于失实。但是，在具体的新闻报道活动中，还是应该做到如下几点：

①新闻报道中的新闻要素即时间、地点、人物、事件、原因等必须真实准确；

②新闻背景的介绍必须真实；

③新闻事项的陈述、新闻人物的语言转述等必须真实；

④新闻报道的单个事实必须真实、准确，同时还要注意和善于从总体、本质上以及发展形势上去把握事物的真实性，做到局部真实和整体真实的统一；

⑤新闻报道的结果要合乎客观事实本身的逻辑，尽力通过事物的现象揭示事物的本质。

只有做到了这几点，就可以说，在具体的新闻实践过程中坚持了新闻的真实性原则，那么其结果也就应该相对的真实，新闻报道也可以说基本上达到真实性的要求。这几点从理论层面解释起来比较简单，但具体落实却十分的艰难。

前文曾提出，新闻是一种特殊的社会意识形态。一切事实流入“人脑”这个思想意识的加工机器以后，就必然蒙上一层主观的色彩。在新闻报道中，新闻传播者往往不是以复写再现事实，而是以解释的模式介绍事实，这样就在新闻事实中混入了主观印象，使得新闻报道打上了主观印象的烙印。这在新闻报道中是客观存在的，难以避免的。新闻传播者应尽力避免过多的主观因素的渗入，尽力避免自己的主观倾向对事实的渗透，力争做到新闻真实。

其次就是客观事实本身过于复杂，使新闻传播者一时难以辨别事实的真正面目以及事态的发展趋向。如在重大社会事件、社会运动或社会动乱的情况下，新闻报道如何保持真实性？这时，新闻的倾向性以及舆论的引导性，往往十分明显，真实性的问题会面临一系列挑战。

二、新闻的时限性

“真实”是新闻的第一生命，而“时限”则是新闻的第二生命，并构成新闻的重要特征。

所谓新闻的时限性，是指新闻事实的发生或发现与新闻报道之间的时间差，它构成新闻事实传播的价值限度。新闻报道超过这一限度，新闻事实将变得陈旧，失去应有的社会意义。新闻学者徐宝璜早在1919年就提出：“新闻如鲜鱼，登载稍迟其价值不失亦损。”①

新闻要反映新的事实、新的情况、新的形势，即使是非事件性新闻，也要反映新经验、新人物、新动向、新变化、新问题。可以说，“新鲜”是新闻事实的基本特征，是新闻报道区别于其他宣传内容的标志。要做到新闻事实的新鲜，必须在事实发生后于新鲜保质期内，以最快的速度把新闻事

① 徐宝璜：《新闻学》，中国人民大学出版社，1994年1月版，第25页。

实传播出去。

但是,新闻报道还要做到准确无误,其中就包括对新闻事实发生的时间作准确说明,并注明事实发生的具体时间,按照事实特有的时空界限把握其变化。从社会角度分析,时间是个社会范畴,几乎所有的人,都对时间刻度、时间长度和时间顺延性具有共同的感受。因为时间不仅是自然的产物,也是人类社会的集体意识。人们长期用标志、符号、仪式活动来认识时间,时间也以这些形式把社会构成一个连贯的整体,形成特定的社会节奏。新闻报道在有限的时限内,用特定的时间注明新闻事实发生的空间,使人们同时感到社会事件的内在联系,以及如何理解这一事件。新闻标明新闻事实的时间刻度越精确,越容易表现新闻在社会时间与空间共同限定中的具体位置,由此甚至可以推断新闻发生甚至于发展的必然性。新闻反映新的事实要做到快速且准确无误,新闻的时限性是必须遵循的铁律,具体来说,应该注意到以下问题:

1. 时间具有无限性和有限性

任何一个社会事件或典型事物,都是无限时间中所发生、发展的一幕。新闻传播者对新闻事实的选择与加工要在无限时间的长河中寻找有限时间。面对社会变动,记者应当考虑所采访的事件是从何时开端,又延续了多长时间,是否到了一定时间的终点。所以,新闻报道者的活动应当在时间无限延伸的轴线上找到一个时间变量,截取有限时间来表明所报道内容的时量。这个时量,如果能够准确地显露出事物的长短,就会使新闻具有明确的空间性。

2. 时间具有不可逆转性

时间始终在刻板地、机械地、冷酷地向前流动,其先后次序是个永久性序列。新闻事实按照时间的不可逆性发生、发展、变化,新闻事实中具体事项的一瞬即逝且不可逆转,即新闻事实在时间的走向性中被限定,而时间的走向性又决定了事态的发展总是从过去经过现在,并走向未来。新闻事实的选择只有按照这一顺序,才能再现客观事实的真相。

3. 时间具有间断性

时间的间断性是人们所领悟到的一种特殊的时界感,也是指事物运动的相对间隔。时间的间断性是以时刻体现出来的。新闻不仅要注明何年何月何日何时,而且也要告诉人们新闻事实的渐进或结束又是何年何月何日何时。

如此看来，决定新闻时限的内核，是事实本身在历史的长河中保持新质的时间长度，也即事实由新变旧的短暂过程。在"新"消失之前就报道该类事实，足以使新闻具有特定的吸引力；时限一过，吸引力便不复存在。所以，人们常说新闻是"易碎品"，新闻记者应该"抓活鱼"等，都比较确切地注意到了新闻的时限性特征。随着时间的顺时绵延，新闻中所揭示的事实从"新"转化为"旧"，只有用更新的东西代替它才能具有新闻的含义。新闻的总体是常新的，而就每则具体的新闻来说，则是易逝的，但正因为个体新闻的易逝，才有了总体新闻的常新。同时，新闻媒介只有不断以新代陈，才能使新闻报道永葆"青春"活力。

新闻时限性随着科学技术的进步，愈来愈显示出重要意义。从近、现代新闻事业的发展可以看出，科学技术的发展速度，不仅对新闻信息的传播速度有相应制约，而且对媒介种类与媒介形态的变化，也产生较大影响。以印刷媒介为例，报纸的前身是手抄新闻、不定期的活页小报、小册子、新闻书，定期的年鉴、月报、旬刊、周报，到了 17 世纪初、中叶，才定型为日报。报纸出版、发行周期的缩短、新闻传播速度的加快、新闻时限性的加强等，既随时代的发展而进一步强化，也随科学技术发展所带来的交通的便利、印刷术的提高、通信技术的发达等一并提高与强化。及至电子时代，电子技术不仅充当传播手段，同时，还用来排版、印刷，为提高新闻的时限性创造了有利的物质条件。当今世界，如果某地发生一件新闻，只需几分钟就能传遍全球，新闻事实的"寿命"缩短到惊人的程度，报道一旦迟缓将面临没有新闻可报的境地。当下的互联网时代，这种"全球一村"的传播竞争态势要求新闻界内部亟须缩短时限以应付激烈的挑战，同时，也使新闻工作者承担更加艰巨的任务。

尽管新闻传播实践对时限性的要求越来越高，但新闻报道还得注意时宜性问题，即何种新闻事实在何时传播比较合适，往往是大有讲究的，不合时宜的新闻报道会取得适得其反的传播效果。下面链接的记者的采写体会，就很好地说明了新闻报道的时宜性。

链接——

第二十三届中国新闻奖一等奖获奖作品《七常委参观〈复兴之路〉出行不封路》，刊发于《长江日报》2012 年 12 月 6 日。编委郑萌以《把握"时度效"谋求主动作为———七常委参观〈复兴之路〉出行不封路采编体会》

为题，对新闻的“时效性”与“时宜性”有以下体会：

事关中央领导人的新闻报道，不是出自北京而是出自武汉；在“八项规定”这样重大政治主题的报道中，地方媒体发声快且出了彩——长江日报2012年12月6日刊发的一篇650字的消息《七常委参观〈复兴之路〉出行不封路》获得第二十三届中国新闻奖一等奖，受到不少同行关注。

作为这篇稿件的编辑，回想作品的诞生过程，感受最深的是：注重新闻发现，把握“时度效”规律，地方媒体在重大政治主题报道中主动作为大有空间。

新闻发现：看到别人看不到的“金矿”

好新闻产生的过程大体有两类，一类是事件、活动或信息本身新闻价值显著，媒体精心组织策划形成报道。另一类是不经意间获得线索，“添酒回灯重开宴”，另辟蹊径做出新闻。

《七常委参观〈复兴之路〉出行不封路》属于后者。这篇报道成功的关键，在于敏锐的新闻发现——在众多媒体都参与的公开活动公共信息中，发现了别人没有发现的“金矿”。

2012年12月3日，武汉市举办了为期三天的“全市学习贯彻十八大精神专题研讨班”。研讨活动的第二天下午，临时安排了一项内容，请十八大报告起草组成员、中央宣讲团成员、中共中央党史研究室主任欧阳淞做辅导报告。

这是欧阳淞在武汉期间的第三次宣讲活动、第二场辅导报告。因此，大多数媒体记者根据经验预判，这场报告会只是一次重复，不会有多大新闻价值。两天来的大剂量报道让记者们有些疲劳，于是仅留下记者瞿凌云盯下午的报告会。其他媒体也大都作了类似“兵力部署”。在众多媒体和记者都比较松懈的时候，作为会议代表的《长江日报》总编辑陈光却保持了他一贯的专注和新闻敏感。欧阳淞谈到11月29日习近平等七常委参观《复兴之路》展览时，比预计的时间晚到了一会儿，原因是沿途没有封路，和社会车辆一起走的。这个颇有意味的情节触动了陈光，他意识到其中可能蕴藏着重要政治信息和极大新闻价值，开始思考如何将之转化为新闻。

把握时机：率先发声成为舆论引领者

当晚，新华社播发了“中央政治局出台八项规定”的电稿。2012年12

月5日，全国各媒体将这一消息作为头条新闻刊发，其中“不清场、不封路”的规定尤其引人注目。

“八项规定”激活了欧阳淞报告会上的线索。当天，在讨论市里“头脑风暴”收官报道时，总编辑陈光提出前一天欧阳淞做辅导报告时披露的“七常委参观《复兴之路》展览时不封路”的事情，认为中央领导身体力行“八项规定”走在了前面，体现出改进作风的决心和注重行动的务实举措，“值得好好做一做”。

我领到任务马上找来瞿凌云，研究怎样做好这个报道。瞿凌云在欧阳淞的讲话录音中找到了“不封路”那一段，认真听了几遍后转化成文字资料备用。随后，瞿凌云和《长江日报》驻京记者柯立，又对报道中涉及的内容进行补充采访，多方核实，并反复学习“八项规定”的内容。稿件涉及重大政治主题，涉及中央最高层领导，如何把握，如何表述，必须慎之又慎。最终，反复斟酌、推敲成稿。

6日，《长江日报》刊发《七常委参观〈复兴之路〉出行不封路》的新闻，紧扣“八项规定”，传递出新一届中央领导集体倡导政治新气象的重要信号，国内外舆论反响强烈。

小中见大：胸怀全局才能举重若轻

《七常委参观〈复兴之路〉出行不封路》主题重大，但操作中却是“小中见大”，正如欧阳淞在报告会上所说，“这虽是一次具体安排，一个小细节，但反映了新一届党中央集体良好的亲民作风”。

与地方媒体通常“以本地说全国”的“小中见大”不同，《七常委参观〈复兴之路〉出行不封路》虽说是小细节，却事关大人物，虽说是小举措，却涉及大风气，虽说是“小披露”式的侧写，却直指十八大后的新政局。因此，这篇短消息的操作，对政治素养、理论修养、全局意识和掌握运用新闻传播规律的能力，都是一次检验。要做到“举重若轻”，必须胸怀全局。

真实是新闻的生命。我们这篇稿件的第一新闻源是欧阳淞的讲话，他的身份具有较强的权威性，但我们采信他的讲述，更重要的是，认真求证了他“当事人”的身份和现场经历。欧阳淞是《复兴之路》展览主办单位的负责人之一，他当时就在国家博物馆展览现场等候常委们来参观。

对于这条新闻刊发后会产生的社会反响，我们也做了分析和预估，消息一定会引起舆论广泛关注，也势必会获得民意的普遍支持，稿件见报后也确实如此。我们没想到，习总书记随后前往深圳视察，在深圳期间出行均不封路，很快对我们的报道内容进行了再次印证。而此后一年间，“八项规定”、群众路线、“反四风”等举措的坚定推行，更使这篇报道别具意味。

三、新闻的倾向性

在一般情况下，新闻都或多或少地表现出一定的倾向性。所谓倾向性是指新闻传播者通过对新闻事实的报道与评论显现出来的思想倾向。同一个新闻事实被不同新闻媒介所报道，它的内容及表现方式总有许多不同与差异，这是新闻具有倾向性的最常见的例子。

新闻是由具体的新闻记者、新闻编辑经过采访、选择、写作和加工而传播的。每个传播者不可能不带有自己的理解和态度甚至是立场来报道或评论具体的新闻事实。自然界和人类社会每时每刻发生和变化着多种事实，对抱有不同思想信仰和情趣的人来说，对此会有完全不同的反应或评价。各种事实被新闻传播者采访、选择并制作成新闻之后，就自然披上了一定的主观色彩。有时候，新闻传播者甚至会利用新闻的“客观、公正、平衡”的外形，将一定的主观倾向巧妙地掩饰起来。

美国哥伦比亚大学教授梅尔文·门彻在《新闻报道与写作》一书中说，“虽然记者希望就新闻做出的决定是客观的、非个人化的，但大量新闻仍然建立在选择的基础上，而选择是一件相当个人化的事情。选择源于记者的专业背景，他或她所受的教育，及来自家庭、朋友、同事的无形影响。……当我们在新闻的决定因素中寻找绝对因素时，更让人难以捉摸的是：这些决定来源于野心和良心相互争斗的竞技场。”①

① 梅尔文·门彻：《新闻报道与写作》，展江主译，华夏出版社，2003年8月版，第97页。

这里所说的"争斗"，是指不同立场的记者个人之间思想的对立和较量。每个记者都有自己的思想追求，同时，又和社会的各种思想遥相呼应，所以，拥有不同立场的记者所反映的观点就很难做到完全相同，他们对同一件事实的选择和评价，都会将自己独有的愿望注入新闻报道。在通常情况下，新闻的倾向性主要表现为政治倾向性、指导倾向性和趣味倾向性。就一般情况而言，政治新闻具有政治倾向，重要的经济新闻和社会新闻又不断发挥指导性作用，而大多数知识性、娱乐性新闻也具有趣味性动机。

1. 新闻的政治倾向性

政治新闻通常会考虑到现实需要，着眼于报道者或被报道者的政治利益得失，并以此决定事实的取舍。任何政治势力绝不会匆忙地、无动于衷地去报道政治性事件。对于政治环境中的多种重要事实，选择哪些事实或事件，怎样报道，公开到什么程度，都有一定的政治标准。特别是在政治斗争激烈的社会环境中，几乎所有的政治派别都以对己有利的政治标准选择事实、确定报道方针、掌握报道的分寸。由此，也会引发多种政治派别在新闻观念层面的斗争。无论持有什么样的新闻观，这些政治派别都会以自己的政治立场抨击对方的新闻选择原则。正如恩格斯所说："绝对放弃政治是不可能的；主张放弃政治的一切报纸也在从事政治。问题只在于怎样从事政治和从事什么样的政治。"①

政治新闻在阶级社会中都是为一定的阶级集团利益服务的。新闻的政治性即阶级性使新闻不再是纯客观的报道，而是通过新闻事实表达一定阶级的政治概念与政治主张，宣传一定的政见。

新闻的政治倾向性主要表现为：

(1)按照某个阶级、政治集团的利益取舍新闻事实，或延迟或抢发新闻；

(2)在新闻中发表明显带有倾向性的议论，或宣传本阶级或集团的观点，在消息中进行议论是政治新闻表现倾向性的主要手段；

(3)直截了当地宣传某个政党的方针政策，或抨击对立派别的政治立场，使新闻报道直接成为阶级之间意识形态斗争的一部分。

---

① 中央编译局编：《马克思恩格斯全集》第17卷，人民出版社，2008年7月版，第449页。

其实，这类新闻事实在没有报道之前，就具有潜在的倾向性，只是无法强烈地显露出这种阶级倾向性。经过报道者的选择、加工后，此类新闻事实就涂染上了鲜明的政治色彩。

迄今为止，世界上一切新闻媒介、新闻传播者都从属于一定阶级、一定政治或经济集团，传播者的立场不可能不渗透到新闻选择和加工过程中。当传播者把新闻用于政治、经济、文化等利益问题的时候，新闻所具有的利益倾向，使新闻媒介就具有了主体的功利性。因此，新闻传播者对新闻的政治倾向应有足够的认识。

新闻报道的政治倾向性及其所反映的阶级利益，是新闻本质属性的一个重要方面，但这不是问题的全部，决不能把新闻的政治倾向性绝对化。不同国家、社会、阶级、经济与政治集团虽然有不同的观点和认识，但由于历史和现实的共同生活原则和共同交往方式，在其伦理道德、思想意识、审美标准等方面也有许多相同之处，即使站在不同立场的新闻发布机构，在一定条件下也可能对同一个事件持有一致的态度，同时，他们表达新闻事实的方式，又总是把他们态度中的细微差别以及一种明显的倾向提供给不同的受众。因此，那些"据实以报"的新闻对不同阶级和政治立场的读者或听众来说，都会产生各自不同的受益，接受者总是根据这些倾向性做出自己的分析。如果将这些报道整合在一起，就有可能给受众全面、深刻地认识这一事件提供一种认识模式。

当然，表达新闻的政治倾向，必须建立在忠于事实的基础上。如果按照政治意图"改造"客观事实，就会使新闻的政治倾向性完全陷入歪曲、虚构事实的泥潭，必然导致报道的彻底失败。对于客观事实来说，政治是第二性的、派生的、被决定的因素。如果不尊重事实而一味迎合"政治倾向"，很可能就会为了"政治性"而改造事实，这会使造谣新闻泛滥成灾。依靠虚构事实进行政治斗争、依靠新闻谣言维持政治主张，也是政治力量走向衰败的征兆。

陆定一曾告诫说："事实与新闻政治性，二者之间的关系，万万颠倒不得。一定要认识事实是第一性的，一切'性质'，包括'政治性'在内，与事实比起来都是派生的，被决定的，第二性的。一定要认识我们革命工作者必须尊重事实，而且尊重事实与政治上的革命性是密切结合不可分离的。反之，凡是不尊重事实的，哪怕装得像很'革命'，实际上一定是反动的家伙。”①

链接——

THE NATION'S NEWSPAPER

50 CENTS

Wednesday, September 12, 2001

USA TODAY

NO. 1 IN THE USA

Special Edition

37 pages on America's day of terror

'Tears most of the day'

Coast to coast, Americans turn to each other. 8A

Carnage in New York

Horror, disbelief and thousands of victims. 6A

Pentagon in flames

As many as 800 believed dead at military HQ. 7A

'Act of war'

Terrorists strike; death toll 'horrendous'

Bush to nation: U.S. 'saw evil'

Law enforcement eyes bin Laden

Crisis deepens economic woes

86% say attacks are acts of war

USA TODAY/CNN Poll, 2A

Crowds rush blood centers

Drama of day in pictures

Color pullout, 10-11A

Minute by minute, fear envelops the country

As jetliners strike U.S. landmarks, America's sense of security is shattered

It may have been the bloodiest day in U.S. history, when our two biggest office towers were obliterated and the Pentagon, symbol of our military authority, was ripped open like an egg carton.

Our commercial jetliners were turned into weapons of mass murder, and we had to stop doing things we always do, from trading stocks to going to Disney World.

Cover story

"Pearl Harbor brought us together to face a problem. Maybe this can do the same."

2001 年 9 月 12 日的《今日美国报》通栏大标题:战争行为

副标题:恐怖分子袭击,死亡人数可怕。

报纸图片为世贸大厦燃烧的五分之四整版照片一张。

---

① 陆定一:《我们对于新闻学的基本观点》,陈建云主编:《中外新闻名著导读》,浙江大学出版社,2005 年 8 月版,第 151 页。

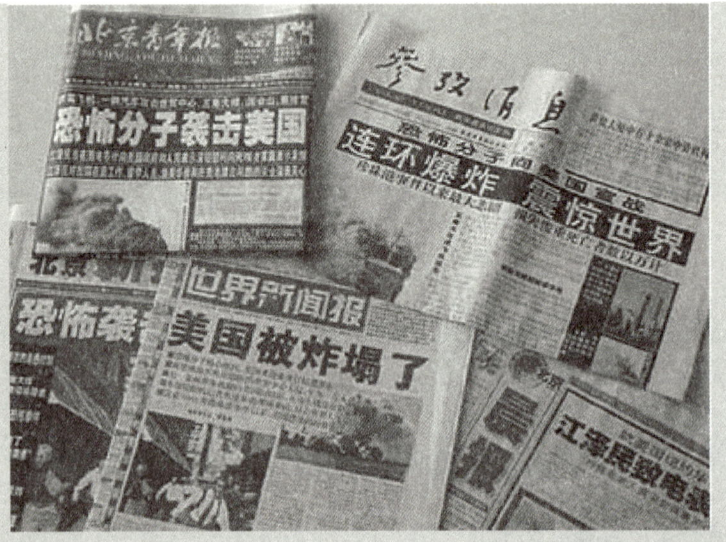

2001 年 9 月 12 日，部分中文报纸对“911 恐怖袭击”的报道

2．新闻的指导倾向性

新闻的指导倾向性是指，有关人们日常的经济生活、政治生活和多种社会交往活动的新闻，对人们如何认识错综复杂的社会现象方面，能够起到正确的引导性作用。新闻指导倾向几乎存在于一切新闻之中。

新闻的指导性同新闻报道的目的性密切相关，并以目的性为基础。传播任何新闻都要有目的，或者说，要有明确的报道目标，即受众能从所报道的新闻中得到什么？因此，任何一条新闻应该有“为”而发，而且应该有“利”而发。这里所说的“有为”和“有利”，就包含着指导性问题。新闻报道引导人们关心社会生活的方方面面，这是新闻发挥指导性的普遍现象。具体到中国的新闻实践活动中，新闻的指导倾向性包括以下几个方面：

（1）论证。新闻媒介经常用典型的、新鲜的、生动的实例来论证执政党的路线、方针、政策的正确性、合理性、可行性，从而使广大受众坚定信念，增强贯彻、落实执政党的路线、方针、政策的自觉性。

（2）启发。新闻媒介通过介绍先进的、最具有普遍意义的工作经验与措施，从而给社会实践主体新的启发，用以指导他们结合实际开创新的生活、生产工作新局面。

(3)解释。新闻媒介对于已发生的或正在发生的一些有关国计民生的重大事件和社会焦点问题进行分析、评价,以分清问题的是非曲直、利弊得失、荣辱善恶,阐述它对社会多方面的影响,从而指导人们正确地认识事物,并作为采取进一步行动的决策参考。

(4)预测。新闻媒介对某一社会领域的相关情况进行分析、概括,并通过其变动或变化规律的探寻,预测社会或某一方面、某一行业的未来发展趋势。

链接——

今年前4月中国开出上亿元环保罚单 强调“罚无上限”

(2015年6月16日08:25　中国新闻网)

中国正在加压严惩环境污染行为。中国环境保护部15日在北京公布,今年1－4月,全国实施按日连续处罚案件共160件,罚款数额达11229.51万元(人民币,下同),移送涉嫌环境污染犯罪案件共429件。

“各级环保部门将继续加大对偷排偷放等恶意违法行为的执法力度,震慑环境违法犯罪”,环保部环境监察局局长邹首民说。

新修订的《环境保护法》今年正式实施,其中设计了按日连续处罚、查封扣押、限产停产,以及移送行政拘留等规定,中国环境执法持续加力。据介绍,与1－2月相比,3－4月适用按日连续处罚案件数上升515%,适用限产、停产案件数上升237%,移送行政拘留案件数上升197%,移送涉嫌环境污染犯罪案件数上升204%。

其中,“最大罚单”数额高达1580万元,是陕西省咸阳市环保局对陕西煤化能源公司开出的,因其大气污染物超标排放拒不改正实施按日计罚。

邹首民强调,在“罚无上限”的压力下,企业纷纷主动加大环保投入,加快对环境违法问题的整改进度。

不过,恶意排污、违法排污且拒不改正的违法行为仍然存在。邹首民称各地正在“严厉打击”,除了“最大罚单”因此开出,贵州利南集团多晶硅材料公司也因烟气直排且拒不改正，被罚款24万元；企业5号、8号矿热炉现场被查封，查封期限一个月；其不正常运行防治污染设施案也被移送公安机关，2名相关负责人被分别实施7日行政拘留。（记者 董冠洋）

3. 新闻的趣味性倾向

那些充满趣味性、异常性的新闻，其倾向性往往表现为对新闻事实特定的情感取向。人类兴趣表现为对一些显赫事件所产生的吸引力的高度关注并产生强烈的情感反应。但人类兴趣并非都具有共同性，从人口社会学角度来看，不同的性别、年龄、受教育程度、政治经济地位、宗教信仰、社团组织、职业等，影响和决定着每个人的兴趣爱好也各异。因此，同一新闻事实对不同的记者来说，可能会以不同的趣味倾向进行报道，使不同层面的受众获得各自的感受。然而，作为一定“圈”“层”“群”的受众，总会对于其他人的生活和命运产生某种同情心和关注感。这种兴趣，通常包括日常生活中发生的两种极端的事实，即令人高兴或忧虑的事情。新闻传播者将趣味倾向融入新闻事实的报道当中，就可能使受众也产生相应的情感趣味。但无论如何，新闻传播者一方面不能把所有趣味都视为高雅的趣味，另一方面，还要以自身健康的趣味来取舍新闻事实，报道新闻事实，并确信新闻的趣味倾向始终应使人类获得自我完善的美感和无穷的向上力量。

链接——

英首席“御猫”下岗始末 因爱情放弃事业

大公网11月1日讯　据《欧洲时报》报道，美国总统奥巴马是他的粉丝，英国首相卡梅伦要看他的脸色行事，就连威廉王子大婚，都会为他准备特供的礼服——一条具有英国国旗特色的领结。

只不过，他可不是什么政要或贵族，而是一只虎斑猫。

援引《中国青年报》31日报道，2011年2月15日，这只名叫拉里的流浪猫，被卡梅伦特聘为首相府邸的首席捕鼠官。从此，这位在伦敦唐宁街10号上班的“公务猫”就成为人们关注的焦点。人们为它建立了网站，并在社交网站推特注册了账户，甚至以它的口吻出了一本自传。

但在一年半后,“首席御猫”就因玩忽职守被解雇。据说,连力挺他的卡梅伦都看不下去了。在一次与就业与养老金大臣和北爱尔兰事务大臣讨论欧洲经济问题的晚宴上,面对大摇大摆、穿堂而过的老鼠,卡梅伦不得不将手里的刀叉掷过去。

英国首相府邸的鼠患由来已久,为此养猫捉鼠也成为传统。1989年,流浪猫汉弗莱被撒切尔夫人收养,入住了唐宁街10号,随后进入内阁办公室从事捕鼠工作。他在这里兢兢业业地工作了八年,并以“工作狂”的性格名声大噪,直到布莱尔就职后才宣布退休。在此之后,前财政大臣达林的宠物猫西比尔接替了汉弗莱的工作,但最后无功而返。

当伦敦“巴特西猫狗之家”向卡梅伦推荐拉里时,还是很希望这个胖胖的家伙大展身手的。工作人员对它的评语是“天生具有强烈的捕猎天性”。

上任初期,这只“第一猫”并没有“新官上任三把火”。他甚至住不惯这处具有乔治风格的建筑物,几度试图逃跑。有摄影师捕捉到他狩猎的瞬间,但由于技术不佳,那只老鼠竟然跑掉了。

直到去年4月22日,拉里才初开杀戒:有工作人员发现拉里在花园里叼着一只死老鼠,神气活现地将猎物甩给一名女园丁,以此显示自己的首战告捷。这次牛刀小试在第一时间被英国《卫报》报道出来。

在“首席捕鼠官”任职的最初半年里,拉里的表现也得到了领导的首肯。在接受媒体采访时,卡梅伦称他为“捕鼠好手”,五个多月就捕到三只老鼠。还有伦敦市民在唐宁街10号的街边亲眼看见过拉里捕鼠的英姿,这位过路市民还很高兴地送给它一个小玩具。

捕鼠高官也得到了英国民众的喜爱。很多人给他寄去一些毛线老鼠之类的小玩具。自从他入住唐宁街,英国人收养流浪猫狗的热情也显得格外高涨。

可惜拉里最终还是辜负了大家。从去年11月开始,他白天呼呼大睡的照片遭到媒体曝光。还有一次,卡梅伦发现一只老鼠在自己的书房里肆无忌惮地招摇过市,而“首席捕鼠官”依然窝在书房的椅子上香甜地睡觉。卡梅伦拍了拍拉里,试图唤醒它以便开展工作。可拉里只是慵懒地抬了抬眼皮看看卡梅伦,身子动都不动。这次经历使得卡梅伦痛下决心,撤去拉里的职务。

不过，鉴于拉里的好人缘以及担心伤害它的感情，卡梅伦特许它继续住在首相府邸。他的继任者名叫弗瑞亚，是财政大臣欧斯本新近找回的、失散多年的爱猫。据称，弗瑞亚在流浪期间体验了残酷的生存经历，担任捕鼠官绰绰有余。

据媒体透露，拉里的渎职不是出于懒惰，而是因为爱情。英国《太阳报》报道，从去年秋天开始，拉里每天晚上都与一个名叫梅西的"邻家女孩"约会。梅西的主人，唐宁街附近圣詹姆斯公园的管理人马克·维西尔-伊斯基是他们"人约黄昏后"的目击者。公园的发言人还透露，小两口十分恩爱，"一次看到门口放了一只死老鼠，大概是拉里的谢礼"。

目前无法预知，这对有情人能否终成眷属。《太阳报》遗憾地披露，现年五岁的拉里已经做过阉割手术。

4. 确定新闻倾向性的标准

新闻的倾向性取决于新闻事实的报道和对新闻事实的评论。所有对社会负责任的新闻媒体或新闻传播者个体，都应当在新闻中表达正确的倾向，用正确思想去引导公众。因此，新闻工作者报道新闻事实和评价事实必须站在公众立场上，使新闻报道成为推动历史前进的力量。

在报道和评价新闻事实当中，坚持下述标准已经成为中国新闻界所公认的准则：

(1)新闻报道充分反映人民群众的伟大精神面貌，把先进思想和先进人物的范例变成广大群众共同的精神财富，使其在群众中产生精神和物质作用。

(2)新闻报道要不断满足人民了解世界变化的需要，以反映人民的心声和愿望为基本要求。要敢于向人们说真话，维护人民的最大利益。但凡人民需要知道的实情，都应真实地报道，并做出实事求是地分析。从一定意义上来说，新闻对党和人民的意志、要求、情绪反映得越充分，新闻的倾向性就越接近人民大众的立场。

(3)新闻报道要反映现实生活的主流与本质，抓住现实生活中主要的关键性问题，对事实进行准确、深刻的判断、推理和分析，便于受众调整自己以适应社会的发展。

思考题

1. 新闻的倾向性表现在哪些方面?

2. 如何理解新闻的指导倾向性?

阅读书目

1. [美]沃尔特·李普曼:《公众舆论》,阎克文、江红译,上海人民出版社,2006 年 4 月版。

2. 卡斯珀·约斯特:《新闻学原理》,王海译,中国传媒大学出版社,2013 年 1 月版。

3. 杨保军:《新闻真实论》,中国人民大学出版社,2006 年 4 月版。

第四章
新闻价值理念及其现代转换

新闻价值是整个新闻学学科体系中的一个基本概念。在理论新闻学的内容构成中,新闻价值具有十分重要的地位。从一定意义上说,新闻价值的认识与界定,是对“新闻”这一概念理解的延伸和深化。新闻价值在整个新闻理论体系构成中属于新闻本体论的部分,而且是具体的新闻实践活动中选择新闻事实、生产新闻产品、报道新闻内容、获得新闻效果所遵循的基本原则。新闻传播者对于新闻价值的把握,也在实践层面直接影响着整个新闻报道的内容、质量及其方向。

新闻价值概念的提出,目的是要解决新闻传播者在其实践活动中遇到的一些关键问题:即无限的新闻事实与有限的传播渠道及传播时间之间的矛盾;新闻传播者对于新闻事实的选择标准与广大受众的新闻需求之间的矛盾等。在对诸如此类问题的回应与反思过程中,新闻价值概念应运而生。

一、新闻价值理论的起源

新闻价值,作为新闻学中的一个基本概念大约出现在 19 世纪 30 年代的欧美资本主义国家的新闻传播实践活动中。

在现代报刊成为大众日常读物的时期即大众化报刊时期,报刊争夺读者的白热化导致记者和新闻学者加强了对报刊阅读行为的研究,新闻的价值形态受到空前重视。

(1)新闻价值理论是资本主义生产关系体现于现代报刊的产物。

19 世纪上半叶,欧美资本主义的报纸由“观点纸”逐步变为“新闻纸”。新的报刊分配关系不再以政党政治为核心,而是以民众的阅读需要进入销售渠道。这一历史情境的改变体现在现代报刊上,就是报纸反映了资本主义生产关系的最基本特征,即资本私人占有和为追求利润最大化而生产。每个报刊的创办者一开始就担负了这种使命,报刊也呈现出典型的商业性功能。以利润为主导的巨大经济变革改变了报人与读者之间相互审视的角度,促使报人认真研究新闻与读者之间的供求关系,对新闻价值予以深度的关切。

(2)新闻价值理论是新闻商品化的直接回应。

当政党报刊趋于衰落、大众化报刊蓬勃兴起的时候,新闻的“商品”价值则不断凸现出来。从 19 世纪 30 年代起,欧美大众化报刊——便士报和庸俗小报相继兴盛和发展,办报如同办企业一样都是为了追逐经济利益,新闻像制造商品一样被“制造”出来。大众化报刊对其产品的质与量的提高,使新闻传播者工作风格随之改变,编辑对于表达观点的文章减少了兴趣,而更多关心起纯新闻的报道。此时,受众对于“新闻”的兴趣远胜于“观点”。有趣味的新闻增加了报纸的销量,报纸销量的增加又吸引了广告,给报刊带来丰厚的利润。新闻的新奇性、趣味性、人情味等,在报人的眼里转化为诱人的商业价值。作为报刊交换价值的替身,新闻价值受到新闻业界的高度重视。

(3)新闻价值理论是大众化报纸竞争的产物。

在廉价报纸时期,报业竞争空前激烈,为争夺利润而争夺市场、争夺受众的报业大战轮番上演。而新闻有没有价值,是报业竞争能否取胜的关键。因此,大众化报纸十分重视新闻的形式因素,通过改进新闻写作方式和版面编排,使用大字标题和插图以及内容的通俗化等,迎合了广大读者的阅读兴趣。这些新式新闻事业的一般特点对当时的报纸来说,虽然体现的程度有所不同,但都以最快的速度报道受众关注的重要或有趣的新闻事件。从这个意义上讲,报业竞争促进了新闻价值理念的强化。

(4)新闻价值理论的形成也是先进科学技术应用于报业的直接产物。

在工业化浪潮中,科学技术迅速发展,人口大量聚集,现代城市繁荣兴起，通信工具不断发达，上述因素共同促使新闻采集、加工与生产进入了成熟期，也使新闻复制与传播的成本大幅度降低。一种代表新闻事业的在外观与性质上有很大改变的标志物——报刊出现了。

（5）新闻价值理论是新闻学研究的产物。

在商业化报刊发展的过程中，新闻事业的发展需要有大量懂得新闻价值的人才，新闻研究和新闻教育作为新闻事业的伴随性事业开始出现。于是，新闻价值理论成为当时新闻教育和新闻研究的重要内容。

链接——

1690年德国新闻学者托比亚斯·朴瑟（Tobias Peucer）写出新闻史上第一篇关于报纸的论文。他列举了值得报道的事件和不值得报道的事件。朴瑟认为：人们的日常生活，四季的变化，以及常见的雷电风雨，私人的生活等事情肯定是不能当作新闻的。能成为新闻的事情有：新奇的征兆，怪异的事物，精彩非凡的自然气象或艺术作品，洪水和风暴，地震，神奇的天象，新发明或新发现。其次，是各种政体的变化，政府的更替和改变，战争与和平的行动，突发事件和死亡等成千上万与自然、公民、教会和学术史有关的事情。

该论文是德国期刊和日报发展初期发表的，为早期记者识别新闻提供了重要的标准。这虽是世界新闻史上最早提出的新闻价值问题，但还没有上升到理论认识，仅仅停留在价值的事实形态，即什么样的事实是值得报道的。

链接——

日本新闻学者松本君平在1899年出版的《新闻学》一书中，有两处提出同新闻价值相近的概念——新闻纸的价值，其一，是"新闻报道后，能够耸动社会耳目，新闻纸之价值立刻显现"。其二，为"整个报纸既归主笔监督，即使他没有时间写文章，为了增加新闻纸之价值，以表达自己的意图，也不得不亲自动手写作"。

这里的新闻纸之价值和新闻价值的含义相同，因为新闻纸的价值不是由纸、而是由纸上的新闻决定的。松本君平的"新闻纸之价值说"，应该是新闻价值的一种表达方式。

链接——

1903年,美国记者休曼的《实用新闻学》一书出版,书中多处涉及新闻价值问题,该书于1913年由上海学广会翻译出版,成为当时中国报人的启蒙读本。休曼在书中使用了“新闻价值”(News Value)这个词组,并提出新闻价值的几个要素:报道的适时、对事实的兴趣、令人惊奇的事件等三点,可以称作新闻价值的“三元素说”。

二、新闻价值的基本内涵

19世纪30年代的欧美国家,资本主义生产关系普遍确立,资本主义政体逐渐成熟,此时作为资产阶级及其政党宣传工具的政党报刊逐步转化为以市场为导向的大众化报刊。在新闻产品的生产中,新闻的商品性指标成为重要的价值标准,并由此形成了大众化报纸的主要特点:

(1) 强调“独立舆论”。几乎所有的“便士报”在其办报方针中都声明,报纸不应该是政党的奴仆,而应采取独立的立场。

(2) 主张“面向普通人”。以城市居民为发行对象,报刊应以迅雷不及掩耳之势,迅速广泛地渗透到社会最底层。

(3)追求新闻的“趣味性”。报刊以登载大量耸人听闻的新闻内容为荣,甚至不惜堕落为“黄色新闻”。

(4)力求“文体简洁”。此时的报纸已由“观点纸”变成了“新闻纸”,并且成为一种特殊的商品,所以在新闻信息的表达形式上以新闻报道为主,评论退后到次要的地位。

(5)报纸售价低廉。新闻成为一种特殊的商品,报业以出卖新闻置换回广告效应并以此赚取利润。同时,报纸生产成本的降低也使其售价相对低廉。

报纸的大众化给报业带来可观的商业利益,报纸经营者也享受到新闻商品化所带来的巨额利润和丰厚回报。故而,报人们坐享报业所带来的财富的同时,又苦思冥想如何使报业财富的雪球越滚越大。当时,报业巨子本杰明·戴(Benjamin H. Day)、詹姆士·贝内特(James G. Bennet)、威廉·赫斯特(William Hearst)等在新闻实践领域演绎着梦幻般的淘金艺术。如,赫斯特与约瑟夫·普利策(Joseph Pulitzer)的新闻大战,在导致黄色新闻泛滥的同时,也得到一条新闻买卖的宝贵经验——只要卖出去的新闻就是好新闻。报人们千方百计地要使自己生产的"商品"——新闻能适应"顾客"——读者的需要,并尽量降低报纸的成本,从而廉价出售以打开销路。由此,资产阶级新闻学把新闻作为满足社会信息需求的"商品"来研究,按照商品交换的观念研究什么样的新闻最能吸引读者、销路最广,能够带来更大的利润。

正是这种以商品为研究对象的眼光和思路,提出了新闻价值(News Value)概念,并且将影响新闻价值的决定性因素概括为:及时性(Time-liness)、接近性(Proximity)、显著性(Prominence)、重要性(Significance)和人情味(Human Interest)等五个因素。可见,新闻业界对"新闻"的商品化运作,以及从交换价值角度的切入所导致的结果,是对新闻价值的反思。

链接——

新闻实践领域对新闻价值的实用性总结

1 个普通人 +1 个平凡的生活 =0

1 个普通人 +1 个不平凡的冒险 = 新闻

1 个普通人 +1 个普通妻子 =0

1 个普通人 +3 个妻子 +1 次诉讼 = 新闻

1 个银行出纳员 +10 万美元 = 新闻

从理论上对新闻价值较早进行研究的是美国著名专栏作家、新闻学家沃尔特·李普曼(Walter Lippmann),他在 1922 年出版的《舆论学》一书中认为,新闻价值就是指事变、惊奇、地理上的接近性、个人的影响与冲突。此后,西方新闻理论界关于新闻价值的研究始终围绕着新闻的特殊素质问题进行探讨,即研究具有什么样特殊素质的新闻,其交换价值更大。

链接——

希伯特(Fred S. Siebert)等人在《现代传播媒介简介》(An Intruduction to Modern Communication)一书中,对新闻价值要素的阐释如下:①时间性。人们常说,没有比昨天的新闻更老的东西了,报纸的新闻只有一天的寿命。②接近性。地理的因素对于判断新闻也很重要,事件发生的地点离读者越近,新闻价值越大。③显著性。事件的参加者越著名,新闻的价值就越大。④重要性。一个事件的后果、影响,与它的新闻价值有直接关系。⑤人情味。人情味的因素有冒险、冲突、幽默、悲欢离合、两性、反常、个人利益。每天的新闻中有很多都是根据这些因素选择的。

链接——

1938 年,美国近代报业巨头普利策的《世界报》出版定期连环画专页。连环画画家理查德·奥特考尔特笔下的“黄孩子”身着黄色肥大衣服、头发稀少、没牙咧嘴、东游西逛并对纽约新闻发表评论,是美国家喻户晓的“人物”。报业资本家赫斯特不惜重金挖走奥特考尔特,为自己的《纽约时报》主持“黄孩子”专栏,成为著名报纸漫画家。普利策则请卢斯到《世界报》主持“黄孩子”。俩报业巨头同时利用“黄孩子”大量刊登耸人听闻的刺激性的新闻,并展开了恶性新闻竞争,以至于诞生了一个新闻史上著名的新名词“黄色新闻”。

新闻价值的“五要素”理论表明了西方研究者多认同新闻价值是内含于新闻事实之中的,属于新闻事实所客观具有的,但同时又将受众的满足放在了重要的位置,反映出对于受众兴趣和接受心理的研究指向。

新闻价值也是中国新闻学者最早关注的基本理论问题之一。中国第一本新闻学著作徐宝璜的《新闻学》特设第五章《新闻之价值》。以专章的篇幅和重要的位置论述新闻价值问题,这是中国新闻价值理论研究的开始。他写道:“新闻之价值者,即注意人数多寡与注意深浅之问题也。重要之最近事实,自能引起较多人数与较深程度之注意。故为价值较高之新闻。次要之最近事实,仅能引起较少人数与较浅程度之注意,故为价值较低之新闻。”[①]在他之后有许多学者，无论是研究新闻理论还是研究新闻业务都曾重点涉及此问题。如邵飘萍《实际应用新闻学》、刘元钊《新闻学讲话》、田玉振《新闻学新论》、梁七纯《实用新闻学》、胡仲持《关于报纸的基本知识》等，都对新闻价值有自己的独特见解。

新中国成立后，特别是党的十一届三中全会以来，新闻价值再度成为学术热点，最初几年研究的重要问题是：新闻价值的内涵以及如何定义新闻价值。到目前为止，理论界对于新闻价值概念的界定，主要有以下三种类型：

1. 素质说

新闻价值是指一个事实所包含的足以构成新闻的特殊素质，或各种素质的总和。这一观点强调，新闻价值是事实本身所具备的素质。

2. 标准说

新闻价值是新闻传播者选择和衡量事实可否成为新闻的标准。这一观点强调，新闻价值是新闻传播主体判断新闻的标准。

3. 功能说

新闻价值就是新闻影响受众并通过受众影响社会的功能，即新闻机构发布的新闻在受众中受到的重视程度。

以上观点均为一家之言，各具有一定的合理性。“素质说”强调新闻客体的重要性，也说明了新闻价值的客观重要性；“标准说”重点在于主体对新闻客体的认识，强调新闻传播主体的认识因素；“功能说”认识到新闻价值的实现过程，进一步强调其满足人们及社会需要的作用，对新闻价值实用性予以重点突出。

其实，价值是一种关系，即客观事物满足主体人需要的一种有用性或有益性。事物自身的属性成为人需要的价值对象，人的需要则成为事物自身属性的价值认可。在价值关系中，人的需求、事物的属性是价值构成的两个不可缺少的方面。这样说来，对新闻价值的思考就首先要考虑新闻价值的内在要素，即客体的属性使新闻具有使用价值，构成人的需要的可能性。其次，是人的认识，客体的有用性能否满足人的需求，取决于主体的认知与态度。

---

① 徐宝璜：《新闻学》，中国人民大学出版社，1994 年 1 月版，第 24 页。

所以,新闻价值是事实所包含的足以构成新闻的特殊素质及其表现形态并能满足社会需求的总和。换而言之,新闻价值是新闻传播者选取新闻事实的标准,以及新闻所产生的社会效应。新闻有无价值及其价值的大小,既取决于新闻事实本身的性状与素质,也取决于一定主体的需要,取决于该新闻能否满足该主体的需要及其满足的程度。新闻价值的实现是新闻传播主体、接受主体和新闻客体之间相互作用的结果。

三、新闻传播过程中的两个价值体系

新闻传播实践活动是新闻传播者所从事的有目标的信息选择、加工、复制和传播的行为及其结果,具体形式可演示为:

在具体的新闻传播过程中,可详细分解为以下不同环节的有机链接:

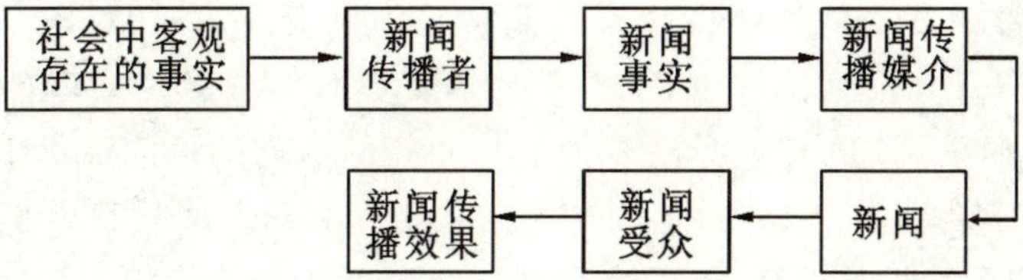

在这个动态、有机的新闻传播活动过程中,分别以新闻传播者与新闻受众为价值主体,形成两个价值体系:

1. 以新闻传播者为中心构成了“事实→新闻传播者→新闻事实”这样一个阶段性传播过程

新闻传播者成为事实转化为新闻事实的中介。事实是不以人的意志为转移的客观存在物,具有客观实在性,是第一性的。经过新闻传播者的选择、过滤、加工后变成了新闻事实。新闻事实相对于客观存在物的事实来说,它具有意识形态的性质,显示了新闻传播者对客观社会生活的反映过程,它是第二性的。但是,事实一旦成为新闻事实以后,具有不以新闻传播者意志为转移的客观存在性。因此,在事实向新闻事实的转化过程中，构成了以新闻事实为价值客体，新闻传播者为价值主体的价值体系。

2. 以新闻受众为中心，构成了“新闻——→新闻受众——→新闻传播效果”这样一个阶段性传播过程

新闻事实经过传播媒介的复制与传播，在转化为新闻的同时，也成为新闻接受者的价值客体，并与其构成在新闻接受过程中的价值体系。由此可见，在整个新闻传播过程中，分别以新闻传播主体和新闻接受主体为中心，形成了两个自成系统的相对独立的价值体系。新闻传播媒介就是连接这两个体系的中介。当然，这两个体系绝不是互不相干的，恰恰相反，它们之间的联系是有机的、互动的。在以新闻生产为核心所构成的价值体系中，新闻事实是价值客体，新闻传播者是价值主体；在以新闻消费为核心的价值体系中，新闻是价值客体，新闻接受者是价值主体。

为此，可将新闻的价值概括为：新闻传播者衡量与选择新闻事实的标准，以及新闻在社会中的传播价值。如此说来，所谓新闻价值应该包含两个层面：一是“新闻事实”的价值；一是“新闻”的价值。新闻事实的价值就是新闻传播者的需要、需求同足以构成新闻事实的那些特殊素质的统一，或者说，新闻事实的某些特殊素质对新闻传播者需要、需求的满足。如果说，新闻事实的某些特殊素质能满足传播者的需要、需求，这一新闻事实就具有价值，新闻事实的某些特殊素质不能满足传播者的需要、需求，这一新闻事实则表现为没有价值。在新闻事实的价值评价中，价值主体与价值客体是互为前提的。新闻事实没有引起新闻传播者的关注，则随即丧失了自身；新闻传播者没有判断新闻事实的价值的能力，也同样丧失了自身。所以，我们在研判新闻事实的价值时，应既看到主体，同时看到客体。新闻事实的价值，应表现为新闻事实的特殊素质同传播者主体需要的满足的统一，是主体性与客观性的统一。

在此，人们或许存在这样的疑问，即新闻传播者的需要是不是以其个人的某种需求、主观愿望或纯属自然的需求为判定呢？也就是说，新闻传播者在选择新闻事实时，会不会以个人的某种需求、主观意志或纯属自然的需求为标准来选择新闻事实。如果是这样，不就否定了新闻事实中应该包含的丰富性？

应该承认，新闻传播者作为独立的个体有一定的主观意志，其需求有独特的或自然的一面。但是，人同动物又有本质的区别。这种区别，一方

面，表现在人能够利用工具，进行自觉、自由的创造性活动，使人成为自由创造的主体。这种自由的创造性活动，不仅使人在实践中能够利用自然，而且能够支配自然并改造自然。这样，人的活动不再像动物那样在生存本能的支配下盲目活动，而且能按照自身的各种需要“内在尺度”进行自觉的、有目的的、有计划的活动。另一方面，表现在人还有丰富的社会性。正如马克思在《关于费尔巴哈的提纲》中所说的：“人的本质并不是单个人所固有的抽象物，在其现实性上，它是一切社会关系的总和”。因此，人的本质可以理解为，在一定社会关系中展开的人的自觉自由的活动。人的自由创造是自然的，更是社会的，是自然本质同社会本质的统一。对人的理解使我们认识到：人的需要绝不是像动物那样，只是简单地满足生存欲望，人有更高层次、更丰富的物质需求和精神需要。因此，对于新闻传播者来说，应该具有崇高的思想、精神境界。而且，这绝不是什么外在附加的东西，而是一种内在必然的要求。这样，新闻传播者根据自己需要所选择的新闻事实，必然具有健康的趣味和理性色彩。再者，人总是作为社会关系中的人，他历史地存在并历史地确定在现实社会生活之中，成为社会实践中的主体，遵循并体现着社会运动与社会发展的规律。他的需求、愿望甚至情志都必然会烙上社会的印记。因而，人的需要都有社会性，有其更丰富的社会性内容。个人化的需要，总是这样或那样地包含着一定社会内容的需要。

新闻传播者正是本着这种包含一定社会内容的需要去透视生活，去选择新闻事实。一个真正的新闻工作者应该更自觉地把个人的需要同社会的需要统一起来，去挑选那些足以体现历史进步、社会发展、时代潮流的各种各样内容的新闻事实，以便不断地向广大受众传播。同时，人生活在现实社会中，总是体现着一定的社会关系；在阶级、阶层、党派、集团还存在的情况下，个体的人又必然依赖于一定的阶级、阶层、党派、集团，其个人化的需要不可能脱离一定阶级、阶层、党派、集团的需要。因而，新闻传播者总是自觉不自觉地从一定阶级、阶层、党派、集团的需要和利益出发去挑选新闻事实，这就不可能不表现出鲜明的倾向性。

显然，新闻传播者是以个体或个体组成的职业共同体出现的，如果强调其社会性会不会忽视、扼杀其个性？这就牵涉到个体性和社会性关系的认识问题。应该看到，由于新闻传播者的阶级色彩、阶层归属、政治经济地位、教育生存环境、文化素养、情趣爱好等不同，因此，传播者必然会出现个体的特殊性。但是，任何传播者又不能离开人的一般规定性。因此，任何传播者的目的与要求，既表现为个体的特殊性，又体现着社会的一般需要，是个体特殊性同社会一般性的统一。这样，传播者在根据个体需要选择新闻事实时，一方面，能显示出个体的自由，独特的视角、鲜明的风格，另一方面，在其中又包含着社会一般性。所以，在新闻传播活动中，忽视、否定新闻传播者选择新闻事实的自由，以及独特视角、个人风格，是不对的，而一味地标榜其个体的自由选择、独特发现，甚至否定其选择新闻事实时（应有的）鲜明的倾向性，那更是错误的。

在新闻价值体系中，除了新闻事实的价值之外，还有其中所包含的新闻的价值，其含义可以理解为：受众的需要、需求同足以构成新闻的那些特殊素质的统一，或者说，新闻的某些特殊素质能满足受众的需求。

受众是新闻的接受主体，随着新闻传播事业的高速发展与媒介作用和功能的充分发挥，新闻传播亦呈现出高度社会化的传播特点，受众这一价值主体也体现出一定的群体性特点。正因为其表现出群体性，因此，就更充分地表现出社会性，受众的需要毫无疑问地具有丰富的社会内容。从这个角度讲，受众的需要表现为一种社会需要。另一方面，受众的需要也同样表现出特殊性。不过，这种个体性和特殊性不是独立个体的个性、特殊性，而是群体的个性、特殊性。

因此，在现实的新闻传播活动中，应该承认受众完全有选择和评价新闻的自由；同时，也应该看到，无论是作为个体的还是群体的受众，对选择什么新闻，如何评价，其深刻的根源就在于立场、观点、情感态度和趣味倾向。对于任何新闻传播者和任何一个新闻传播媒介来说，既要注意不断地满足受众的这种多方面、多层次的需要，又要不断地进行有效引导，以达到新闻价值的完全或相对完全的实现。

四、新闻传播过程中的价值实现与价值评价

新闻传播过程中的价值实现是一个动态的过程。如果说，我们把新闻最终要产生的社会效应看成是新闻传播过程中价值实现的结果，那么，

这一结果之所以会成为现实,必然要经历价值生成、传输和接受的过程。这一过程,从来不是静止不动的,而是要受到多种因素的制约并随着制约因素的变化而变化。因此,有效地把握好这一过程,新闻的价值就可能完全实现,从而产生最佳的社会效益;否则,新闻的价值就可能耗散。

1. 新闻价值实现和阶段

一般说来,新闻传播过程中的价值实现在整个新闻价值体系中可分为三个不同的阶段:

(1)新闻价值的生成阶段。

在新闻价值的生成阶段,价值主体——新闻传播者根据主体需要,对具有某些特殊素质的事实进行选择、过滤、加工。在具体的新闻实践过程中,则表现为记者、编辑按照一定的新闻业务标准进行采访、写作、编辑。这样,就把客观存在着的普遍事实转化成具有一定价值的新闻事实。

记者的采访是其发现、选择新闻事实最为重要的一环。采访就是调查研究,就是到千变万化的现实生活中去发现、选择具有特殊素质的事实。记者的采访并不是没有目的与意图的,而是按照一定的需要去采集素材。

链接——

在《中外记者经验谈》一书中记录了范长江在写《中国的西北角》时的想法。范长江到祖国的大西北去采访时,"怀着两个目的:一是研究红军北上以后中国的动向;二是当时抗战即将开始,抗日战争爆发后,敌人肯定会占领我们的若干大城市,那么,我们的后方——西北、西南的情况会怎么样呢?这两个问题,也是当时群众迫切需要了解的重大问题"。

但是,记者的目的与主观意图还只是一种主观上的愿望和要求,主观意图能否实现,关键在于客观事实。具有特殊素质的事实常常是深藏着或者是呈现出一种复杂的状态,这就要求记者有一定的新闻敏感,善于挖掘、分辨、选择最富有新闻特性的新闻事实,然后按照主体的需要进行过滤与加工。

新闻写作过程就是记者对所选择的事实,根据主体需要进行过滤、加工的过程。这里所谓的加工,绝不是任意改变事实,而是使事实本身所具有的某些特殊的素质更鲜明、更突出。

记者的新闻加工并不意味着价值生成过程的完成，在经过新闻传播媒介复制与传播之前，还要经过编辑的进一步把关：一是在众多的新闻事实的材料中挑选出最重要、最新鲜、最为受众关注的那些材料；二是对挑选出来的材料进行核对、修改；三是进一步的适当处理，包括制作标题、安排版面或播出时间等。

由此可以看出，采访、写作、编辑的过程，就是新闻事实价值的生成过程。在这个过程中，无论是记者或者是编辑对新闻事实的选择、过滤、加工，既不允许改变任何事实，又要善于使那些具有特殊素质的事实材料更好地符合、满足主体的需要，或者说，更能体现主体的目的和意图。因此，新闻事实价值生成的过程，也是具有特殊素质的事实材料不断符合、满足主体需要的过程。

（2）新闻价值的显示阶段。

生成于一定价值体系的新闻事实，其价值是否能得到充分显示，还取决于新闻媒介的复制与传播。在新闻价值的显示阶段，新闻媒介要将具有一定价值的新闻事实，迅速且卓有成效地复制与传播出去，使新闻事实的价值能得到最充分的展现。

在具体的新闻实践过程中，表现为不同的传播媒介采用各自的传播手段，将文字、声音、图像、视频等信息的物质载体以代码的方式复制与传播于广大受众。一般来说，传播的整体水平越高，新闻事实的价值就显示得越充分；传播的整体水平越低，新闻事实的价值就不能得到完全的显示，会出现一定的价值耗散。在新闻价值的显示阶段，传播媒介的技术设备、传播者的技艺、传播手段与方式等综合性要素与新闻价值的显示成正比关系。

（3）新闻价值的实现阶段。

新闻事实一经传播媒介复制与传播成新闻后，随即成为受众接受的对象，其价值将在受众的接受过程中实现。因此，新闻价值实现的过程同受众的选择及接受状态有直接的关系。一般来说，受众的选择性接受、选择性理解、选择性记忆等新闻接受的方式与结果，充分验证着新闻价值的实现。在此过程中，新闻价值的实现与价值的耗散往往具有不确定性，其价值实现的指标可间接地通过报刊的订阅率、广播的收听率、电视的收视率，以及网络新媒体的点击率等来确证。

有必要说明的是，新闻传播过程中的价值实现是一个动态过程，从价值的生成开始，经价值显示再到价值的最终实现，接受主体对新闻的选择、接受状态成为新闻价值实现的终结形式。因而，从这个意义上讲，受众的接收以及社会效益如何，是新闻价值是否实现的标尺。当我们把新闻价值实现当作一个运动过程来考察时，在这个运动过程的每一具体阶段都可能存在着"价值实现"与"价值耗散"。所以，对于影响新闻价值实现的，如事实、媒介、传播主体与接受主体等主要因素，都应予以足够的重视。

2. 新闻价值的评价

从新闻传播活动终极目标来看，新闻最终要作用于社会，而新闻是否具有一定的社会价值，则需经过评价，方能予以确认。

与所有的评价活动一样，新闻价值的评价也是一种主观的活动。新闻价值的评价，实际上是评价主体从自身的需要与要求出发形成的对新闻的一种主观的选择和评价并以主观态度予以呈现。新闻价值评价的主观性特点使我们认识到，不同的评价主体对同一新闻的评价可能是不同的，因此，新闻价值评价往往具有鲜明的个性特点，甚至还浸染着一定的阶级、阶层、集团、党派等色彩；与此同时，新闻价值的评价并不是一成不变的，评价主体因为所处的具体的社会历史情境变化，以及个体的诸多方面的变化，而呈现出不同的价值向度。

但是，对新闻价值的评价绝不可能离开新闻这一价值客体。新闻的客观存在决定了对新闻评价的客观性。评价主体的需要、要求或期望，尽管表现出一定的主观特性，但本质上是客观的，是在一定的历史条件下、一定的社会实践中产生的。因此，对于新闻价值的评价应遵循一定的评价标准。

新闻价值的评价主要有两种方式：权威机构的评价和公众舆论的评价。在绝大多数情况下，这两种评价能保持一致性，但也有评价的结果大相径庭。

链接——

2014 年 9 月 30 日，第二十四届中国新闻奖获奖作品揭晓。《解放日报》于 2013 年 8 月 29 日要闻版刊发的文字消息《利益面前，干部退一步　虹桥镇二次改制突出"公平共享"，干部退股、再次分配》获一等奖。以下是消息全文：

利益面前，干部退一步

虹桥镇二次改制突出“公平共享”，干部退股、再次分配

本报讯（记者 徐蒙 实习生 谢金晶） 曾是集体资产改制“排头兵”的闵行区虹桥镇，又一次来到改革的当口。最近，虹桥镇先锋村、虹五村等10个村进行了“推倒重来”的第二次改制，并定下规则：所有干部退出当年的“岗位股”和受让的村民股权。

为何要推倒重来？20世纪90年代末，虹桥镇推行改制入股，十多年来，乡村变城市，农民并没有全数变股东。当年改制时，村里还有农田，商务楼才零星开建，村民意识不到股权的价值，宁可变现，纷纷将股权转让给村干部，加上当年为进行岗位激励、鼓励干部多持股而设的“岗位股”，村干部手里的股权渐渐多了。虹桥镇党委书记张有为告诉记者，当年改制最成功的先锋村，55%的村民手中没有或只有少量股份。

现在的虹桥镇，已是上海“黄金地段”。当年改制中，土地和物业都没有出让，酒店、写字楼等产权仍属集体资产，十多年中，资产规模今非昔比。可是盘子越大，不公平的因素也放得越大：早年退光股权的村民，虽然社会保障不错，却享受不到资产增值红利，心里不是滋味。

“虽然当初转让是村民自愿，但这不等于公平。”张有为解释，改制后土地仍属于全体村民集体所有，而集体资产增值，说到底，还是依托城镇化后的土地增值。村民为城镇化做出贡献，却得不到实惠，说明不公平；一大半村民享受不到发展的红利，说明没有共享。

二次改制，虹桥镇坚守“公平、共享”四字原则。而干部退股，就是要把虽说自由自愿，但也因当年信息不对称而多获的利益“让出来”。有些村干部心里有想法，或者说，能不能“拖一拖”，或者说，最好“别折腾”。

镇党委意识到，如果“拖一拖”，往后就更难改；要是“不折腾”，干群矛盾就会加深。

二次改制中，干部退股没有商量余地，以制度保证必须退出。最先完成的先锋村，没有一名干部不退股，共将538万股岗位股和200多万股受让股全部退还村民，占全部原始股37%。没想到，一些干部退股后反倒踏实了：“感觉一身轻了，再也不会被村民背后议论‘拿多了’。”

干部退股、再次分配只是一个开头。在此基础上，虹桥镇已拟定方案，年内将镇级集体资产也量化分配到每位村民。最近，还将进行全镇民主选举，选出55名村民股东代表，并建立董事会、监事会和股东代表大会。当集体资产真正握在村民手中后，怎么管理资产，干部说了不算，镇长，书记也无权动用，只有“三会”通过，才能真正拍板。

对于这篇新闻作品，作为新闻奖选送单位的复旦大学新闻学院，从新闻作品本身的专业水准与社会反响为出发点，予以如下点评：

1. 这篇报道抓住上海虹桥镇集体经济“二次改制”中干部“退股”的新鲜事，从小切口提炼出城乡一体化进程中“让广大农民平等参与现代化进程，共同分享现代化成果”的大主题，与十八届三中全会决定提出的有关城乡一体化改革方向高度契合。

2. 这篇报道还提供了一个深刻的启示：深化改革就要触动利益；调整利益格局，干部就要带头让利。有了这两点，再难的改革也能推进。这对深入开展群众路线主题教育实践活动，全面深化改革，都有很强的指导性。

3. 消息标题有特色，吸引力强；导语简练，开门见山点出了新闻事件核心——“干部退股”。新闻主体部分把复杂的改制过程梳理得非常清晰，且矛盾冲突展现充分，语言凝练生动，读来全无工作报道常见的枯燥乏味之感。

报道刊出后引发广泛关注，为群众路线主题教育实践活动提供了一个鲜活的典型，人民网、新华网、凤凰网、中新网等主流媒体网站纷纷转载。

五、新闻价值理念的现代转换

从新闻价值问题开始被探讨以来，有关新闻价值及其构成性要素就有诸多不同的说法，但时限性、接近性、显著性、重要性、人情味这些所谓新闻价值的“五要素”一直被广泛接受与认可，成为传统新闻价值观中的代表性观点。在新的传播环境下，即以互联网为传播平台，以新媒介以及新新媒介为信息传播中介的泛传播时代，新闻价值观念也面临着不断地重构，进行着观念层面的现代转换。有学者认为，当新闻传播进入网络时代后，新闻价值及其构成要素往往需要不断的“统合”，①并且相辅相成地构成一个更新的价值链。这种“统合”具体表现在以下几个方面：

1. 异常性与寻常性的统合

在网络传播时代，新闻的异常性价值观正在向“异常——寻常性”(Abnormal—Normal)统合型价值观方向发展。所谓异常性是对新闻报道内容所具有的罕见性或陌生感的度量。在传统的新闻传播过程中，新异、奇怪、陌生等异常的新闻事实在新闻传播者看来，既能满足其告知信息的传播需求，也能起到新闻传播监测社会的作用。进入网络时代，“地球村”中的信息密集交叉且海量繁杂，在新闻信息的“推出”与“挖掘”中，人们更多地考虑是异常的信息与“我”有何关系，并会在网络技术平台上将不寻常的新闻转化为一种寻常的认识。更有甚者，在网络世界的“圈”“层”“群”中，所谓的异常与寻常的界线本来就未必分明。所以，网络传播环境下，新闻价值观具有整合性的特点。

2. 影响性与交响性的统合

在网络新闻环境下，有关影响性(affect)的价值观正在向“影响——交响性”(affect—interaffect)统合型价值观方向发展。所谓影响性是新闻题材或观点影响受众的深度与广度的度量。通常而言，新闻价值大与小的衡量标准就是观测新闻的影响范围与影响力的深广。但在网络环境下，新闻影响力的度量尺度发生了某种变化：一是在网络新闻公众化传播中，影响受众量一定是绝对数量与相对数量的总量；二是从影响力度的度量特征来说，新闻的影响力一定是直接影响与交互性影响的总和；三是在影响速度方面，新闻的影响力是即时性与直接性融为一体的。除此之外，网络时代新闻影响的交响性还表现在：新闻文本、文本的制作者、文本的接受者之间形成交互性的系统，并试图走向协作、联合、同一，从而实现多向的、多元的交响功能。

3. 及时性与全时性的统合

有关及时性(Freshness)的价值观在网络影响环境下，正在向“及时—

① 杜骏飞：《弥漫的传播》，中国社会科学出版社，2002 年 5 月版，第 101 - 139 页。

全时性”(Freshness—Timelessness)的统合型价值观方向发展。传统新闻学认为,及时性是新闻事实的发生或发现与新闻报道之间的时间差,是对新闻报道追踪新闻事实的速度的度量。为此,在新闻实践中提炼出诸如TNT模式(Today's News Today),以满足受众对于新闻时限性的要求。在网络传播环境下,受众的媒介使用与新闻信息挖掘的主动性,意味着媒介的时间战略与空间战略真正听命于受众的安排或指向。在网络新闻传播中,以秒为单位的快速发布、以分为单位的高频度更新、主题链接的重复与综合,以及超文本的阅读等,都使受众接受新闻更具有当下感与历时性,“受众主动式”的深度优势亦展露无遗。因此,网络新闻时代的全时观对及时性这一传统价值指向的重要改进与统合,使其更强烈、更深刻、更辩证、更人本地显出新闻的时间意义。

4. 冲突性与冲击性的统合

在网络新闻传播环境下,有关冲突性(conflict)的价值观正向“冲突—冲击”(Conflict—Impact)的统合型价值方向发展。在传统新闻价值观念中,冲突性指的是新闻题材及新闻文本所展现出来的矛盾性或戏剧感的强度的度量。新闻事实和新闻叙述中各种矛盾冲突所构成的张力以及戏剧感,不仅符合人们对于新闻接受的潜意识需求,也使得受众的接受兴趣得以保持。在网络时代,新闻的冲突性不只是新闻事实、新闻叙述乃至于新闻文本中才具有冲突性,而且是新闻传播者、新闻受众、新闻各方共同介入并作用于文本,从内容到形式复合化的冲击之力。

5. 显要性与需要性的统合

在网络新闻环境下,有关显要性(Significance)的价值观正在向“显要—需要性”(Significance—Necessary)的统合型价值观方向发展。作为新闻价值构成要素的显要性,它着眼于外化知名人士和机构所具有的应为人广为知晓的价值;作为一种价值标准,显要性是对新闻报道所涉及知名对象的程度的度量,从现实方面来说,新闻对知名对象的关注始终保持对其最新的新闻走向的兴趣。观察近几十年受众对全球新闻的主要兴趣的微妙变化,可以看出受众的接受兴趣在某种程度上有所迁移,对那些自己需要的新闻关注显示出极大的热情。这样,在网络世界里,显要性的新闻在赢得高关注度的同时,那些普通的、琐碎的,甚至无聊的新闻,也会受到热捧。这种看似反常的立于两极的新闻接受状态,刚好说明网络新闻世界的奇妙与复杂，一个多元共存的新闻接受情境逐步形成。这也正是传统的新闻价值观中“显要性”的价值要素向需要性方向发生偏移的现实支撑。

6. 接近性与亲近性的统合

有关接近性（Accession）的价值观在网络新闻环境下正在向“接近—亲近性”（Accession—Intimate）的统合型价值观方向发展。接近性是对新闻题材与目标受众的现实生活空间的吻合度的度量。接近性之所以构成新闻价值的重要结构性要素，是因为新闻事实所涉及的一切，如果与接受它的人的物质生活与精神生活的距离切近并相关性密切，新闻就越容易引起其关注。正是基于这种感性的认识，传统新闻价值观认为，本土化、地方化的新闻媒介及其新闻传播，不仅能取得良好的传播效果，而且也会有较高的经济收益。但在网络新闻环境下，由于先进技术的支撑，物理距离的远与近已无关紧要，心理距离远近才是真正的距离。所以，在网络新闻时代，对接受者心理距离的缩短才是新闻公众化作业的重要课题。体现在新闻价值要素方面，传统的“接近性”会被“接近性与亲近性”统合形式所替代。

7. 人情性与人群性的统合

有关人情性（Humanity）的价值观在网络新闻环境下正在向“人情—人群性”（Humanity—Community）的统合型价值观方向发展。人情性是对新闻内容契合人类基本感情的程度的度量。从某种意义上来说，人情性可以看作是新闻对人性的展现、挖掘或捕捉，这种展现、挖掘和捕捉能够最大限度地体现人与社会的关联，以及人类独特的情感特征，并进而唤起受众的广泛的情感共鸣，在网络条件下，由于大众性和公众性有机地结合在一起，形成一种泛意义上的分层分群交流。所以，网络新闻的生产，既要考虑到分群化处理，也应充分考虑到网络环境中各类主体的互动以及全方位互动。这样，公众分群式的人群化使得人性化的意味不仅没有因为网络新闻实践而减少，反而因相互之间的有机联动更增加了新的、丰富的、具有指向的人性元素。

思考题

1. 新闻价值的构成要素有哪些？

2. 新闻价值是如何实现的?

3. 新媒体环境下,新闻价值观有何变化?

阅读书目

1. 刘建明:《宏观新闻学》,中国人民大学出版社,1991 年 8 月版。

2. 郝雨、王艳玲:《新闻学概论》,上海大学出版社,2003 年 3 月版。

3. 杜骏飞:《弥漫的传播》,中国社会科学出版社,2002 年 5 月版。

第五章 新闻传播者

新闻传播者所从事的事业，是在现代社会结构的有机互动中扮演极为重要、极为特殊角色的新闻事业，是作为现代社会发展轴心力量之一的新闻事业。在整个新闻传播实践活动中，新闻传播者不仅处于实践主体的重要地位，而且在全部新闻传播流程中也起着主导性的作用。

新闻传播者扮演社会角色的重要性与特殊性，引来无数诗意的赞美。美国报业大王约翰·普利策曾说：倘若一个国家是一条航行在大海上的航船，新闻记者就是船头的瞭望者。他要在一望无际的海面上观察一切，监视海上不测风云和浅滩暗礁，及时发出警告。苏联大文豪高尔基也说：你们的责任，你们的使命，就是做最伟大真理的向导。我国学者童兵先生在《理论新闻传播学导论》中赞美道：新闻传播者是新闻信息流水永不干涸、永不停息的推动力，是新闻传播活动中最有生气、最具主体性和能动性的守门人。新闻传播者是“意见交流的桥梁”“监督权力的镜鉴”“社会民众的教师”。①

如此看来，如何理解新闻传播者所扮演的重要的社会角色，怎样看待新闻传播者非同寻常的职业身份，新闻传播者又该怎样承担艰巨的历史使命等等命题，都应该从理论上予以探讨。

---

① 童兵：《理论新闻传播学导论》，中国人民大学出版社，2000 年 1 月版，第 26—30 页。

一、新闻传播者的角色定位

“角色”一词源出于戏剧用语。20 世纪 20 年代美国社会学家、社会心理学家乔治·赫伯特·米德(George Herbert Mead)将其引入社会心理学,用来分析个体心理行为和社会规范之间的相互关系。在人类社会,个体人必须扮演一定的社会角色,即个体在特定的社会和群体中占有的相应地位和身份。个体人社会角色地形成是通过个体的社会化过程而完成的。也就是说,个体通过一定的社会实践,学习知识和技能并在某种程度上被引导去适应他所在的社会团体的规范,从而使自己从一个自然人变成一个社会人的过程。

1. 角色学习与角色冲突

在个体社会化过程中,首先面临的是角色学习,即为了成为社会群体中的一员,扮演好一定的社会角色,个体必须进行角色学习。学习角色的义务与权利,学习角色的态度与情感等,以期待成为社会成员之一。

角色学习具有一定的强制性。角色学习并非易事,角色学习是在一定的社会文化背景以及社会规制下进行的,社会成员总是受到自己所在社会的各种规范的制约。

角色学习具有个体主动性。角色学习的主体具有对学习内容的主动选择性,特别是个体在信仰、职业、社会道德实践等后天领域的角色学习中占据主动选择的地位。

角色学习具有个体终生性。在人类社会中,每个独立个体的社会化过程漫长,在人的生命周期的不同发展阶段,其社会化有着不同的内容与任务,如性别角色社会化、政治角色社会化、经济角色社会化、文化角色社会化、职业角色社会化、道德角色社会化等。所以,角色学习往往是毕生所为,呈现出终生性的特点。

在角色学习和角色扮演的过程中,社会群体中多数成员期望居于在某个社会地位上的“人”应有的某种行为方式等,称为角色期待。换言之,社会群体中的他人对角色提出符合角色身份的希望,而角色则从他人的希望、关心中了解自己所充当的角色应该有什么样的行为模式,从而为此做出相应的努力。可见,角色期待是成为角色的有效手段之一。

当一个人扮演一个角色,或同时扮演几个不同的社会角色时,有时会发生内心的矛盾和冲突,称为角色冲突。主要表现在:社会上其他社会成员对同一个人的角色期待不一致,使其无所适从,无法满足各方面的需求;社会个体从充当旧角色转换到充当新角色时的不适应;社会个体同时身兼若干角色,无法满足各方面要求;社会个体角色人格同扮演者的真实人格不一致,角色扮演者对所充当的角色感到力不从心等。

2. 新闻传播者的社会角色定位

信息传播古已有之,而新闻传播者是随着近、现代新闻事业的产生而出现的新的社会分工所形成的一种新的社会职业。早在16世纪前后,随着意大利水城威尼斯等地早期报纸的诞生,出现了一批以收集新闻为生的专业人员,这可视为最早的新闻记者。随着新闻事业的发展,以记者和编辑为主体的新闻传播者队伍不断扩大,门类越来越多,专业性越来越强。

链接——

对新闻传播者的分类,方法多样。依据不同的分类方法,记者、编辑可分为以下几种类型:

以传播方式来分:文字记者、摄影记者、广播记者、电视记者等;

以采访对象来分:政治记者、军事记者、文教记者、体育记者、经济记者等;

以采访范围来分:本埠记者、驻外记者、特派记者、旅行记者等;

以业务程序分工:日班编辑、夜班编辑、内务编辑等;

以专业分工:时政新闻编辑、经济新闻编辑、文教新闻编辑等。

对于新闻传播者,社会其他成员出于自身不同的价值期许,以及人们对新闻媒体和新闻传播者的不同认识,借助一些比喻和概括对新闻传播者形成一定的角色期待,也被认为是对新闻传播者的角色定位。从社会地位而言,新闻传播者被称为“无冕之王”“第四权利”“第三等级”“报青天”等;从社会功能来看,新闻传播者被定位为“消息灵通人士”“权威人士”“包打听”“孜孜不倦的扒粪者”“宣传战士”等;从新闻传播流程看,将新闻传播者视为“信息流通的动力”;从新闻媒介作为社会信息平台来说，将新闻传播者看作“意见交流的桥梁”；从对社会机构和管理部门的权力运行监督而言，新闻传播者被视为“监督权力的守望者”；从新闻媒介作为传承与延续文化所起的作用看，可将新闻传播者视为“社会民众的教师”。

3. 新闻传播者的角色规定

角色规定是指对扮演某种角色的资格、条件及行为的规范，并为该角色个体所认同。在现实生活中，社会角色总是由其实际情况与条件所决定，并表现出一种实际行为。人们将属于某种特定角色人的实际行为，称为角色行为，它受一定的社会地位、群体压力、社会风气、社会公认的价值标准制约。

经过数百年文化积累以及新闻传播者角色期待与角色行为的相互整合，新闻传播者的角色规定可由两方面构成：新闻传播者的素质修养和行为规范。

作为社会大航船上的“瞭望者”和“最伟大的真理向导”的新闻传播者，承担着极其重要的社会与历史责任。如果将这种社会与历史责任还原为具体的职业和事业，对于新闻传播者来说，就有更高的素质方面的要求。有学者总结出这样一项公式，即新闻传播者的整体素质 = 长 × 宽 × 高，“长”是业务专长，“宽”指的是知识面，“高”是思想境界，并指出这样的一种素质构成是一个立体化的结构，而不是平面的或者仅仅是点与线的连接。三者之间的相乘关系，使其整体的素质成几何级数增长。[①] 具体到业务专长，包括较强的社会活动能力、调查研究的基本方法、特殊的新闻敏感、出色的符号运用能力、现代采编工具的运用等，都是题中之义。关于知识修养，新闻传播者的职业特点要求其必须具备广博的文化知识和社会知识，也即新闻传播者的知识结构在“专”的前提下，越“杂”越好。对于新闻传播者的思想境界而言，要求其有良好的道德修养和职业的社会责任感等人格境界。除此之外，还要具有高迈的思想理论境界，即有较高的马克思主义理论水平，能够运用马克思主义的基本原理和方法观察、分析客观事物，对各种错综复杂的社会现象进行正确的思考和判断，通过自己的新闻报道和言论来推动整个社会的健康发展等。

---

① 郝雨、王艳玲：《新闻学概论》，上海大学出版社，2003 年 3 月版，第 127 页。

4.新闻传播者的角色责任与权利

新闻传播者的角色责任体现在新闻传播的全过程。在新闻信息采集中,新闻记者要尽可能多和尽可能好地满足新闻接受者的多种信息需求,既正确引导社会的信息需求,又满足多样化的社会信息需求,并忠实地执行新闻调控机关的命令和指示,务使所给定的信息具有合法性和合理性。与此同时,要培养良好的职业技能,以出色的新闻敏感和传播敏感及时发现与捕获信息,不遗漏主要的信源和信息。

在新闻信息的加工与制作过程中,新闻传播者对采集到的信息进行内容与传播形式的加工处理,包括信息的取舍和过滤,其责任在于正确的把关,即合理控制新闻信息的流量与流向。对信息的选择与加工,取之、舍之有法可依,增之、删之有据可援,从而令新闻传播的调控机构、新闻接受者、新闻传播者自己“三满意”。

在新闻信息的反馈阶段,应及时了解全部的反馈信息,及时调整后续传播行为。

当然,在新闻传播者的职业生涯中,也拥有多层次、多种类的权利,即具有一般公民所具有的法定权利,也具有作为新闻传播者所具有的职业权力。主要包括:

(1)知察权。

是指新闻传播者作为社会成员之一,有获得有关自身所处环境及其变化的信息、保障社会生活所需要的各种有用的信息的权利,是人的生存权的基本内容之一。

知察权还包括公民对国家的立法、司法和行政等公共权力机构的活动所拥有的知情或知察的权利,这是公民的一项基本政治权利,也意味着公共权力机构对公民负有信息公开的责任和义务。在新闻传播活动过程中,知察权意味着新闻传播者的职业行为不受阻碍,一切有关方面不能拒绝提供公民依法应知晓的信息,不能损害其通过正当渠道获取信息的权利。

(2)著作权。

《中华人民共和国著作权法》第十条规定,著作权包括下列人身权和财产权:

①发表权,即决定作品是否公之于众的权利;

②署名权，即表明作者身份，在作品上署名的权利；

③修改权，即修改或者授权他人修改作品的权利；

④保护作品完整权，即保护作品不受歪曲、篡改的权利；

⑤复制权，即以印刷、复印、拓印、录音、录像、翻录、翻拍等方式，将作品制作一份或者多份的权利；

⑥发行权，即以出售或者赠予方式向公众提供作品的原件或者复制件的权利；

⑦出租权，即有偿许可他人临时使用电影作品和以类似摄制电影的方法创作的作品、计算机软件的权利；

⑧展览权，即公开陈列美术作品、摄影作品的原件或者复制件的权利；

⑨表演权，即公开表演作品，以及用各种手段公开播送作品的表演的权利；

⑩放映权，即通过放映机、幻灯机等技术设备公开再现美术、摄影、电影和以类似摄制电影的方法创作的作品等的权利。

⑪广播权，即以无线方式公开广播或者传播作品，以有线传播或者转播的方式向公众传播广播的作品，以及通过扩音器或者其他传送符号、声音、图像的类似工具向公众传播广播的作品的权利；

⑫信息网络传播权，即以有线或者无线方式向公众提供作品，使公众可以在其个人选定的时间和地点获得作品的权利；

⑬摄制权，即以摄制电影或者以类似摄制电影的方法将作品固定在载体上的权利；

⑭改编权，即改变作品，创作出具有独创性的新作品的权利；

⑮翻译权，即将作品从一种语言文字转换成另一种语言文字的权利；

⑯汇编权，即将作品或者作品的片段通过选择或者编排，汇集成新作品的权利；

⑰应当由著作权人享有的其他权利。

(3)监督批评权。

是指新闻传播者与所有公民一样，有监督国家机关及其工作人员的公务活动的权利。它是公民参政权中的一项不可缺少的内容，是国家权力监督体系中的一种最具活力的监督。它包括新闻传播者以公民的身份直接行使的监督权和公民通过自己选举的国家代表机关代表行使的监督权。除此之外,新闻传播者还有借助新闻传播媒介所进行的独立、负责地开展舆论监督和新闻批评的权利。

(4)秘匿权。

也称"取材秘密权"或"消息来源保密权"。它是新闻传播者、新闻机构享有对消息提供者的有关情况进行保密的权利。行使秘匿权具体包括保护消息提供者,不对任何人泄露其姓名、职务、所属机构等情况,以免消息提供者受到打击、迫害及其他报复;保护消息提供者也是保证传播媒介拥有必要充足的信息来源。当然,秘匿权的不当使用也有可能为新闻传播者制造假新闻提供保护伞。

(5)人身安全权。

是指新闻传播者无论是作为自然人还是职业的新闻信息传播者所应该享有的生命、健康、行动自由、住宅、人格、名誉等安全保障,以及不受他人侵犯的权利。

二、新闻传播者的专业理念

在新闻事业产生与发展过程中,新闻传播者扮演了极其重要的社会角色,承担着光荣而艰巨的历史使命和社会责任,并在其具体的社会实践活动过程中形成了具有一定特殊性的意识活动规律。与此同时,新闻传播者还应具有一定的专业理念。

对于新闻专业理念,有学者将其称为新闻专业主义,在其形成过程中有着不同的话语建构。最具代表性的是J·赫伯特·阿尔休特的观点,他将新闻专业主义归纳为四条信念:

(1)新闻媒介摆脱外界干涉,即摆脱政府、广告商和公众的干涉;

(2)新闻媒介为实现公众知晓权服务;

(3)新闻媒介探求真理并反映真理;

(4)新闻媒介客观公正地报道事实。

可以看出,阿尔休特从新闻传播业的崇高理想出发,具体地规划出新闻传播者专业理念的现实路径:客观地报道事实与反映真理,其目的是为了满足广大公众的知晓权，但必须剔除新闻业为公众服务时有可能出现的各种滞碍性因素。阿尔休特同时还自信地认为，这四条信念是美国、西欧和其他实行市场经济工业国家解释新闻媒介问题的根本法宝。①

美国记者赫尔顿（Houlton）从一个记者的视角归纳新闻专业理念为：提供真诚、真实和准确的新闻报道；必须公正、公平给予争论各方同等机会等。

有关于新闻传播者专业理念的话语表达多种多样，但核心理念不外是：新闻媒介为社会公器，须为公众服务；新闻传播者应承担起必须承担的社会责任。所以，对于新闻专业理念的理解，似乎可以简化为“器”与“用”的问题，二者的综合即化成为新闻的客观性。

新闻传播者的专业理念扩而大之，可以引申为新闻事业的专业理念，即任何新闻事业的组织与机构及其从业人员必须服务大众，在其新闻传播实践活动中切实遵循真实、全面、客观、公正的原则。

新闻专业理念看似简单明了，但要真正地践行它，并不容易。赫伯特·甘斯（Herbert Gans）认为，新闻媒介是有权力的新闻来源与消费者的“拔河游戏”争夺的对象；美国著名学者爱德华·赫尔曼和诺姆·乔姆斯基（Edward Herman & Noam Chomsky）曾说，社会中的富有阶层和权力阶层才是真正支配新闻运作的人。研究市场新闻业的约翰·H·麦克马那斯（Joho·H·Mc Manlls）认为，真正的市场新闻业是在新闻部门的组织文化中进行。在新闻生产的几个主要步骤：发掘新闻、选择新闻和报道新闻中，新闻生产者的行动总是受到其他人的掣肘。在其几个关键性的交易伙伴——消费者、广告商、新闻来源和投资者之中，最后一个才是真正的老板。②

当然，击碎新闻专业理念梦想的不只是市场环境下媒介运行的商业逻辑，对新闻专业理念的收编还有来自政治方向的力量。这股力量往往以国家利益为借口由各级政府施压，使新闻媒体偏离其专业理念。但无

---

① ［美］J·赫伯特·阿尔休特：《权力的媒介》，黄煜、裘志康译，华夏出版社，1989年7月版，第133页。

② ［美］约翰·H·麦克马那斯：《市场新闻业——公民自行小心?》，张磊译，新华出版社，2004年10月版，第46－56页。

论如何，新闻的专业理念以各种方式或外显或内化地予以呈现，新闻专业理念也常常在新闻传播者的意识活动中规律性地呈现。

三、新闻传播者意识活动规律

新闻传播活动是一种精神性的生产活动。新闻的意识形态性决定了作为新闻生产主体的新闻传播者的意识活动的本质特性，即传播者的全部意识活动在于通过报道新闻事实以及对新闻事实的评价，最终服务于一定的社会政治和经济基础。故而在探讨其意识活动规律时，既要考虑新闻传播者意识活动的自身规律，又要考虑它同政治与社会生活的关系。

1. 新闻传播者的意识活动具有自觉性

新闻传播者的意识活动必须是自觉地把阶级、集团、党派的意志和时代精神内化为个体的内在要求，并通过新闻传播活动予以体现，使其意识活动既是个体的独特存在，又是阶级、集团、党派意志的自觉体现。

在有阶级、集团、党派存在的社会中，任何个体总是以不同的方式隶属于它。马克思在《关于费尔巴哈的提纲》一书中揭示人的本质时，曾深刻地指出："人的本质并不是单个人所固有的抽象物。在其现实性上，它是一切社会关系的总和"。马克思正是从社会的角度揭示了一个不可违逆的真理，即任何个体是不可能摆脱一定的社会关系的。所以，一切精神生产者以个体即单个的人存在于社会上，但其意识活动是不可能离开一定的社会关系的。只要阶级、集团、党派还存在，阶级、集团、党派的意志就掌控着、指使着、影响着隶属于他的个体，使其必须按照阶级、集团、党派的意志与利益的要求进行思想与行动。

西方资本主义国家新闻界言必称新闻自由，而无产阶级及其政党则总是公开而明确地对其精神产品的生产者提出具体的阶级性的要求。如列宁针对"党的出版物原则"即党的新闻事业的党性原则作了这样的规定："党的出版物的这个原则是什么呢？它不只是说，对于社会主义无产阶级，写作事业不能是个人或集团赚钱的工具，而且根本不能是与无产阶级党的事业无关的个人事业。……写作事业应当成为整个无产阶级事业的一部分，成为由整个工人阶级的整个觉悟的先锋队所开出的一部巨大社会主义机器的'齿轮和螺丝钉'。写作事业应当成为社会民主党有组织、有计划的统一的党的工作的一个组成部分。"①

也有不少人认为,在新闻传播活动中,阶级的意志、集团的要求、党派的利益,似乎是一种外加的东西,是个人精神舒展的绳索,进而认为,新闻传播者应该按照自己的、个体的、独特的思想观察、表征和传播。这种观念不仅在理论上是错误的,而且在实践中也是行不通的。

另一方面,任何社会关系都是由个体组成的,任何阶级、集团、党派也不能离开一个个鲜活独立的个体。新闻传播者正是以独立的个体生存于一定的社会集团、一定的阶级集团、一定的党派之中,抹杀这种个体的独立性,是不合理的。个体意识,也是个体实践的精神内化,它既有自己独立的存在方式,也有其独特的表现方式。新闻传播者作为新闻主体,它总是通过自己特殊的思维方式,捕获社会生活中千变万化的事实,并融入自己对这一个个变化的事实的认识与评价,从而不断地报道新闻事实。因而,新闻传播者的一切意识活动对象、活动的独特方式及其成果,并不能简单地化约为一个抽象概念或一种固定的模式。

由此可见,在新闻传播活动中,一方面,阶级意识或党派意识绝不是什么外加的东西;另一方面,新闻传播者的个体存在形式及意识活动的特殊方式,也不是什么虚拟的存在,而是有着一定的必然性。同时,这二者并不对立,并且在实践中常常能实现其完满的统一。也就是说,通过新闻传播实践活动,新闻传播者已将阶级、集团、党派意识等内化为个体的内在要求,同时,又以新闻传播者个体的形式而存在。这样,新闻传播者就以一种高度自觉的阶级、集团、党派意识进行创造性的工作,生产出具有独特个性的各种各样的新闻产品来。

2. 新闻传播者的意识活动具有主体实践性

新闻传播者生活在现实的社会生活和公众之中,其主体意识在现实社会的物质世界和精神世界中形成与发展。新闻传播者的意识活动同现实生活高度融合,同广大公众的心声一脉相通。因此,新闻传播实践活动既能如实地反映客观的社会存在,也能真诚地表达民众的心声。

---

① 列宁:《党的组织与党的出版物》,《列宁全集》第12卷,人民出版社,1987年10月第2版,第93页。

新闻传播者所从事的创造活动是精神性生产活动，其意识活动具有特殊性，即不断地报道人们未知而欲知的新闻事实。这样的实践活动既能如实记录社会生活中正在发生的各种各样的变化，又能预示潜在的变化。但是，新闻传播者并不是什么先知，其意识活动也毫无神秘可言。因为他植根于现实的社会生活、劳动大众之中，既是社会关系中的个体，又是社会实践的主体，所以，新闻传播者所报道的事实和所反映的现实生活，并不是在客观世界之外，而是深深地嵌入在现实的客观世界之中。新闻传播者主体意识的形成必须依赖于现实事实，依赖于客观的社会实践，而不是依赖于某种主观意识。因此，社会实践才是新闻传播者主体意识的基础。由此可见，新闻传播者的意识活动应该而且只能同生活水乳交融。脱离了客观存在的现实生活，也就无所谓意识活动。

与此同时，对任何个体来说，其社会实践活动的方式都有直接和间接两种实践方式，从而决定了社会实践并不是某个个体的个人行为，而是劳动者集体的伟大创造。正是由于这种创造，才使人们在其具体的社会实践活动中获得双向进展：其一为改造客观世界，使客观世界活动中的各种规律为人们所认识、所掌握；其二为改造主观世界，在掌握客观世界运行规律的过程中，形成改造者主体正确的观念与思想。

从本质上看，在此所言的劳动大众的心声，也就是人们在改造客观世界与改造主观世界所获得的双向进展过程中体现出来的认识与评价、愿望与心声。由此，新闻传播者一方面同一切劳动大众的心声是一脉相通的；另一方面，他应该而且也能够成为人民群众心声的表达者。人民的心声应内化为传播者个体的自觉要求，并以个体的独特的形式将其表现出来。

由此可以看出，新闻传播者的实践活动，必须依赖于客观的社会生活，依赖于千百万劳动者的伟大实践。新闻传播者主体意识活动能动性的发挥，应该而且能够更自觉地反映人民群众的愿望和要求，真实地报道群众关注的新近发生、发现的新闻事实。如实地再现现实的社会生活，真实地报道群众的愿望、要求，这正是一切优秀新闻工作者的新闻报道既能准确记录社会生活、又能引起社会公众深度关切与共鸣的内在原因所在。

3. 新闻传播者的意识活动是积极的生活反映

新闻传播者总是以积极的态度去反映客观对象和新闻事实，不仅反映其态度与思考，而且反映其情感与愿望，然后显示为客观的物质符号及其符号体系。因此，新闻传播者意识活动所呈现的对象，绝不是简单的、干枯的事实罗列，应是饱含着激情的现实的、生动的生活再现。

新闻传播者所传播的新闻事实是对现实社会生活事实的一种反映。从形式看，反映新闻传播者的感觉和思维，即反映客观对象本身的特征与规律对传播主体所产生的作用；与此同时，也反映传播者的情感和愿望，反映传播主体与客观对象的关系。换言之，新闻传播者在报道新闻事实和反映客观现实生活时，不仅反映事实本身的属性、特征及其规律，而且饱含着传播主体自身的需要与目的，即同时反映着自身与事实之间互相作用的关系。因此，新闻传播者以积极的态度反映客观社会的生活与报道事实，决不会只是将事实予以简单罗列，而应该是饱含着激情的事实，是生机勃勃的现实生活的再现。

可见，新闻传播者的意识活动自始至终充满生活的激情，以一种高昂的、积极的态度报道事实、评价事实以反映现实生活。无论以一种什么样的信息化手段，诸如文字、声音、图像，他都能表达出生活本身所具有的那种事实的鲜活性与生活的现实性。

四、新闻传播者的职业道德

在整个社会有机运行的各系统中，新闻事业的特殊性与重要性是显而易见的。对新闻传播者的职业道德提出严格要求并做出具体规定，既是新闻业发展的现实要求，也是对其自身发展过程中所遇到的各种问题的一种迫切回应。《联合国国际新闻道德规则》以及世界上其他国家的新闻职业道德标准，对新闻职业道德的要求，基本上从职业理念、职业态度、职业纪律、职业责任等四个方面予以规定：

新闻传播者的职业理念涉及新闻信息传播主体的社会实践活动的宗旨，即为什么、为谁从事新闻工作。《联合国国际新闻道德规则》中提出为公众利益服务的理念，《中国新闻工作者的职业道德准则》要求新闻工作者要全心全意为人民服务，并且将为人民服务视为社会主义道德建设的核心，是社会主义道德的集中体现，也是中国新闻工作的根本宗旨。

新闻传播者的职业态度,是其工作宗旨能否得以践行的方向性导引。新闻从业者必须具有严肃、严谨、认真、踏实的工作态度。《国际新闻道德信条》指出,新闻工作者尽可能查证所有的消息内容,不应该任意曲解事实,并杜绝各种包括中伤、污蔑、诽谤、抄袭、剽窃等职业罪恶。

新闻传播者的职业纪律是对新闻工作宗旨落实的切实保障。在新闻传播实践活动中,对新闻传播者的纪律要求贯穿其工作过程的始终。在新闻信息挖掘阶段,信息获取手段合理,方式正当;在新闻信息加工阶段,态度端正,方法科学;在新闻信息复制传播阶段,渠道合理,方式公开。在整个新闻传播活动进程中,不受特殊利益或利益集团的诱惑与压迫。

新闻传播者的职业责任是新闻传播事业及其宗旨在实践领域所体现的精神高度,是新闻传播者个体及其组织的职业理念、职业态度与职业纪律内化后的综合体现。作为社会发展使命担当者的新闻传播者个体或组织机构,应该自觉地、竭尽一切努力将新闻事业作为自己为之勉力奋斗的光荣使命,而不是将其降格为维持自己生存并提供物质保障的职业性行为。所以,新闻工作者的职业责任无疑具有相当的崇高性与神圣性。

思考题

1. 如何看待新闻传播者的意识活动规律?

2. 列举违反新闻传播者职业道德规范的案例。

阅读书目

1. 吴高福:《新闻学基本原理》,武汉大学出版社,2006 年 7 月版。

2. [美]约翰·H·麦克马那斯:《市场新闻业——公民自行小心?》,张磊译,新华出版社,2004 年 10 月版。

3. [美] J·赫伯特·阿尔休特:《权力的媒介》,黄煜、裘志康译,华夏出版社,1989 年 7 月版。

第六章　新闻受众

传播学家丹尼斯·麦奎尔认为，“受众”这个词和传播研究领域先驱施拉姆在其大众传播线性模式中所提出的集合词“接收者”非常相像，而且无论是理论学家还是媒介工作人员都能够理解这个术语。然而，“在常识性的应用之外，受众这一概念自然存在着许多意义上的差异和理论上的争议”，“换句话说，虽然我们保留了这个熟悉的词汇，但其所指代的事物已经不复存在。”[①]无论如何，理论新闻学中，受众应该受到足够的重视。

一、受众及其特征

受众是一定社会环境的产物，更是对于特定形式媒介供应物的一种反应。受众通常是与媒介同时存在的，当一种媒介开始对某一社会范围的成员或者一个特定地区的居民进行传播时，受众便开始存在。受众亦可以通过彼此不同但又相互重叠的方式来进行定义，诸如以“地方”“时间”“人群”“特定的媒介”“渠道形式”“信息内容”等方式。[②] 麦奎尔的上述说法，足以使人们认识到受众的复杂性。化繁为简，所谓受众是对大

① [英]丹尼斯·麦奎尔:《麦奎尔大众传播理论》，崔保国、李琨译，清华大学出版社，2006年7月版，第305－306页。

② [英]丹尼斯·麦奎尔:《麦奎尔大众传播理论》，崔保国、李琨译，清华大学出版社，2006年7月版，第306页。

众传播信息接受者的总称，也称受传人、阅听者。在新闻信息传播活动中，受众泛指纸质媒介的读者、视听媒体的观众与听众、网络媒体的信息接受者等。

1. 受众的形成

受众形成的历史表明，当今大众媒介的早期受众起源于公共剧院、歌舞表演以及早期的竞赛和大规模表演活动，受众被视为“特定地点的实体人群”，并已于两千年前以关注世俗性的公共事件为内容，以群体的形式而存在了。

链接——

英国传播学家丹尼斯·麦奎尔在《麦奎尔大众传播理论》一书中认为：一个古希腊或古罗马的城市都会有一个剧院或竞技场，它们的受众具有许多和今日的受众相类似的特征，这包括：观赏、聆听以及表演本身都有计划性和组织性；具有公众和通俗性质的事件；表演内容的世俗化（因此也是非宗教性的）：为了娱乐、教育与不同情感经验；自愿性的、个别选择和参与的行动；作者、表演者和观赏者角色的专业化；实体的表演场所以及观众经验……这种表演在时间、地点、内容、入场条件等方面，均已有自己的习惯、期望和规划。这是一个典型的城市现象，经常带有商业倾向，而且在内容上也随着阶级、阶层的不同而不同。由于受众具有这些公共性质，因此，它的行为属于监督和社会控制之下的。

链接——

美国传播学家大卫·阿什德在《传播生态学——控制的文化范式》中译本序中，将网络、移动电话以及其他电子设备的使用者称作：电子受众或“E Audience”，意指那些部分地栖息于电脑空间并大量进行电子互动和电子传播的人。比如，收发电子邮件、网上冲浪和特殊地利用因特网、使用寻呼、移动电话，等等。这些受众的一个独有特点是具有一种控制意识并沉湎于传播交流，通过电子技术，这种传播行为得以向自身和他人展示。这些受众总是具有互动性的，但是并不囿于某一种固定的媒介，如电视。相反，这些受众非常积极主动并具有反思意识，这意味着他们重视其他传播经验，沉溺于其他大众媒介和大众文化之中。此外，他们的传播交流过程超越了工作和游戏。

这种传播身份的特性唤起了一种信息技术角色（information technology persona，ITP）的幽灵。E Audience 是一种排他性的成员身份，它受有意义的互动过程支配，这一过程涉及受众期待、所期望的受众反应，以及日常生活情境中的身份构成——它越来越延伸到对信息技术的熟悉、拥有权和使用等因素。

现代大众媒介的受众虽也具备上述某些类似的特征，但受众的形态已经有了很大的扩展。在媒介技术所带来的新兴信息传播主流模式的社会创新中，受众是指以某种特定的方式接受新闻信息，并对此做出某种反应的个人或社会群体。

因此，在现代大众传播的语境之下，新闻受众的形成至少要具备两个条件：即对新闻信息的接受以及某种程度的接受反应。因为新闻信息一经传播，其目的就是为了赢得最广泛的受众，只有这个目的达到了，新闻传播才会产生最基本的作用并实现其社会价值。反之，无受众的新闻，新闻信息传播就没有对象，导致新闻信息只能停留在“复制”层面，同时，如果受众接受新闻并无任何反应，就无法确定新闻信息对公众是否产生了影响，也就没有任何证据认为这些公众是受众。因此，受众必须和反馈行为联系在一起。严格意义上说，新闻信息的接受与反馈行为的主体即为接受主体，接受主体作为与传播主体相对应的另一主体性存在参与整个新闻信息传播过程。值得注意的是，接受主体的反馈行为是复杂的，既可以是直接的，也可以是间接的，反馈可大可小，可多可少。

追而溯之，早期大众传播媒介组织与机构对于受众的分析与研究，来自广告商及其组织对报纸发行量的调查。那时报纸的读者就是潜在的消费者，而广告的价格是由报纸的发行量决定的。特别是美国的广告商为了防止虚报报纸的发行数量，于 1914 年联合组织了“报纸发行数字稽核局”，通过各种途径调查报纸的发行量。之后，大众传播媒介机构和传播研究者开始有目的、有步骤地研究受众，以确认某种媒介在何种环境下使用不同的传播手段所能产生的实际效应。

到了 20 世纪 50 年代左右，随着传播研究进入一个较高的发展阶段，受众的角色与地位问题也进入了研究者的视野。研究者越来越意识到，受众作为传播活动的起点与最终归宿，既具有自身规律，也对传播内容、传播手段与传播效果起着决定性作用。因此，了解受众与研究受众，便成为所有媒介从业人员必须强化的意识与共识。

在大众传播媒介迅速发展的今天，面对讯息的大量复制与输送，受众却很少对传播活动做出明显反应，特别是对于传统媒介信息传播的反应更少。原因在于大众传播不是面对面的交流，它具有反馈的不易性。这导致大众传播媒体在对广大受众进行传播时只能采用逐渐摸索情况的方法，一边传播，一边试验效果、测验反应。也可以说，虽然当代大众传媒不断走向发达，但是信息的反馈则更多呈现出间接性与潜隐性的状态。

2. 受众的特征

一般而言，大众传播媒介的受众具有以下特征：

(1)受众数量众多。新闻传播者无法同受众面对面地“分别”交流，即使传播者力图以某一特殊类别的受众作为传播对象，这些受众的绝对数量也是极大的；

(2)受众是“自由”的，其新闻信息接受行为具有随机性。传播者对于这些“自由”的受众没有任何约束力和强制力，受众进入或退出传播活动都是完全自由的和随机的。虽然受众有自身较为固定的接受习惯，也会受到社会团体或其他团体的制约，但其自由性在一般情况下不受传播者的控制；

(3)受众是“匿名氏”。传播者可以从年龄、性别、政治信仰、受教育程度、经济收入、职业范围等方面了解自己特定的受众群，但不知道自己媒体的受众具体是哪一个人；

(4)受众分为不同的层次和类别。在同一层次或同一类别中，受众之间具有某种相近或相似的生活经验、情趣、爱好和信息接受习惯；

(5)在时间或者空间上，受众与传播者是分离的。这也是大众传播与人际传播最突出的区别之一。

3. 受众研究的理论观点

“受众”一直是颇具争议的研究范畴，虽然受众研究有不同的目的，彼此之间的差异现象频现，但所有的研究共同目标是“建构”“定位”或“分辩”此种无组织的、流变中的，或者是人们并不熟悉的社会群体。因此，对受众的研究也就出现许多差异极大的结论。

(1)个人差异论。

该理论认为人的性格和态度不同,决定他们的倾向和行为也会不同。这一理论的基础是“条件论”和“个人动机论”。美国传播学家梅尔文·德弗勒将个人差异概括为以下几项:个人的心理结构不同;先天禀赋与后天习得不同;学习中所形成的态度、价值观与信仰不同;学习社会理论所形成的观点不同。所以,个体是有差异的存在。

受众的“个人差异论”使人们认识到:受众不像一群绵羊一样任人驱赶;受众有鲜明的个性,他们对事、物有自己的观点;他们会对不同的传播内容有不同的反应。

“个人差异论”是使“魔弹论”趋于破产的重要理论。“魔弹论”理论来源于心理学家巴甫洛夫的“条件反射”理论和弗洛伊德的心理分析理论。第一次世界大战后,受众曾被认为是一种静止的靶子,如果传播者的信息能击中“靶子”,就能影响受众。受众总是被动的并毫无反击意识与能力,他们受强大的传播媒体的力量摆布和控制。于是,传播媒介被认为威力无边。对此,施拉姆说,他在别的地方曾将这一观点称作传播的枪弹理论。传播者被认为是魔弹,它可以毫无阻拦地传播观念、知识和欲望……传播似乎可以将某种东西注入受传者的脑子里,就像电流使电灯发亮一样直截了当。他同时认为“枪弹论”观点不是一流学者的发明,它虽然广为流传,但从未得到第一流学者的拥护,而只是一种记者的发明。可以看出,“枪弹论”是传播学者对一种不分时间和地点、不讲环境条件,将传播数量与传播效果绝对化和神化的观点的一种比喻性概括。

(2)社会类别论。

人们可以按年龄、性别、种族、信仰、收入、教育、职业、居住地等,划分不同的社会类别。同一社会类别的人,大体上选择同类的传播工具,接触较为一致的内容,并且做出相近似的反应。

(3)社会关系论。

受众的社会关系是在职业行会、教育组织、政治组织、娱乐等组织中所形成的某种关系。这种社会关系对受众的信息反应也会产生潜在的影响。

(4)文化规范论。

此种理论认为传媒媒介及其传播的内容可以使受众产生新的观念,

改变其固有的态度和行为，于是，传播媒介就成为社会控制的一种，即成为一种文化规范。人们在观察认识与理解事物时，会受到传播工具所控制的文化规范的影响。

文化规范论与“议程设置”理论，以及麦克卢汉的“多种平衡”理论相联系。这种理论认为：传播媒介的效果和作用在于引起人们的注意力。大众传播只要对一些问题予以重视，集中报道并忽视或掩盖对其他问题的报道，就能够影响公众的舆论，成功地将大众的注意力集中到传媒所希望集中的领域或问题之上。人们倾向于关注和思考大众传播媒介关注和报道的那些问题，按照大众传播给各个问题确定的重要性次序分配自己的注意力。大众传播通过调动受众的注意或安排问题的轻重次序，间接地达到影响舆论、左右人们的观点和思想的目的。对此，丹尼斯·麦奎尔做出精辟的评论。他认为，早期的研究几乎对有关于大众媒介效果的概念都予以怀疑和否定。“议题设置”则对传播的效果持肯定的态度，因为它不涉及态度的改变，也不涉及意见的改变，而主要涉及的是注意与学习的问题。

如果将以上关于受众的四种理论予以概括，可以有如下表述：人们都是传播媒介的广大受众中的一员，每个受众对传播内容的反应各不相同；但同时，具有共同经验和相同社会关系的受众似乎有相似的反应；更重要的一点在于，人们作为受众，必然受到整个传播经验的影响。

二、受众在新闻传播过程中的地位

新闻传播是一个复杂、有序的运动过程，受众是新闻传播者传播新闻信息的直接对象。传播者与受众，在整个传播过程中构成一对矛盾关系，二者之间既互为前提，又相互作用。正是这对矛盾，决定了受众在整个新闻传播过程中的地位。

1. 受众的受动性与能动性

受众是新闻传播活动的生产者与消费者。在新闻传播活动中，传播者有一个非常直接的目的就是把新闻信息传给受众，即真实地、客观地向受众报道新近发生或发现的具有广泛认识价值的新闻事实，报告社会生活的变动情况。从传播者的角度说,受众是新闻的接受对象,处于受动的地位。即受众不仅仅是接受传播者传给他的关于新闻事实的描述,还要自觉不自觉地接受传播者对这一事实的认识和评价,或者说,接受传播者内化于新闻事实之中的思想、价值倾向,甚至情感。另一方面,受众作为消费者扮演媒介产品享用者的角色,并用自身的消费行为创造出所有媒介拥有者所看重的价值——注意力;而媒介产品即大众媒介生产的信息、形象、思想、娱乐等,只不过是吸引受众来到作为生产现场的媒介前面,在享受所谓的"免费午餐"的同时,奉献出自己最重要的价值即注意力。从这个角度上讲,媒介最重要的产品其实是受众。媒介拥有者根据受众的质量,依据其年龄、性别、文化程度、收入、购买力的强弱等人口指标,将受众"打包"销售与广告商,向广告客户收取费用。因此,媒介企业想做的其实就是将受众的注意力抓住,以便出售。

因此,从新闻传播的活动流程来看,新闻信息从传播者到新闻媒介再到受众,受众处于受动的地位,具有受动性的特征。它不仅要接受传播者传给他的新闻事实,有时还要接受传播者传达的思想与倾向的影响。但是,受众处于受动的地位,并不意味着它处于被动地位。任何新闻事实经过传播以后成为新闻,而一旦成为新闻就是一种独立的存在物,它不再以传播者的意志为转移,传播者也无法再改变它。当新闻以独立的内容与形式成为受众接收的对象时,受众则会用各自独特的方式选择性地理解、评价与接受它。在接受新闻的环节或过程中,受众处于主动地位,具有能动性的特征。其能动性主要表现在:

(1)化潜在意义的新闻为现实意义的新闻。

新闻传播者所提供的由新闻要素或新闻事项所构成的新闻,在没有被受众接受以前,处于一种潜在的形式。换言之,在新闻传播过程中,传播者所发掘出的新闻作品的价值,在没有受众接受之前只能具有潜在的意义,只是一种"可能性"的存在。因为,新闻事实经过媒介复制传播后也只是新闻事实的一种记载,只有当它被受众接受以后,新闻价值的"可能性"才能转化为现实性。或者说,新闻事实及其作品价值的潜在形式,只有当受众接受以后,才能变成受众接受的现实形式。

(2)化潜在形式的思想与倾向为现实形式的思想与倾向。

新闻事实中所包含着的传播者的思想与倾向,在没有被受众接受以前，是一种潜在的自在的形式，只有当受众经过自己的再认识、再理解以及再评价以后，这种潜在的形式才成为受众接受的现实的形式。

由此可见，受众在新闻传播过程中的地位具有双重性：作为新闻输出的接受对象，它处于被动地位，具有受动性；当新闻作为受众认识与评价的对象时，受众又具有能动性，并以自己独特的二重接受方式，化潜在的新闻事实及其所包含的思想和倾向为现实的新闻以及思想和倾向。这应是对受众在新闻传播过程中所处地位的全面认识。

2. 受众与新闻的关系

在新闻传播过程中，传播者将事实变为新闻事实并经过媒介的传播成为新闻，这一过程中受众对新闻而言，具有双重性：其一，受众是新闻的输出对象，其二，新闻又是受众的接受对象。

在考察受众同新闻的关系时，首先必须肯定的是，受众作为新闻的输出对象，即受众的任何认识、评价必须依赖于事实，依赖于新闻所提供的事实。如果说，新闻的事实与意义完全取决于受众的感觉、解释和评价，那么，就永远没有新闻的真假与是非之辩了。所以，从本质上来说，受众的认识与评价有赖于新闻。另一方面，新闻最终要被受众所接受，如果没有任何受众接受，新闻就没有意义。因此，从这个意义上讲，没有受众就没有新闻，没有受众接受的新闻只能是一种潜在的存在形式。受众的能动性恰恰就表现在将这种潜在的新闻存在形式通过接受变成为现实的存在形式。

由此可见，从整个新闻传播过程来说，新闻的独立性是相对的：在本质上，它是独立的且不以受众的意志为转移，受众的接受对新闻有依存性；在过程上，新闻的存在以受众作为前提，没有受众就没有新闻，受众的接受使新闻具有存在的意义。

三、受众接受的心理过程

受众在新闻传播过程中不仅仅是一个重要的环节，更是新闻直接的、现实的肯定形式：新闻为受众的接受提供了对象，受众的接受则是对新闻存在意义的肯定。传播者传播任何一则新闻，无论是其中提供的新近发生或发现的事实，还是包含在这一事实中的思想、倾向、意义，均必须为受众所接受。受众接受新闻时的心理过程，对理解受众本身以及衡量新闻传播效果，均有重要的意义。

1. 受众接触大众传媒的动机

在通常情况下，人们接触大众传播媒介是由于他们预期媒介可以帮助他们满足某些实际的需要。作为个体的人接触媒介是有某种动机的，他使用媒介所提供的内容与形式的结合物来满足自己的需求。在这种情况下，媒介才是受众的接触“对象”。有研究人员将受众接触媒介所获的“报酬”分为两类：一是接触媒介时其直接需求得到满足的“即时报酬”；二是期待着为其生存、进步与发展等目标的实现起某种作用的“延迟报酬”。在这种情况下，动机是行为发生的直接动因，动机可以是有意识的，也可以是无意识的。

受众的动机在受众需要的基础上产生，它是引起和维持受众个体接收新闻信息并使这一活动趋向某一目标新闻的内部心理过程或内部动力。新闻受众的需要是受众个体的一种内部状态，通常是以期望、意向等形式表现出来的，它是隐藏于主体内心的一种心理活动，这种心理表现不能完全体现在受众的行为上。

不可否认，许多受众在接受新闻时不一定有什么特定的目的和具体的目标，随意接触并使用媒介的大有人在。所以，根据受众的需要与动机的目标之间的关系，新闻报道只有不断捕捉受众具体想获知的需求的时候，才可以紧紧抓住受众的“注意力”。

受众的需要大致可分以下几类：其一，为满足精神上的需要，如寻找乐趣、打发时间、了解国内外发生的新闻事件等；其二，是为了满足生活上的需要，如寻找解决困难的办法、寻求购物的参考资料、增加与人谈话的谈资、间接与社会接触等；其三，是为了满足知识上的需要，如增加新知见闻、满足好奇心、了解别人对事物的看法，等等。

从对中国受众的实际观察来看，人们接触大众传媒的动机，以前二者居多。首先是满足精神上和消遣的需要。中国绝大多数观众都把电视当作娱乐、消遣的工具，电视剧节目情节性强，有较强的娱乐功能，因此也就成为电视节目中收视率最高的节目之一。

以网络受众来分析，中国互联网信息中心于2015年1月发布的第35

次《中国互联网发展状况统计报告》显示：当前，互联网已经成为影响中国经济社会发展、改变人民生活形态的关键行业。2014 年，中国网民的人均周上网时长达 26 小时。网民对网络信任度为 54.5%；60% 的网民对于互联网上的分享行为持积极态度；43.8% 的网民表示喜欢在互联网上发表评论；53.1% 的网民认为自身依赖互联网。在个人互联网应用普及状况的调查显示，即时通讯在网民中的使用率达 90.6%，信息获取使用率为 80.5%，网络购物为 55.7%，网上支付为 46.9%，互联网理财 12.1%，网络游戏 56.4%，网络文字使用率 45.3%，网络视频为 66.7%。这些数据表明，网络作为现代传播媒介较之于传统媒体在现实生活中能满足人们诸多方面的需求，网民的网络使用需求也趋于多元化方向发展。①

在受众个体的需要之外，兴趣也是推动受众接受、认识和理解新闻信息的一种社会性动机，受众对新闻媒体所传递的新闻内容及其表现形式的选择倾向，是判断新闻价值的一个重要因素。

受众对自己感兴趣的新闻节目往往表现出比较高的积极性，并产生某种肯定性情绪体验，从而对受众的接受行为产生增力作用，使受众表现出全神贯注、津津有味的接收状态。受众兴趣对受众行为的倾向性影响不仅起始于接收活动之初，而且也贯穿于整个接受行为的全过程，并且由于这种兴趣使得接受行为更加丰富和深化，甚至导致受众执意追求新闻事态的发展。此外，受众的兴趣还作为评价新闻的一个重要因素存在于受众的接受过程之中。

2. 受众接受的心理过程

受众的接受是一种特殊的积极的综合性的心理活动，它表现为由接受对象引起的一系列复杂的心理活动过程。从表面上看，这一过程是短暂的，甚至连自己都意识不到。受众接受一则新闻时会立即做出以下判断，何时、何地发生何事。其实在这短暂的瞬间，受众的心理活动过程是十分复杂的，它涉及视觉、听觉、表象、记忆、联想、想象、情感、思维等若干种心理和认知因素的相互作用，并处于十分复杂活跃的运动状态，以形

① 中国互联网信息中心：《第 35 次中国互联网络发展状况统计报告》，www. cnnic. net. cn/hlwfxzyj/nlwxzbg/201502/p020150203551802054676. pf

成积极的综合的心理反应。同时,受众接受的心理活动,既不同于科学的理性认识,又不同于艺术的审美感受,它有自己的特色。在受众接受心理过程存在的诸种心理因素中,感知、情感、理解的积极、综合运用是构成受众接受心理过程的基础。

(1)感知

受众的感知,包括感觉和知觉两种心理因素。所谓受众的感觉,指的是受众对新闻个别属性的反应,它是受众接受新闻的起点。当人们接触到某则新闻时,首先是通过感觉获得了直观材料,尽管这些个别材料之间联系并不密切,它却是人们理解这则新闻所提供的新闻事实的基础,离开这些个别材料而理解新闻,是难以想象的。人们的感觉主要靠感觉器官,而受众接受新闻的感觉主要靠视、听器官,从而获得新闻事实中那些个别的重要的材料的印象。而受众的知觉,就是在感觉的基础上,对新闻个别的、重要的材料进行综合的、整体的反映。一般说来,知觉与感觉区别在于:知觉不只是反映事物的个别属性与特征,而是把感觉的材料整合为完整的映象,即形成表象。因此,受众接受新闻的知觉不再是一般地获得新闻事实中的那些个别、零碎、重要的材料,而是把这些个别的重要的材料联合起来,形成有关新闻事实的完整映象。

受众的感知具有选择性特点。受众的感知不仅能形成对新闻事实的整体映象,而且还能把握住这一新闻事实中的那些突出的细节,进而更好地把握这一新闻事实。选择能力的强弱,反映了受众接受新闻能力的水平的高低,凡是接受能力强的受众,通过感知不仅仅把握新闻事实是何时、何地、何人、何事,事实的来龙去脉、发展、变化,而且还记住事实的细节。由此,一个优秀的传播者,在报道新闻时,不满足于只把事实交代清楚,而精心地筛选、过滤,写出事实、人物的真实细节来再现新闻事实的发生现场,其原因也在这里。

受众的感知还具有情感性特点。受众的感知,在形成对新闻事实完整映象的同时,情感也参与其中。这种情感因素,不仅仅使受众在感知新闻事实和形成新闻事实的表象,而且同表象一起储存在记忆中。人们的感知是在一定社会条件作用和影响下逐渐形成的,任何一次感知都有已往的感知经验作为基础。当人们感知事物时,很自然就会利用以往的感知经验来补充,与以往的经验形成了暂时联系,在接受当下的感官刺激时就有了情绪色彩。

(2)情感

受众的感知居于受众新闻接受心理过程的起点。受众接受一则新闻,不仅仅只是获得对这一新闻事实的整体印象,还要进一步理解这一新闻事实,即受众不仅仅要知道什么事,还希望知道为什么。从心理活动过程来看,情感是受众感知、理解的中介。因此,情感也是受众接受心理过程中十分重要的心理因素。

一般来说,受众在接受新闻时,情感这种心理因素是十分活跃的,总是参与感知并互相作用,成为感知的动力,使受众在接受新闻时保持一种情绪色彩。情感的这种作用,大致可分为以下两种情况:当受众感受到新闻事实是新鲜、奇特的时候,情感便会增加受众的注意力,强化感知,形成强烈的印象;当新闻事实同受众比较接近时,情感会帮助受众联想,激起一定的情趣反应,增强选择性。当然,由于情感因素具有主观色彩,因此,不同的受众接受新闻时,情感色彩是不同的。

由此可见,对于传播者来说,报道新闻不仅仅要注意自己的情感态度必须是正确的、健康的,而且还应该注意新闻事实的新鲜、及时、容易引人兴味。

(3)理解

所谓理解,就是受众在感知表象及感性认识基础上,对新闻事实的一种理解把握。理解在受众接受新闻的心理活动中的重要作用表现在:它要引导感知、情感的趋向,透过新闻事实的直观形式本身获得对这一新闻事实所包含的思想内容、甚至倾向的把握和认识。从心理学的角度来看,受众在感知新闻事实时,是第一符号系统在发挥作用,使受众获得关于新闻事实的表象。与此同时,作为第二符号系统,语言也在起着调节、引导的作用。于是,受众就有了关于这一新闻事实的表象。没有语言的参加,表象是无法形成的。而语言和语言材料都具有一定的概括性,这就很自然地使受众在对新闻事实的表象的把握中带有理性成分,使受众能在接受新闻事实的同时,理解也包含于其中。

受众接受新闻时,心理活动是活跃的、复杂的,它总是从感知新闻事实开始,情感因素参与其中并起推动作用,使其能完好地理解新闻,进而使受众完全把握新闻并认识到其中包含的意义。

四、新闻受众的心理特点

作为新闻受众，其心理特点一般表现为：

1. 随意性

受众对于媒体种类和媒体内容的选择上有较大的随意性。这主要由新闻信息的特点所决定，新闻信息与强制性的信息不同，其主要功能是向受众传递社会上新近发生或发现的事实，在信息的接受上不带有任何的强制性。所以，受众不必精神紧张地、一定要带有什么主观目的地去接受新闻信息。选择何种媒介及其信息、接受多少，主动权完全掌握在受众手里。

2. 交融性

受众在接受新闻信息的同时，常常会受到其同时所处的感性世界和媒介世界的双重影响。感性世界即人们通过感官直接接触到的外部的、客观的物质世界。媒介世界即通过媒介对感性世界模拟或抽象之后所形成的精神性的拷贝世界。在感性世界与媒介世界的交互作用下，形成受众的心理世界。

3. 互动性

是指在新闻活动中，传播者与受众以及受众和受众之间，通过新闻媒介或人际交往所表现出来的心理上的相互影响和相互作用。新闻传播者与受众之间借助新闻媒体间接进行着相互作用与互相影响，其中，受众对于传播者往往借助于反馈机制或间接或直接地施于一定的影响；除此之外，新闻在人际扩散中受众与受众之间在心理上也具有相互影响和相互作用。

在具体的新闻接受过程中，受众的心理往往会呈现出一定的共同特征：

1. 认同

认同指在新闻接受过程中，受众倾向于选择接受与自己具有接近性的新闻。如受众易于接受与其利益、生活环境、职业、兴趣爱好、知识水平相接近的新闻，并表现出一定程度上的集体选择的倾向。这种心理认同的深刻根源在于受众的“知觉定势”。

一般而言，受众的“知觉定势”同自幼的生活与知识经验是直接相关的。人们在长期的社会实践过程中，相对稳定的生活环境和工作内容、知识、兴趣、爱好的积淀、利益的需求等种种经验，就为人们“知觉定势”的形成作了充分的准备，凡与自己经验比较接近的事物就容易表现出积极能动的选择趋势。这种选择趋势导致受众对与自己接近的新闻产生集中注意，使其处于一种认同的心理状态。同时，受众的经验积累越丰厚，“知觉定势”就越显著，认同心理状态就越活跃，接受倾向也就越集中。这也是新闻传播者在新闻传播过程中注意新闻的接近性的原因所在。因此，要得到比较好的传播效果，传播者必须注意、了解自己受众群的“知觉定势”。

2. 求新

受众在接受过程中，总是要求获得“新”的信息。从本质上讲，求新是受众不断追求心理需要满足的一种表现。受众之所以喜欢从各类媒体上获取新闻，其中一个重要的原因就是想知道社会生活中新近发生的新闻事实，以便适时地进行自我调节，求得自我适应于社会。这种动机与状态在心理学中称之为“事实性动机”。在通常情况下，如果人们处于安全确定的情境，即无新奇、无风险、无挑战的环境中，是极少能够引起兴趣的，处于“体内平衡”的状态，而“事实性动机”可以使人们形成情绪的“体内失衡的状态”，并转化为人们求新的心理动力。在新闻传播过程中，求新使受众接受新闻时始终保持一种活跃的精神状态，同时，也成为新闻传播活动生存、发展的现实的强大动力。

3. 共振

共振指的是受众在接受新闻过程中，对某些新闻容易产生情绪上的共鸣。新闻传播过程中出现的所谓“轰动效应”，就是这种共振情绪的具体表现。在新闻传播中，共振所表现出的心理特征是一种“共同注意”的集体指向，是一种情绪的共鸣与集中发散，是受众的情绪的凝结和宣泄。

新闻传播所触及的“热点”即受众共同关切的问题，新闻传播决不能忽视报道社会生活中的各种“热点”，只有这样，才能收到良好的传播效果。但是，这种共振可以指向积极的目标，也可以指向消极的目标。因此，如何掌握“热点”问题报道的时机、分寸、内容的选择、形式的运用，都是新闻媒体必须予以认真考虑与处理的问题。

从受众对新闻的接受而言,认同是基础,认同中包含着求新心理的内在要求;求新心理则是一种新的认同的表现,一旦认同,求新心理专注到某些问题上,就会出现接受过程中的共振现象。这种情绪共振又以认同和求新心理满足为前提条件。因此,在新闻传播过程中,对于传者来说,最重要的应该及时地传播与受众接近并为人关注的新鲜事实,这才可能形成比较稳定的受众群,并使其保持接受心理的活跃状态,从而达到最佳的传播效果。

五、受众的社会控制

受众对新闻传播的社会控制主要以“前馈”和“反馈”的形式进行。所谓“前馈”就是受众在信息传递前对传播组织提出的要求。所谓“反馈”就是受众对信息传播的反应,以及传播组织依此相应地进行调节。反馈和前馈的形式主要是受众通过来信、来电、来访,直接表达受众对大众传媒的各种意见和批评,以及受众通过报纸订阅率、广播收听率、电视收视率、网络媒体的点击率等显示自己对传播的意见。另外,传播组织也通过其他形式,如对受众进行调查、开座谈会等收集受众的意见。具体而言,有以下几种反馈类型:

1.典型性反馈

受众为数众多,传播者采用科学的方法选择其中具有代表性的反馈信息作为全体受众的反应,这种具有代表性、典型性的并经过科学方法处理的反馈称典型反馈。一些受众的来信或其他形式的反应,经过调查、统计、信息处理具有一定代表性,因而会受到传播者的注意,并根据反馈的信息采取相应的措施。

2.累积性反馈

传播者往往将一段时期以来各种渠道的反馈积累起来,经过研究后再做出反应,特别是公众对于传播内容的意见和要求,延迟性的累积反馈更为常见。

3.量化性反馈

在大众传播中,大部分反馈信息都是以定量化的形式收集和测定的。

定量化形式包括电影的票房收入、广播电视节目的收听、收视率、唱片及书籍的销售量等。大众传播的反馈需要由具有相应规模的专门机构来收集、分析和研究。著名的电视收视率调查机构有:“尼尔森公司”“普尔斯公司”“央视索福瑞”“零点调查公司”等。这种反馈形式也称为间接性反馈,对于反馈信息的获得,除了受众主动采取的来信、来电、来访等方式外,一般还采用个人访谈法、电话访问、日志法,以及机械装置法等。

六、新闻媒介的受众定位

新闻媒介的受众定位具体指新闻媒介明确自身目标受众人群,并以该人群的信息需求为标准进行信息传播的理念和行为。

明确媒介自身核心的信息接受人群,是在“受众本位”观念的前提下展开的,更是在对受众的地位与力量有了进一步认识的基础上展开的。加拿大传播政治经济学家达拉斯·斯密思(Dallas W. Smythe)提出了著名的“受众商品论”,认为大众传媒生产的产品不是所要的传播内容而是“受众注意力”,受众即是商品。法国的鲍德里亚(Baudrillard)在《消费社会》一书中也认为,大众传媒将终结陈旧的精英式传媒形式,并将符号和消费引入真正的大众自身地位界定之中。在消费社会中,对大众传媒来说,受众就是“消费者”。英国伯明翰学派在对电视的研究中提出了“积极受众论”,认为受众具有积极主动性。现如今,全媒体式的新闻传播模式解构了受众原有的身份并赋予受众新的含义,“积极受众”也早已参与到传媒“拟态环境”的建构中。在这一过程当中,受众从大众传媒时代的被动“接受者”,变为全媒体时代的“主宰者”,实现了整体转型,大众传媒的受众观也随之改变,视受众为积极的“人”,而非消极的“物”。由此,对于新闻媒介组织机构而言,明确什么样的受众是自己新闻内容的接受者、消费者与互动者,对新闻媒介信息传播的效果而言,是至关重要的。

1. 新闻媒介受众定位

媒介受众定位因标准的不同,呈现出的类型亦各异。按照受众接触的媒介类别,可以划分为报纸读者、广播听众、电视观众、网络受众等;以接触媒介的频率而言,可以分为稳定受众和不稳定受众,其中,稳定受众是各个媒体的重点争取对象；从受众对信息需求的指向性的清晰程度，以及接触新闻媒介的确定性而言，可将受众分为现实受众和潜在受众；按照新闻媒介明确的传播对象，可以分为核心受众和边缘受众。

2. 新闻媒介受众定位的考量因素

新闻媒介的受众定位就是解决向“谁”传播的问题，即确定媒介整体及其所设具体栏目明确的传播对象，具体包括一家媒体的整体受众定位和各个版面、频道、栏目的特定受众定位两方面内容。作为媒介经营策划的两大支点，媒介的功能定位主要着眼于媒介性质，而新闻媒介的受众定位是传播活动的起点和归宿，受众定位最终决定着媒介传播的成败得失。

新闻媒介的受众定位最关键的步骤，就是在正确定位的原则指导下，确定核心受众群，具体实施过程应考虑受众的区域要素、职业和身份要素、年龄要素、文化程度要素等几个方面。

思考题

1. 受众有哪些特征？
2. 在新闻接受过程中受众有哪些心理特点？
3. 媒介的受众定位应考虑哪些因素？

阅读书目

1. [英]丹尼斯·麦奎尔：《受众分析》，刘燕南、李颖、杨振荣译，中国人民大学出版社，2006 年 3 月版。
2. [英]利萨·泰勒、安德鲁·威利斯：《媒介研究：文本、机构与受众》，吴靖、黄佩译，北京大学出版社，2005 年 4 月版。
3. [美]马克斯韦尔·麦库姆斯：《议程设置：大众媒介与舆论》，郭镇之、徐培喜译，北京大学出版社，2008 年 1 月版。

第七章　新闻传播媒介

人类传播能力的发展直接决定于传播媒介的发展，或者说，人类传播的发展史实际上就是一部传播媒介发展史。从最原始的口头传播、经验记事到现代印刷媒介、电子媒介再到目前的互联网的第二代媒介——新新媒介。传播媒介随着社会生产水平的提高经历了从简单到复杂，从落后到先进的漫长的发展过程。

从媒介发展的角度看，人类传播的历程大致可分为：口头语言时代、言语文字书写时代、印刷媒介时代、电子媒介时代、网络媒介时代等五个阶段，并可将这五次重大媒介变革称为人类传播的五次革命。

链接——

梅尔文·德弗勒等在《大众传播学理论》一书中写道：正是人们所掌握的传播学中贮存、交换和散播信息程度的高低，标志了人类有史以来甚至史前的几次重大变革阶段，正是人们准确而全面的传播能力不断增长，使得复杂的技术向上发展，并有了神话、传说、解释、逻辑、习俗以及复杂的行为规范，从而使得文明得以产生。

在媒介发展或演进过程中，特别是到20世纪20年代，媒介（Medium）一词开始应用，其主要含义指使事物之间发生关系的中介体、手段、工具等。如果将媒介置于人类一般传播活动和新闻传播中，媒介特指传播媒介，是用来表达含义的静态的或动态的任何物体或物体构成。美国传播学家威尔伯·施拉姆就如此定义媒介：“通常指的是中间插进了用以重复或传布信息符号的机器和有编辑人员的诸如报纸或电台之类的传播组织的传播渠道。"①施拉姆的媒介观奠定了西方大众传播理论对媒介的基本认识,即可以将媒介理解为大规模复制与传播信息的中介。此前所说新闻传播媒介与大众传播媒介属于一类,因此,在性质与特点上基本与大众传播媒介相同。在新闻传播过程中,新闻媒介有着重要的地位和作用。

一、理解新闻传播媒介

在新闻传播的过程中,传播者的目的就是把新闻传递给受众。如果没有新闻媒介,这个传播的通道将被阻塞,传播者所采集、过滤、制作的新闻也就无法到达受众那里。因此,新闻媒介是传播者将新闻传递给受众的"桥梁",是新闻传播活动赖以实现的中介。

1. 新闻传播媒介是新闻传播活动赖以实现的中介

在新闻传播过程中,作为"中介"的新闻媒介的重要作用主要表现在:

(1)把潜在形式的新闻变成现实形式的新闻。

新闻传播者面对现实生活中千变万化、每时每刻都发生着变动的事实,根据新闻事实的客观性并依照自己主观的目的、意志、要求,进行选择、过滤、加工与传播。但是,新闻事实在新闻传播媒介的复制与传播之前,受众是无从知晓的。所以,新闻只具有潜在意义,它以新闻事实以及加工后的某种形式存在。我们只能把传播者采集、制作而未经新闻媒介复制与传播的新闻称为"潜在形式"的新闻,即新闻事实的"加工物";把经过新闻媒介复制与传播之后的新闻称为"现实形式"的新闻,即新闻。新闻事实的"加工物"作为"潜在形式"的新闻与新闻是同质的。因此,新闻媒介的作用并不是制作新闻,它只是复制、传播新闻,而不能对新闻作任何性质的改变。

(2)把新闻传递给受众。

新闻传播媒介是传播者和受众之间的"桥梁",是新闻传播活动赖以实现的中介。它将传播者和受众连接起来,共同参与到新闻传播活动中来,并为传播者实现传播新闻的目的。从这个意义上讲,没有新闻媒介就

---

① [美]威尔伯·施拉姆:《传播学概论》,新华出版社,1984年4月版,第122页。

没有新闻的传播过程。

2. 新闻传播媒介是中介工具

就本质而言,新闻传播媒介是工具。当新闻传播媒介作为一种物质性载体的时候,它本身既无意识也无意识行为,它的存在完全以传播者的传播行为为前提。在新闻传播过程中,它同传播者相互依存并充当其复制、传播新闻的工具,它既为传播者所掌握又受传播者所指令。因此,新闻传播媒介始终是为人服务的,并始终是被传播者所操控的,它所表现出来的力量就是复制传播者事先规定的内容所带来的。如果传播者不输入新闻媒介的任何内容,报刊就只是白纸,广播只是无意义的声波的重复,电视没有图像,互联互通的网络只是空无一物的技术平台。

由此可见,新闻传播媒介在进入新闻传播过程后,不可能离开一定的传播内容。在新闻传播的过程中,新闻媒介实际上是物质性载体与一定传播内容的统一。如果我们把物质性载体看作是新闻媒介的形式,把传播内容看作是新闻媒介的内容的话,在新闻媒介中内容就转化成了形式,形式就转化成了内容,这种内容形式化、形式内容化的过程,不仅使新闻媒介获得了现实的活力与生命,而且也使机械的、物质的媒介获得一定的传播内容。

这使我们认识到:对新闻媒介既不能只看到内容而看不到形式,也不能只看到形式而看不到内容。如果只看到一面必然会导致对新闻媒介认识的片面性与绝对化。同时,在新闻传播媒介这个统一体中,内容决定形式,即一定的传播内容决定了新闻媒介的性质与倾向;但是,形式也并不是无为的,它反作用于内容,这种反作用集中表现为,它以特有的性质和手段强化内容,增强新闻传播的传播范围与传播深度。比如,当一种新闻媒介出现的时候,首先这种新闻媒介以自己特有的属性和手段去强化内容,增强内容的渗透力与穿透力,从而表现出比原有的新闻媒介大得多的影响力量。

除此之外,对新闻媒介工具性特质的认识,还要将其置于一定的社会环境之中,传播媒介总要为一定的传播者所掌握并受传者所指令,这就决定了在一定的历史与社会中,新闻媒介具有鲜明的倾向性,它总是服务于一定的利益及其集团。

3. 新闻传播媒介的特点

由于构成媒介的物质材料及技术手段的不同,不同的新闻媒介自然呈现不同的形态,体现不同的特点。

一般说来,新闻媒介有如下几个特点:

(1)物质性。

物质性是新闻媒介的基本特性,而它具有的意识形态性内容是传者赋予它的第二特性。各种新闻媒介不同的特点很大程度上与媒介的物质材料和机械技术直接相关。新闻媒介物质属性的不同,决定了它不同的存在方式,并构成其不同的传播方式。纸张、油墨的物质载体及印刷技术手段的使用,使报刊采用文字、图片为信息编码,呈周期性的传播样态;声波及电子装置的使用使广播能实现信息的远距离传播且不受交通、气候等限定性条件的影响;通过屏幕呈现文字、声音、图像,使电视成为集声、画、字为一体的综合性传播媒介,并且传播幅域辽阔。

新闻媒介发展史已经证明,当一种新的物质材料和机械技术构成新的媒介的时候,这种新闻媒介可以使其传播内容完全呈现出新的面貌。这是由于新闻媒介所依赖的物质材料不同,才为传播内容带来全新的表现形式。因此,了解、掌握、驾驭媒介的物质材料的属性与技术手段,对于新闻传播者来说,是至关重要的。传播者对新闻媒介物质材料利用和驾驭的能力,直接关系着传播内容水平的高低。法国传播思想家雷吉斯·德布雷在《普通媒介学教程》一书中认为:纸作为载体的大量运用使人跳出了动物性的桎梏,将思想生产从活人复制的短周期中解放出来,这种起飞更将社会历史从动物般的停滞状态中分离出来,依次出现一种诱人的关于历史的思想。载体的非自然化、信息的倍增、历史的加速创造了16世纪的“欧洲奇迹”,“类似于两千年前的希腊奇迹……纸不只是一个加速器,它还是剩余的再分配者,而首先表现在金融方面。纸启动了第一次记忆的产业化,通过文字载体的大众消费,象征交换进入商业范畴。”①

(2)公开性。

新闻媒介直接面对广大受众,公开性是很重要的特点。新闻媒介只要进入新闻传播流程,无论何时、何地、何人,都可以接受其所传播的信息。由于新闻媒介具有公开性的特点,所以它追求最为广阔的空间或地

---

①[法]雷吉斯·德布雷:《普通媒介学教程》,陈卫星、王杨译,清华大学出版社,2014年9月版,第229页。

域覆盖性。新闻媒介在传播空间的赢取方面有强大的渗透力和穿透力，能够最直接、广泛地影响受众并在任何时候、任何情况下，都袒露在社会和受众面前接受其检验。

(3)普遍性。

新闻媒介的普遍性特点同它的公开性特点是相联系的。所谓普遍性，包含着相互联系的两方面要义：一是指新闻媒介可以直接作用于任何人；二是指它可以适应各种不同层次的人的需要。因此，它具有最大的接受广泛性，无论是在时间范围还是空间范围，都为人们接触它提供了最大可能性。新闻媒介之所以有“席卷”社会的魔力，主要是由于它既有公开性又有普遍性的特点。

(4)变异性。

新闻媒介的变异性特点同新闻媒介的物质材料和机械技术手段相关。换言之，媒介的物质材料和技术手段的变化决定了新闻媒介的变异，主要表现在：

其一，是自我完善式的变异。这是指一种新闻媒介自身的物质材料和机械技术手段的变化与更新，所导致的新闻传播手段的变化。

其二，是推陈出新式的变异。主要表现在物质生产和科学技术水平发生变化后所产生的与以往新闻媒介完全不同的新的媒介。

新闻媒介变异性的特点直接同一个社会的物质生产水平相联系。如印刷媒介，从最初的雕版印刷到泥活字，再到铅字，然后用激光排版，印刷媒介告别铅与火，走进光和电，变化的是媒介的物质材料与技术手段，不变的是其媒介形态与传播方式。这其中所呈现出的变异的特点是自我完善和自我发展式的。

推陈出新式的媒介变异发生于20世纪初叶。

20世纪20年代，在美国的匹兹堡，西屋电器公司的代号为KDKA的广播电台开始了广播，标志着以电子装置与声波相结合的电子媒介正式诞生，也宣告了印刷媒介一统天下的时代的结束，并将印刷媒介时代推向电子传播媒介时代。

20世纪50年代，集声、画、字为一体的电视媒介，其综合性的传播方式作用于人体多个感官系统，使人们发现“人体的延伸”有了多个向度。

20世纪90年代，互联网的兴起，不仅使媒介家族系统之中又添新媒体一员，而且也宣告了网络信息时代的到来。这些完全不同于以往的新闻媒介以其特有的媒介变化方式，构建了全新的新闻传播体系与传播方式。

链接——

世界著名传播学家，荷兰阿姆斯特丹大学传播学终身教授丹尼斯·麦奎尔（Dannis Mcquail）在《麦奎尔大众传播理论》（Mcquail's Mass Communication Theory）一书中写道："信息传播技术（ICT）最根本的方面可能是'数字化'。通过数字化过程，所有的文本——所有经过编码与解码的意义符号，能够缩减成二进制元编码，并且可以采用同样生产分配与储存的过程。此种改变对媒介机构所赞成的最为人们所广泛关注的可能的影响，就是所有既存媒介之间在组织、分配、接受与管理形成上的'整合'"。①

二、关于媒介的分类

在自然界和人类社会中，媒介无处不在，媒介功能无物不有。关于媒介的分类，以往的传播学家提出过许多归类方法，这些具体的分类方法都是基于一定的分类标准：或着眼于媒介的物质材料、技术构成；或着眼于媒介的传播手段；或着眼于媒介使用者及其感官系统；或着眼于传播者的目的和文化层次；或着眼于媒介所载信息的清晰和明确度等。

由于媒介分类标准和角度的多元化，媒介类型也就多样化。如按照媒介的物质手段，可分为口头媒介、印刷媒介、电子媒介；按媒介的对象可分为个人媒介和大众媒介；按传播目的和文化层次可分为高雅媒介和通俗媒介、严肃媒介和大众化媒介、公共性媒介和赢利性媒介；按媒介作用于人的感官可分听觉媒介、视觉媒介和视听复合型媒介；按媒介所载信息的清晰和明确度，可把媒介分类为热媒介和冷媒介，等等。

作为大众传播媒介之一的新闻传播媒介自然就是指插入新闻传播过程之中的中介物，即新闻信息的物质载体。就近现代以来的新闻媒介而言，已经归类为传统的新闻媒介，主要有报纸、新闻性杂志、广播、电视、通讯社及新闻电影等。到了20世纪末和21世纪初，又出现网络媒体、融

① ［英］丹尼斯·麦奎尔：《麦奎尔大众传播理论》，崔保国、李琨译，清华大学出版社，2006年7月版，第100页。

合媒体等。

1. 报纸与新闻性杂志

现代报纸是以刊载新闻和新闻评论为主,面向广大读者并连续印刷、发行的媒介。在一般情况下,它以散页形式和较大裁张以"日""周"为发行周期快速及时地印刷发行。新闻性杂志有定期或不定期之分,有固定名称,版式基本相同,装订成册,按顺序编号出版,以时事性内容为主。报纸与期刊作为现代新闻传播事业中共同的以文字作为传播符号的印刷媒介,虽有不少相同的功能,但也有诸多不同之处,如出版周期、提供新闻的内容与数量、所承担的传播任务,以及发挥不同的职能等均有区别。

2. 广播和电视

广播和电视都是电子时代的新闻媒介,是20世纪科技革命的产物。广播是通过无线电波或导线以传送声音为主的新闻媒介,电视是运用电子技术传送声音、文字、图像的新闻媒介。与传统印刷媒体相比较,广播电视具有传播地域与对象广泛、传播迅速、感染力强、功能多样等许多优点,但也有顺时连续播出、转瞬即逝、不易贮存保留等不足之处。

在现代社会,报刊、广播、电视共称三大新闻媒介,一直成三足鼎立之势且相辅相成,在新闻传播领域至今仍占有重要地位。

3. 网络媒体

以信息高速公路和网络媒介为主体的"第四媒体"迅速发展,已成不争的事实。网络媒体具有海量信息、传播便捷、成本低廉、交互性强、个性化、兼容性强等许多优点。而且网络媒介的服务功能——电子邮件(E-mail)、远程登录(Telnet)、文件传送(ETP)、网络浏览(WWW)和网络新闻(Net News)等给人们提供了极大的方便。目前,基于互联网技术发展的第二代媒介——新新媒介也已登上信息传播的舞台。

链接——

何道宽教授在为保罗·莱文森著的《新新媒介》一书所撰写《译者前言》时认为:《新新媒介》提出了当代媒介的"三分说"。

互联网诞生之前的一切媒介都是旧媒介(Old Media),它们是空间和时间定位不变的媒介,比如,书籍、报刊、广播、电视、电话、电影等。旧媒介的突出特征是自上而下的控制、专业人士的生产。

新媒介(New Media)指互联网上的第一代媒介,滥觞于20世纪90年代中期,其性质特征是:各种信息与资源一旦上传到互联网,人们就可以使用、欣赏,并从中获益,而且是按照使用者方便的时间去使用。新媒介和电子邮件,亚马逊网上书店,itunes播放器,报刊的网络版,留言板、聊天室等,均属这些范畴。

新新媒介是互联网上的第二代媒介,起始于20世纪末,兴盛于21世纪,如博客网、维基网、"第二人生"、聚友网、脸谱网、播客网、掘客网、优视网、推特网等,其界定的特征和原理是:①其消费者即生产者;②其生产者多半是非专业人士;③个人能选择适合自己才能和兴趣的新新媒介去表达和出版;④新新媒介一般免费;⑤新新媒介之间相互竞争、相互促进;⑥新新媒介的服务功能强;⑦新新媒介没有自上而下的控制;⑧新新媒介使人人成为出版人、制作人和促销人。

链接——

美国媒介理论家、科幻小说家、大学教授、社会批评家、音乐人保罗·莱文森在其《新新媒介》一书中对新新媒介有如下分类:

①按形态分为文字、音频、视听、图片;

②按新闻属性分为掘客网、维基网、博客网、推特网;

③按社交属性分为聚友网、优视网;

④按软件功能可分为一般系统和专用系统;

⑤按社会功能可分为政治媒介和娱乐媒介;

⑥按自主性和控制程度划分,新新媒介之间略有不同。①

三、新闻媒介的组织与机构

自现代以来,新闻传播媒介是按照一定的规则、结构与功能联合而成的一种组织、一种机构,从而使现代新闻事业在社会结构中既是具有影响力的社会舆论机关,又是具有一定规模的信息产业系统。

1. 媒介机构与组织

在一般意义上,所谓机构是指机关、团体或其他工作单位及其内部结

---

① [美]保罗·莱文森:《新新媒介》,何道宽译,复旦大学出版社,2011年3月版,第5-7页。

构。所谓组织是按照一定的宗旨和系统建立起来的、有一定系统性和完整性的、由个体联合而成的集体。

对于媒介机构而言，一般要具备这样一些特点：

其一，有稳定的信息来源和相对稳定的传播对象。即媒介有稳定的信息产品以便源源不断地供给传播对象，并在彼此之间形成一定的互动关系。

其二，传播运作有相当的控制性和一定的自主性，即在新闻信息传播活动中，媒介他律和自律都比较活跃。

其三，在社会结构中，媒介个体以独立的形式存在和运作。①

如果将这些能够自由运作并具有相同介质、结构、功能与宗旨的媒介联合起来，使之形成一个系统或一个团体，即为媒介组织，如报业集团、广电集团等。随着不同介质的媒介机构的融合，只要具有共同宗旨的媒介机构，均可结成媒介组织，如传媒集团等。

在现代社会，新闻传播事业包括它所构成的强大的各类媒体组织，或多种媒体混合组织，以及新闻教育、新闻研究等组织。同时，各组织又包括其所构成的成千上万的媒介机构，如各种报纸、期刊、广播、电视、通讯社、网络、新闻院校、新闻研究所等，共同形成一个庞大复杂、有机运行的新闻传播网络，最终形成以传播新闻信息、引导舆论、传承文化、服务社会的多功能一体化的新闻事业和文化企业，并成为社会主流意识形态的承载体和社会上层建筑中不可或缺的结构性组成部分。

2. 媒介组织与机构的基本类型

在新闻事业的发展过程中，媒介的组织与机构总是随着社会历史的发展和新闻传播规模的不断扩大而发生着一系列的变化。正如丹尼斯·麦奎尔所言："'生产'媒介内容的媒介组织，是一个社会在与自身沟通过程中的一个必要的联结与中介系统。"②

媒介的组织结构不仅因媒介本身或媒介市场规模而存在差异，而且不同国家的媒介组织机构的差异也很大。下面介绍的是较为典型的媒介组织机构：

---

① 童兵：《理论新闻传播学导论》，中国人民大学出版社，2002 年 4 月版，第 117 – 118 页。

② [英]丹尼斯·麦奎尔：《麦奎尔大众传播理论》，崔保国、李琨译，清华大学出版社，2006 年 7 月版，第 202 页。

例 1:中央电视台

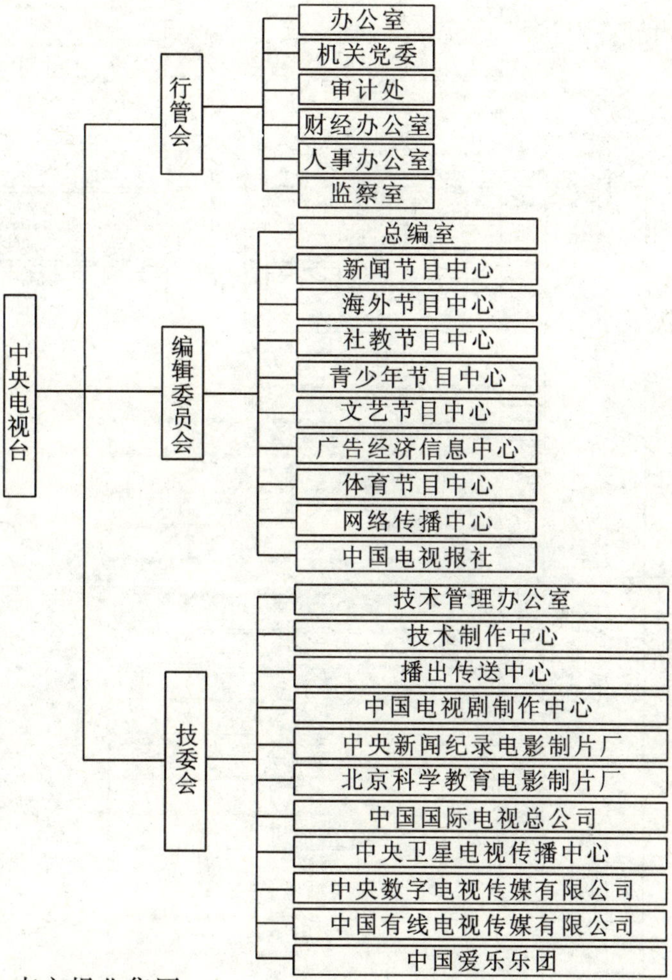

例 2:南方报业集团

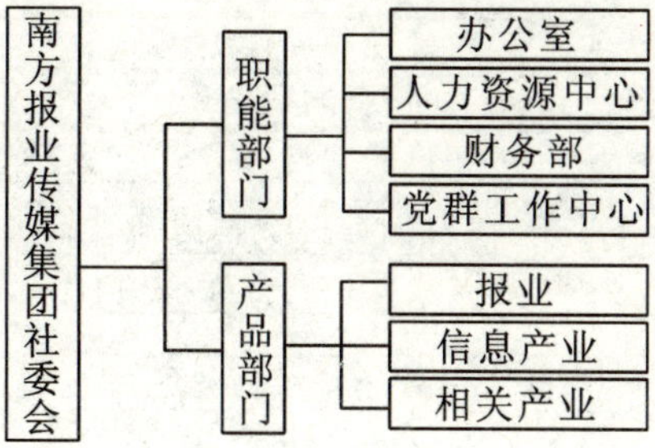

例 3：新华社

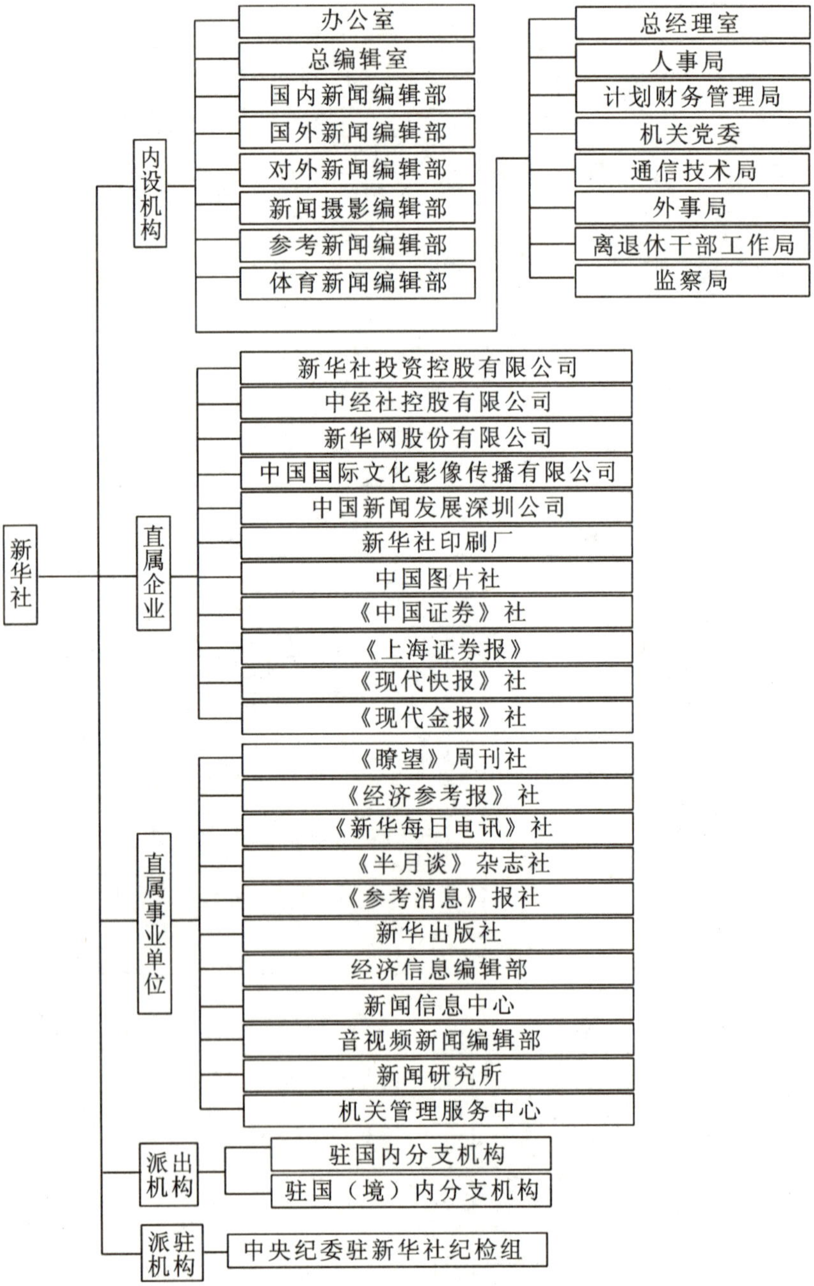
新华社
内设机构
办公室
总编辑室
国内新闻编辑部
国外新闻编辑部
对外新闻编辑部
新闻摄影编辑部
参考新闻编辑部
体育新闻编辑部
总经理室
人事局
计划财务管理局
机关党委
通信技术局
外事局
离退休干部工作局
监察局
直属企业
新华社投资控股有限公司
中经社控股有限公司
新华网股份有限公司
中国国际文化影像传播有限公司
中国新闻发展深圳公司
新华社印刷厂
中国图片社
《中国证券》社
《上海证券报》
《现代快报》社
《现代金报》社
直属事业单位
《瞭望》周刊社
《经济参考报》社
《新华每日电讯》社
《半月谈》杂志社
《参考消息》报社
新华出版社
经济信息编辑部
新闻信息中心
音视频新闻编辑部
新闻研究所
机关管理服务中心
派出机构
驻国内分支机构
驻国（境）内分支机构
派驻机构
中央纪委驻新华社纪检组

例 4：中国国际广播电台

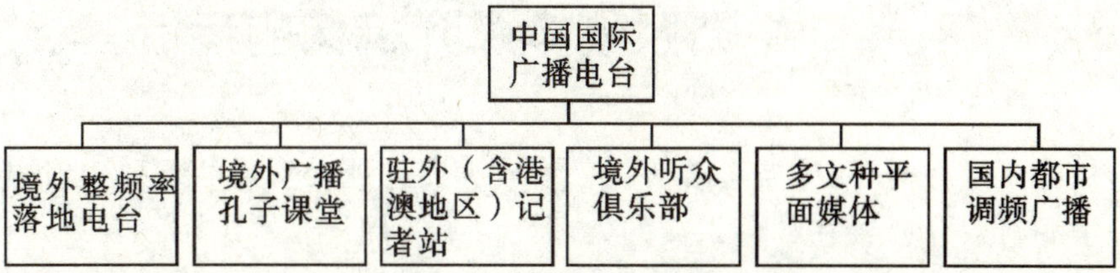

例 5：湖南广电集团

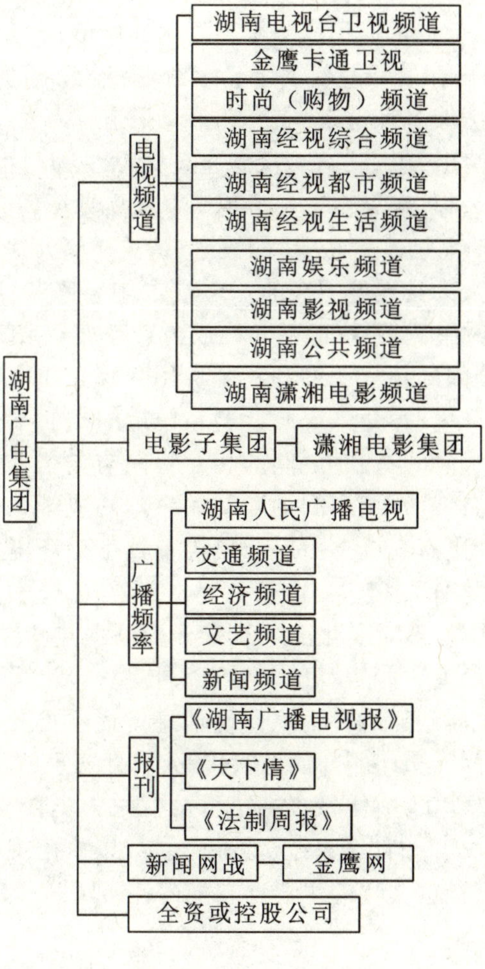

四、媒介生态系统中媒介机构的运行

当今社会，新闻传播实践活动日渐成为促进社会发展的重要力量，传播学亦将媒介放置在社会人文的大环境中予以探讨。马歇尔·麦克卢汉（Marshall Mcluhan）最早提出传播生态问题；尼尔·波兹曼（Neil Postman）将媒介作为环境来研究；刘易斯·芒福德（Lewis Mumford）在《历史上的城市》一书中提出信息传播构成一个不可见的城市；大卫·阿什德（David L. Altheide）也指出，“在最宽泛的意义上，传播生态指的是信息技术的结构、组织和接近性，及各种论坛、媒介和信息渠道。”①

正如生物学使用“生态”这一概念直接概括生物与生物之间、生物与环境之间的关系一样，媒介生态是审视媒介发展环境的一种视角，其核心观念就是引入“环境”与“生态圈”的概念，将关于媒介组织与机构的研究植入一个更为宏大的且无处不在的“环境”之中。

简而言之，媒介生态系统的基本构成要素是媒介系统、社会系统和人群，以及这三者之间的相互关系和相互作用。媒介与个体人之间的互动构成了受众生态环境；媒介系统与社会系统之间的互动关系构成了媒介制度与政策环境；媒介与媒介之间的相互协同与竞争构成了媒介的行业生态环境；媒介与经济系统之间的互动关系则构成了媒介的商业资源环境等。可见，媒介生态系统是由媒介机构及其生存环境共同组成的动态的、平衡的系统。

媒介生态系统是不断变化的。从媒介发展演进史中可以看出，媒介发展与社会环境的变化相跟相随。在口头传播时代，人类社会处于部落化阶段；当媒介发展到能贮存信息并使信息传播不再受到时空限制的图画传播或手抄新闻乃至印刷新闻的时代，人类社会也就脱离了部落化；当网络媒体将世界融汇为一体、地球成“村”之际，人类社会重新步入“部落化”。同时，媒介文化与社会系统也互动共生，以口语文字为主要传播手段的前现代社会，社会文化的主要形态是逻各斯域；以印刷媒介为传播载

① ［美］大卫·阿什德：《传播生态学》，华夏出版社，2003年7月版，第12页。

体的现代社会，社会文化的主要形态是书写域；以视听为传播方式的后现代社会，社会文化则以图像域为存在方式。① 媒介系统的变化会导致社会系统的一系列变化，反之亦然。

媒介生态系统是整体的。在信息时代，媒介与社会之间的互动更加频繁，媒介系统与其他社会系统之间形成了复杂的、有机的联系，即新闻传播媒介作为社会当中具有自身特点和结构的子系统，与政治、经济、文化、教育等社会系统之间相互作用、彼此互动并形成相互联系、相互依存的整体性生态系统。

媒介生态系统是多种多样的。就媒介系统本身而言，其"种群"众多并形成了丰富多样的种内关系与种外关系。② 以传统纸媒为例，早报、晚报、日报、周报等，虽按信息传播的时间与周期分类，但属同类媒介，由于同种个体分享共同资源，所形成的关系为种内关系。但在媒介发展过程中，传统纸媒遭遇到网络媒体，二者属异种异类，所形成的关系为种外关系。在整个媒介生态系统中，不同种类的媒介往往为占据较多的生存和发展资源而展开"媒介大战"，优胜劣汰之后形成生态系统的相对平衡。

2. 媒介生态中媒介机构的运行

完整的媒介生态系统应当包括两方面的因素：一是媒介因素，主要包括不同种类的媒介，如报刊、广播、电视、网络等；二是环境因素，主要包括对媒介的生存与发展起到决定性作用的政治、经济、文化、教育、自然资源、科学技术等因素。具体而言，在整个媒介生态系统中，媒介机构的运行受以下几种因素的影响最大：

(1)媒介制度和政策环境。

媒介制度是一个国家、社会以及政党对新闻传播事业的根本性规定，主要是对媒介所有制形式、基本性质、管理范式的规定；传播政策则是指一个国家或政党对其管理的媒介所颁布的新闻法规或一定时期某些规定的总和，包括新闻传播所应遵循的政治方向、传媒报道行为规范，以及一

---

① [法]雷吉斯·德布雷：《普通媒介学教程》，陈卫星、王杨译，清华大学出版社，2014年9月版，第456页。

② 刘建明：《新闻学前沿：新闻学关注的几个焦点》，清华大学出版社，2005年4月版，第306页。

定的工作管理要求等。

(2)经济环境与生产力水平。

媒介机构的运转通常会受此时此地经济环境和生产力水平的制约。经济活动能刺激信息需求、带动教育普及、鼓励媒体投资和扩大再生产，更为重要的是，较高的生产力水平能够为媒介运营提供日益先进的技术和物质保证。

(3)科学技术环境。

文字的出现是人类社会进入文明社会的标志之一，同时，对于文字复制的愿望也使得印刷术应运而生。印刷术的发明通常被视为信息传播史上的一座里程碑，它造就了信息传播向社会下层广泛转移的契机，使其成为一种规模人群可以共同接触的传媒，并为启动公共教育提供了充分条件。时至19、20世纪，从电报、电话、电影，到广播、电视、卫星通信、计算机网络，电子媒介尤其是网络媒体改变了原有的社会结构，构成了最为广泛的公共领域，更提供了前所未有的信息共享与主体互动。科技进步给媒介机构的更新与革命带来无限可能并使新的媒介不断出现、旧的媒介不断整合其原有功能，可以说，没有科技创新，就没有媒介创新。

3. 市场经济环境下媒介机构的运行

在文明社会和法治国家，市场经济和媒介运作均已进入有条不紊的自动调节、合理控制的轨道，各种媒介的数量比例、运行模式、功能结构、资源配置和能量交换等，都处于相对稳定的状态，媒介发展潜能与环境阻力恰到好处地被置于动态的平衡之中，任何媒介的违规操作或不法行为，都会引发指责或促使其管理机构启动制裁程序。同时，任何合乎规律的需求和行为都会受到市场的鼓励和回馈。市场的自由与管理的宽松，使媒介生态系统的自控、自净能力和社会自动调节装置的监督作用得到充分发挥，并从结果上有效保持了媒介生态的平衡和稳定。

市场经济环境的特征之一，是以市场作为调整媒介资源的根本标尺，最低限度减少行政干预，从“全能政府”到“权力有限政府”过渡。

这种环境下，首先，坚持平等观念。反对媒介等级观念和制度，确立媒介不论大小均是媒介大家庭中平等成员的思想，都有其自身生存与发展的价值和权利。其次，是鼓励创新。市场永远对新鲜的东西感到好奇，媒介的发展同样依靠市场机制的不断创新。当然，市场经济环境还提倡多元发展。在一个生态系统中,物种多样是生态系统健全、完善的重要表征。同样,信息多元化、经营多元化、资源多样化,则是现代媒介企业的关键标志。

在管理范式上,重视“法律制度”管理和“经济手段”调控,而非单一的“行政组织”管理,是市场经济环境下媒介运行的特征之二。

以传媒市场化程度最高的国家来看,媒介控制与管理更多依靠法律和经济手段进行,把新闻传播产业看作并非特殊的商业行为,解除垄断、放松管制、促进竞争、鼓励融合。同时,国家可以利用传播资源开发多种服务功能,并且还能关注它的舆论导向。

加强社会管理和社会评价机制,是市场经济环境下媒介运行的特征之三。

社会管理主要是指新闻传播媒介的行业组织和社会公众对传媒的制约。这种社会管理和评价需要借助专门的行业组织和专业人士,还需要有规范可行的操作机制等,其中最重要的环节是建立行业组织和评价机制。现代科学把社会组织分为政府组织、营利组织和非营利组织,他们分别是政治领域、经济领域和社会领域的主要组织形式。在市场经济环境中,国家对传媒机构的管理越来越多地倚重于社会自身的管理和评判,以便建立完整的和负责任的监督机制,促进传媒更好发展。

五、媒介制度

在媒介生态系统中,社会总体的政治、经济、文化样态和技术要素的结合,既在不同历史时期塑造了媒介的具体形态及其发展过程,同时,也使不同媒介体制间长期存在着差异。诸种差异不仅明显地体现在媒介运用的行为方式及其文化选择中,更体现在国家间的体制性差异方面。

所谓媒介制度,指一整套有关媒介的价值理念、规则方法、组织机构、人员及人际关系构成、制度环境等。对于媒介制度而言,政治、经济、技术因素的互相影响具有关键作用，文化意识也是极端重要的变量。① 可见，任何特定的制度总是处在一定的社会历史语境之中，它属于社会整体结构中的重要组成部分，并与其他社会结构彼此牵连，共同维持社会的可持续运行。

下面对现行几种不同的媒介体制及其所形成的运作模式予以简单介绍：

1. 以美国为代表的自由开放模式

美国的传播政策建立在两大原则基础之上，其一，是除了国家安全和个人隐私的限制外，允许信息自由交流；其二，是传媒机构自由公平竞争。这可以说是美国传媒制度的基本精神，也符合美国立国精神的最高指导原则。

1791 年，美国国会通过《联邦宪法修正案》，明确规定公民拥有言论出版自由。总统杰弗逊发表了世界新闻史上著名的言论："民意是我国政府存在的基础，所以文明先于一切的目标就是保持这一权利；如果要我来决定我们是要一个没有报纸的政府，还是要一个没有政府的报纸，我会毫不迟疑地立即回答：我宁愿要后者。"②

具体而言，美国法律界对新闻自由的支持和保护原则赋予媒介一定的特许权。美国联邦最高法院强调"言论自由权利的运用以不致妨碍其他宪法条文之规定者为限；任何出版物的权利，亦不得恶意诽谤政府或企图颠覆现有政府存在为限"③。因此，在美国，高达 90% 的新闻纠纷案例都是以保护新闻界权益的条件结案的。

其次，美国政府对媒介产业政策闸门大开。媒介机构以私有制为主体，是一种能够获取利润的产业，完全采取商业化的运作。还有，在美国无论报刊还是广播电视台，都要作为企业到经济管理部门进行登记，承诺遵守税务和工商管理等方面的规定。媒介机构独立于政治和政府机构之外，国家不予直接控制，也无须直接管理媒介机构的活动。

---

① [美]Denis Manail, Mass Communication Theory. London: Sage Publications. 1994. P. 154.

② 转引自项德生、郑保卫：《新闻学概论》，武汉大学出版社，2000 年 10 月版，第 139 页。

③ 周源：《发达国家出版管理制度》，时事出版社，2001 年 5 月版，第 247 页。

在传媒产业政策的制定、实施和调整中，主要有四个方面的依据：即意见市场理论（the Marketplace of Ideas Metaphor）、多样化原则（the Diversity Principle）、本地主义原则（Localism）和普遍服务原则（Universal Service）等。

例如，1996 年美国颁布的新的《电信法》，成为在国际信息传播领域放松管制的又一突破。该法案打破了广播与通信领域合作的限制，也打破了对媒介垄断的一些规定，取消了长期存在的同一市场上电视台和电台合并的禁令，也废除了广播电视网对有线电视系统交叉拥有的限制。所以，此后美国传媒界出现大量的产业与资源重组案例，其中大的一笔“买卖”是 2000 年 1 月美国在线与时代－华纳的合并。媒介经济在全球化、商品化和信息化进程中发挥着越来越重要的作用。

当然，任何一种新闻自由与开放都不是绝对的，在美国也仍然能看到弥漫在社会空气中的新闻调控，美国的历届政府都会运用多种手段和技巧左右媒介的报道方向。虽然美国的新闻体制与传播政策受制于许多目标，包括政治的、经济的和社会文化的目标，但总体的趋势是越来越多地运用经济手段进行调控。

2. 以欧洲主要国家为代表的审慎的自由化与文化保护模式

欧洲国家有大小之别，体制也不一，但随着欧洲一体化的进程，其主要国家的媒介制度和政策也表现出一些共同特征。

首先，是公、私并举的广播电视管理体制。在 20 世纪 80 年代前的欧洲，传媒机构更多地被看作是政治体系的组成部分，虽然报纸以私营为主，但为了严格限制垄断，政府也会给予必要的扶持。而在广播电视领域，则是以国营、公营为主。随着社会的发展，欧洲各国媒介制度发生了明显的变化。由于大量传媒公司的出现和国家作为管理者地位的削弱，公共广播电视不再具有垄断地位，私人商业化公司和媒体兼并、重组的趋势愈演愈烈。

如法国，法国电视从 1935 年开始播出，其经营模式在二十世纪经历了从国有化向市场化的转变。从 20 世纪 50 年代末至 70 年代，法国电视的国营体制非常鲜明。戴高乐曾经有一个非常著名的说法：“电视是法国的声音”。1960 年代初期为了粉碎右翼军人集团的军事政变，戴高乐总统身着军服发表的电视演说所产生的社会影响，至今被认为是一个政治传播的经典案例。随着电视生产和经营体制从国营垄断的一元化逐步转向国家和私营并存的多元化，电视的市场经济局面开始出现。20世纪80年代开始，法国的电视市场化打破了国营垄断，出现了越来越多的电视台，包括全天候24小时播出的电视台，如法国电视六台从1988年开始全天候播出，后来电视一台和二台也从1991年开始实行全天候播出。1987年，在提倡透明度和多元化的政治气氛下，具有右翼政治特色的法国新政府采取了一个最大胆的决定，把具有最大收视率的法国国营电视一台私有化。1994年专门通过的一项法律规定，私营电视投资的最高控股比例可以达到49%，企业投资主要来自建筑、自来水工程、运输和金融，也有银行参股。

又如英国，其公共广播体制的英国广播公司（BBC）成为一种公营体制的代表。公、私并举的双轨制，形成了目前欧洲特有的媒介运行模式。

其次，是文化保护的政策取向。1989年，欧盟通过的《无国界电视指导原则》规定了电视节目应该遵守的最低标准以及节目配额，要求国产节目比例不少于50%；同样，为了限制外国节目也对外国投资有所限制，规定非欧盟成员国或欧共体的经济合作与发展国家，不能直接或间接拥有20%以上的股份。

以法国为例，法国总是标榜自己是文化上的超级大国，因此，具有更强烈的文化保护意识，这在媒介制度和政策中也有明显的体现。法国在报刊管理制度中规定，不得接受外国政府的资金或优惠，同时，出于对报业特殊性质的考虑，国家对报刊给予直接或间接的资金援助。法国对广播电视节目也有这方面的规定，要求所有播出时间的60%必须用于播出欧洲的节目作品，至少40%的内容为法语节目制作，否则，会处以高额罚款。

在英国，政府被有关法律授权可以对外国卫星电视节目进行监督，对不符合法律规定的节目可以采取封杀措施；联邦德国规定，广播电视节目中信息、文化和教育内容必须占有相应的比例，以助于反映德语地区和欧洲地区文化的多样性；意大利禁止任何一家公司拥有意大利足球转播权的60%……这些规定显然都是出于保护本国文化的考虑。

欧洲经济的一体化进程使欧洲各国的文化认同感普遍增强，而欧洲各国媒介进行联合与渗透、共同采取文化保护取向，也就顺理成章了。

最后，是市场化进程中稳中求进。20世纪80年代的欧洲各国，对媒体尤其是广播电视媒体的管制相当严格。

比如，在英国，没有一家媒体经营机构获准拥有15%以上的读者或观众，拥有发行量超过20%的报纸经营者不允许再经营广播电视业。同时，政府对电信行业的垄断一度造成欧洲在这一领域的落后。但之后，欧盟的电信行业也进入了反垄断时期，各国对媒体持有权的限制也有所放宽，国家向私营企业开放广播电视业。

3. 以中国为代表的改革开放模式

中国在媒介机构一律国有的前提下，其市场化、产业化程度和媒介机构运作的自由空间方面虽然无法与西方发达国家等量齐观，但也在很多方面不断改革，有所借鉴。比如，允许外资有限度进入、实行媒介运行模式的双轨制，以及电信业与传播业的不断整合等。

就目前看来，中国传媒制度的改革势在必行且正在进行，制度本身的开放性和科学性成为改革的主流，具体表现为：

第一，是逐步形成开放与吸纳的制度环境。中国的新闻改革至少包含两个层面的含义：其一是新闻业务领域的改革，其二是新闻体制的改革。业务领域的改革自1978年以来已取得不少成果，而体制改革则是新闻改革中带有根本性的部分。从目前政策状况来看，这种根本性的制度改革也势在必行。

中国现行的新闻体制，来源于革命根据地时期品种单一且级别分明的党的机关报体制。新中国成立后，曾在短时期内出现过党报、非党报并存及国营、公私合营、私营报纸并存的局面，但不久便用根据地时期形成的党报政策作为整个国家的新闻制度。民营报纸和民主党派报纸渐告消失，即便是工会、青年团报纸及各类专业报纸一概称为党的新闻事业，由党组织统管全国各类新闻事业。在这种体制之下，报纸的政治调门一样，发表的言论观点一样，只有新闻因各自报道的领域不同而有所不同。“舆论一律”“千报一面”的状况也就自然形成。

这种新闻制度在宣传党和国家的方针政策方面，在促进和推动各项工作方面，在向人民群众宣传先进模范的事迹方面，能够表现出其独有的优势。但需要清醒认识的是，在这种新闻制度下，新闻工具只有正面反馈机能，不适应或者说不可能同时传播两种及两种以上的不同甚至相反的意见与看法，也最终导致新闻工作在新中国成立以来多次为错误路线或错误的“长官意志”推波助澜、火上浇油的情况发生。

改革开放以后，传媒业的改革首先从业务领域开始，并逐步过渡到业务对制度的牵引，即从业务创新与实践革新领域入手，逐步牵引和推进到政策和制度领域的改革。

第二，是进行政府管制下有限度的媒介制度创新。出于政治、文化和经济建设需要，政府制定了媒介管制的规则，对于媒介性质、媒介经营范围、媒介的市场行为加以规定。媒介在政府管制的前提下，有规则地开展其市场运作，在基础建设、设备技术变更、经营操作、实业投资等方面，市场行为频繁而有效。但是，由于社会政治、文化和地域环境的变迁，加之技术层面的进步，来自媒介市场的外部环境、竞争态势，以及媒介内部的人际和利益关系的不确定性，都会作为显在或潜在的因素干扰媒介的市场行为，而政府管制推出新的规则，使媒介环境中各种不确定性因素的干扰弱化，使得由于不确定性因素导致的各种矛盾得以暂时缓和，同时，也由于技术进步的作用使一大批新科技成果在媒介领域得以推广和应用。从现有政策的颁布中，也可以看到传媒制度创新的主要措施，如分离制度与媒介领域整合。

分离制度的具体表现，首先是权利关系层面分离，即媒介运作机构与其行政管理机构分离。媒介在实现自己政策宣传任务的同时，也要在市场上创造经济效益。曾经挂靠于各种行政机关的报纸、期刊纷纷被推向市场，电台和电视台也与其广电管理机构实现业务与行政脱钩；媒介运行与发展的资金来源于有效的市场竞争收益而不是行政拨款；人事任免不再是主管部门的行政意志，而是业务与经营能力的考核等。

其次，是运营实施层面分离。媒介在运营实施层面的内容生产和编播分离是一种趋势，即所谓的制播分离。节目内容的策划、生产制作、包装宣传都是一种市场行为，须根据市场规律运作；而节目内容的传播是一种质量监察和技术控制行为，是传播信息过滤和播出控制技术的实施。所以，除新闻以及重大时政节目外，媒介的内容生产还会继续走社会化大生产的路子，而媒介机构则作为一个质量控制的监察和播出机构发挥自身作用。

再次，是业务操作层面分离。这一层面的分离将体现在媒介内部的业务操作方面。以往媒介的新闻、娱乐、广告、发行高度互渗，常常会出现用经营广告、发行印务的手段操作新闻，用报批审核等处理新闻内容的方式处理娱乐内容等做法，所以，业务操作层面的分离势在必行，并会成为媒介未来改革的趋势。其实质在于传媒要按照社会效益的要求生产和传播新闻内容，按照经济效益的要求生产和传播娱乐和广告内容，同时做好印务发行工作。

媒介领域整合则具体表现为：

一是以信息服务为核心的经营理念的整合。在知识经济时代，产品或劳务市场为经济中心地带的位置正逐渐让位于信息市场，媒介则成为信息产业的前沿阵地。未来的媒介生存必将告别过去单一的“工具”或“宣传喉舌”的形象，也不会将眼光狭隘地局限在单一广告的经营上，而是会向整合受众、节目和广告等竞争资源、提供信息服务的方向发展，这是媒介未来经营理念的核心内容。

二是以集团化为重点的经营资源整合。1999 年，是中国媒介市场经营状况发生巨变的一年。年初报业领域五大集团相继问世；年中新闻出版署发布除个别党政机关的报刊外，其他机关报刊一律自找归属的消息，基本方向是归并或者停业，于是报刊以强并弱的现象一时“狼烟”四起；年底，一向谨而又慎的广电总局也发出 82 号文件，其核心内容是网台分营，电视与广播、有线与无线合并，停止四级办台，其意在于扶植出一个巨大的广电传媒集团。随后，媒介发展不断突破类型限制，即可以进行纸媒体和电子媒体的跨媒体经营甚至跨产业经营，如媒介和邮电通信、媒体和网络的合营。这种集团化发展倾向的实质，就是对原来过于分散的经营资源进行整合，并通过资源整合追求经营的规模化效应。

三是传媒生态改善。传媒生态改善的基础与前提，是政治文明程度的提高。政治文明是社会文明的一个重要方面，它是指脱离了野蛮、专制、落后的政治生活状态而达到公正、民主、和谐的不断进步的政治生活状态。在中国，社会主义政治文明的建设是社会主义物质文明的前提，是社会主义精神文明的保障，也是国家文明的根本标志之一。

我们国家经过 30 多年的改革开放，政治文明程度日益提高，我们追求公正民主、高效透明的政府运作机制，树立牢固的依法治国的执政思想，坚持“立党为公、执政为民”的政治理念，不断改善政治生态环境。衡量一个国家政治生活文明与否的标准一是政治体制，二是民主制度，三是廉政制度，其中，民主政治作为一种政治思想成为政治文明的核心概念。

在追求民主的平台上，健康媒介生态与文明政治行为是统一的，这表现在：

其一，政治文明最重要的表现形式是民主价值观念，即一种维护公共利益和公平正义的民主决策和民主管理的观念，而无论在哪个时代，政府对待媒介的态度和管理方式是体现社会民主化程度最直接的“晴雨表”，政治文明，则媒介生态健康开放，政治不文明，则媒介生态畸形变异。

其二，良性媒介生态环境中，传媒表现出来的社会环境监测功能与及时的自我校正监督机制，对政治文明进程起着愈来愈重要的作用，媒介生态本身就是政治生态链条中的一个环节。健康良性的媒介生态环境可以通过对媒介的良好使用和管理，维护并促进社会舆论民主化、科学化，进而促进中国政治文明的建设进程。

因此，良性媒介生态与政治文明是辩证统一的，即媒介生态是政治文明的重要表现形式，政治文明是媒介生态的有力保障，二者相互依存、共同进步。媒介生态要健康发展，就必须尊重民众真实的声音，而允许这些声音民主自由地表达，则是前提。意见的自由表达不仅是公众舆论和大众传媒相互促进共同生存的基础，而且也是体现政治文明最为宝贵的标尺之一。

总之，营造一个良性健康的传媒生态，不仅关乎整个社会系统的正常运转，而且也体现着政治文明的程度；也只有不断优化媒介生态，才能使我们的传媒事业和社会环境走向健康的发展道路。

六、媒介融合

20 世纪 80 年代，美国马萨诸塞州理工大学的浦尔教授提出“媒介融合”(Media Convergence)的概念。这里所谓的“媒介融合”指的是在媒介发展的未来将会呈现出多功能一体化的趋势。

及至目前，学界和业界所言的“媒介融合”，其概念包括狭义和广义两种。狭义的“媒介融合”是指将不同的媒介形态“融合”在一起，产生“质变”以形成一种新的媒介形态，如电子杂志、博客新闻、手机新闻客户端等等；广义的“媒介融合”所涉及的范围更为广泛，包括一切媒介及其有关要素的汇聚、结合，甚至融合，不仅包括媒介形态的融合，还包括媒介功能、传播手段、组织结构，甚至所有权等要素的融合。换而言之，“媒介融合”是信息传输渠道的多元化下的新作业模式，是把报纸、广播、电视等传统媒体，与互联网、手机、手持智能终端等新兴媒体与传播通道有效结合起来,实现资源共享,信息集中处理并衍生出不同形式的信息产品,然后通过不同的平台传播给最广泛意义上的“个性化”受众。

美国新闻学会媒介研究中心将“媒介融合”定义为“印刷的、音频的、视频的、互动性数字媒体组织之间的战略的、操作的和文化的联盟”,他们强调的“媒介融合”更多地是指各个媒介之间的合作和联盟。我国学者喻国明在《传媒经济学》中认为,“媒介融合”是指报刊、广播电视、互联网所依赖的技术越来越趋同,以信息技术为中介,以卫星、电缆、计算机技术等为传输手段,数字技术改变了获得数据、影像和语言三种基本信息的时间、空间及成本,各种信息在同一个平台上得到了整合,不同形式的媒介彼此之间的互换性与互联性得到了加强,媒介一体化的趋势日趋明显。

综上所述,可以说,“媒介融合”是信息技术迅速发展背景下一种媒介发展的新理念,是以互联网技术为基础的新媒介、新新媒介与传统媒介在媒介功能一体化目标下的有机整合。其“融合”形态大致从以下几个方面显现出来:

第一,是媒介组织的融合。“媒介融合”首先表现为媒介组织的融合,这种融合往往是依靠外部的力量如行政力量,使不同媒体组织之间相互结合成一个共同体。1996 年,中国第一个报业集团——广州报业集团成立之后,许多报业集团、广电集团也纷纷成立。到 20 世纪末,中国境内成立了 39 家媒介集团。以行政命令结合以后所形成的媒介集团往往只是名义上的,是一种相对松散的媒介间的组合,常常处于各自为政的状态,没有形成有机分工、协同发展的态势,这可视为最初形态的媒介融合。

第二,是媒介资本的融合。资本融合是利用资本这只“看不见的手”的作用,使有实力的媒介组织与机构在资本市场上完成对其他媒介进行收购或者两个媒介组织之间通过资本市场进行合并所形成的媒介间的融合。

第三,是传播手段的融合。所谓传播手段融合,一是指利用新技术改造传统媒体;二是指不同媒介将各自的传播手段在一个更大的传播平台上进行整合,实现这些媒介之间新闻传播的资源共享,以及内容产品的相互推销。

链接——

2000年1月10日，世界上最大的互联网服务公司美国在线和世界上最大的传媒公司时代华纳宣布合并。合并后的美国在线—时代华纳公司成为融媒体、娱乐和通讯为一体的世界巨头，公司市值为3500亿美元，年销售额为300亿美元，交易额达1840亿美元。这个“天作之合”代表着传统媒体产业和网络产业的融合，同时，也成为国际媒介产业融合发展的标志性事件，并拉开了媒介产业融合与产业革命的序曲。

2015年5月20日，中国新闻网报道：《融合元年——中国媒体融合发展年度报告(2014)》2015年5月18日正式出版发行。报告指出，2014年被称为“媒体融合元年”，预计几年之内，中国内地每个省(区、直辖市)都将出现两三家超大型媒体集团。

媒介发展史表明，作为传播技术发展的伴随性产物之一是媒介形态及其传播方式的变革。在当前的媒介社会，媒介本身的发展已经进入了媒介融合时代。早在2004年，美国哥伦比亚大学新闻学研究院发表了关于新闻媒体的形势研究报告，报告将“融合”列为八大媒介发展趋势之一。与此同时，美国西北大学的李奇·高登(Rich Gordon)教授归纳了当时美国存在的五种类型的“媒介融合”，分别为：

“所有权融合”(Ownership Convergence)：大型传媒集团拥有不同类型的媒介以实施这些媒介之间的内容资源共享和相互推销；

“策略性融合”(Tactical Convergence)：所有权不同的媒介之间在内容上共享；

“结构性融合”(Stractureal Convergence)：新闻采集与分配方式的融合；

“信息采集融合”(Information - Gathering Convergence)：新闻传播者能以多媒体融合的新闻技能完成新闻信息的采集任务；

“新闻表达的融合”(Storytalling or Prestenctation Convergence)：新闻传播者需要综合运用多媒体的工具与技能来完成对新闻信息的表达。①

在中国，媒介融合也进入了新的发展阶段。2014年是中国媒介融合发展的“元年”，其主要标志是2014年8月18日，中央全面深化改革领

① 石长顺：《媒介融合语境下新闻传播角色的重构》，http://www.docin.com/p-211633661.html。

导小组第四次会议审议通过了《关于推动传统媒体和新兴媒介融合发展的指导意见》。

链接——

2014年8月18日，中央全面深化改革领导小组第四次会议审议通过了《关于推动传统媒体和新兴媒体融合发展的指导意见》，这是我们党贯彻落实党的十八届三中全会提出的“要整合新闻媒体资源，推动传统媒体和新兴媒体融合发展”的重要举措。

《关于推动传统媒体和新兴媒体融合发展的指导意见》内容概要

《意见》指出，整合新闻媒体资源，推动传统媒体和新兴媒体融合发展，是落实中央全面深化改革部署、推进宣传文化领域改革创新的一项重要任务，是适应媒体格局深刻变化、提升主流媒体传播力公信力影响力和舆论引导能力的重要举措。通过融合发展，使我们的主流媒体科学地运用先进传播技术，增强信息生产和服务能力，更好地传播党和政府的声音，更好地满足人民群众的信息需求。

《意见》提出，推动媒体融合发展，要遵循新闻传播规律和新兴媒体发展规律，强化互联网思维，坚持正确方向和舆论导向、坚持统筹协调、坚持创新发展、坚持一体化发展、坚持先进技术为支撑。

《意见》强调，推动媒体融合发展，要将技术建设和内容建设摆在同等重要的位置。要顺应互联网传播移动化、社交化、视频化的趋势，积极运用大数据、云计算等新技术，发展移动客户端、手机网站等新应用新业态，不断提高技术研发水平，以新技术引领媒体融合发展、驱动媒体转型升级。同时，要适应新兴媒体传播特点，加强内容建设，创新采编流程，优化信息服务，以内容优势赢得发展优势。

《意见》指出，推动媒体融合发展，要按照积极推进、科学发展、规范管理、确保导向的要求，推动传统媒体和新兴媒体在内容、渠道、平台、经营、管理等方面深度融合，着力打造一批形态多样、手段先进、具有竞争力的新型主流媒体，建成几家拥有强大实力和传播力公信力影响力的新型媒体集团，形成立体多样、融合发展的现代传播体系。要一手抓融合，一手抓管理，确保融合发展始终沿着正确的方向推进。

中央和地方主要新闻单位和媒体积极探索，深化媒体改革，不断推出传统媒体与新兴媒体在内容、渠道、平台、经营、管理等方面的“深度融合”。如果对中国媒介融合进行综合考察，可以看出一些颇有特色的发展与变化：

媒介融合以“阵地”意识为先导，在“顶层设计”的指导下，以重大项目的推进为发展新契机。2014年，中央推动传统媒体和新兴媒体的融合发展，是党中央着眼于巩固宣传思想文化阵地、壮大主流思想舆论提出的重大媒介发展战略。这种基于“阵地”意识而实施的重大战略部署，得到了中央与地方媒体的积极响应。

中央新闻单位普遍成立了媒体融合领导小组，并由“一把手”兼任组长，在深入调查研究的基础上制定了本单位媒体融合发展的“顶层设计”，统一筹划媒体融合的重大项目建设。如人民日报社建立了传统媒体与新兴媒体融合发展办公会制度，制订了加快传统媒体与新兴媒体融合发展的工作方案，加速推进全媒体新闻平台、人民日报社数据中心、人民日报客户端等媒体融合发展的重大项目。新华社也加快建设在传统媒体与新媒体领域均占主导地位的国家通讯社，成立了新媒体中心，开设新媒体专线，打造新华社发布客户端集群，推出大型全媒体融合报道的新闻产品。光明日报率先采用“融媒体”概念，并于2014年10月成立“融媒体中心”，着力从理念、流程、技术、产品、人才、渠道、市场、资本等八个方面推进媒体融合发展。中央电视台制订了《中央电视台新媒体顶层设计实施方案》，并于2014年底与中国移动签署合作协议共建国家4G视频传播中心，以抢占移动互联网新入口和移动传播的制高点。

在媒体融合发展过程中，地方媒体立足当地区域性现实，推出了媒体融合发展的总体规划。上海市制订了《上海市主流媒体发展新媒体专项资金实施办法》，重庆市制定了《重庆媒体融合发展实施方案》，并对媒体融合发展目标、主要任务、保障措施、预算资金、专项资金支持等均有具体的安排。

可见，对传统媒体与新媒体的融合发展问题，从中央媒体到地方媒体都十分重视，并将其作为系统性工程来建设：从顶层设计、重大项目推进、保障性措施的落实等一系列具体环节，层层规划，有序推进，为媒介融合发展总目标的实现奠定了坚实的基础。

媒介融合发展中，“内容”依旧“为王”，创新报道形式的目的在于更好地拓展信息服务。新媒体和传统媒体在对媒体融合发展的不断探索中所形成的共识是，新媒体冲击的是传播的物质载体，而内容则永远为“王”，是“硬通货”，是核心竞争力，是决定媒体生存与发展的关键。以人民日报社为例，为了开发更加适应用户信息消费需求的新产品，人民日报社发挥自身深度报道、评论和理论等新闻信息生产优势，实现话语体系和内容建设融合，并将其作为媒体融合发展的重要任务。人民日报官方微博一直坚守“权威声音、主流价值、清新表达”的内容定位，在网民中成功树立了“清新、温暖、正能量”的形象，赢得6500多万粉丝的高度关注。人民日报客户端提出“做有品质的新闻”，设置“时局”“时评”“点赞中国”等栏目内容，向用户提供“有温度、有观点、有能量”的新闻和信息服务。新华社全力打造媒体融合的新产品，突出新闻与创意，系列创新产品《上海自贸区》《中国经济“新常态”》《三北造林记》等在网络上传播广泛，有效实现了新闻传播的社会价值。除此之外，光明都市传媒针对楼宇用户所设计的独特内容传播，湖南广电集团实施的芒果台“独播战略”等，都显示出在全媒体时代“内容为王”的核心理念。与此同时，“内容为王”不单局限于新闻信息，媒体还将以用户为中心，提供满足用户对资讯、实用、社交和娱乐四大需求的有竞争力的内容产品。

推动传统媒体与新媒体的深度融合，还表现在媒体调整组织机构，优化采编流程等方面。媒体深度融合不仅在理念和内容生产上体现出来，对媒体组织机构的调整，对采编流程的重塑，也是推动媒体向深度融合的重要途径之一。在2015年“两会”期间，人民日报的全媒体平台——“中央厨房”正式亮相。“中央厨房”下设统筹推广组、内容定制组、可视化组，根据微博、微信、客户端、网站、报纸等不同种类媒介的传播特性，分三波进行报道，第一波“求快”，第二波“求全”，第三波“求深”。“中央厨房”的运作，彻底改变了人民日报以往以“版面”为主导的采编方式，将其变成了全媒体形态，实现了记者一次采集信息，“厨房”生产多种成品，渠道多元传播给用户，使新闻的综合生产力提高，传播效果显著。作为地方党报的广州日报通过中央编辑部整合集团资源，促进了新旧媒体的深度融合。中央编辑部由夜编中心、全媒体新闻中心、音视频部、大洋网、数字新闻实验室等部门组成，将报纸端的出版发布和各个新媒体端口发布统合在一起，有效整合了资源，优化了采编流程，打通了各个传播渠道，全面推动媒体深度融合发展。

链接——

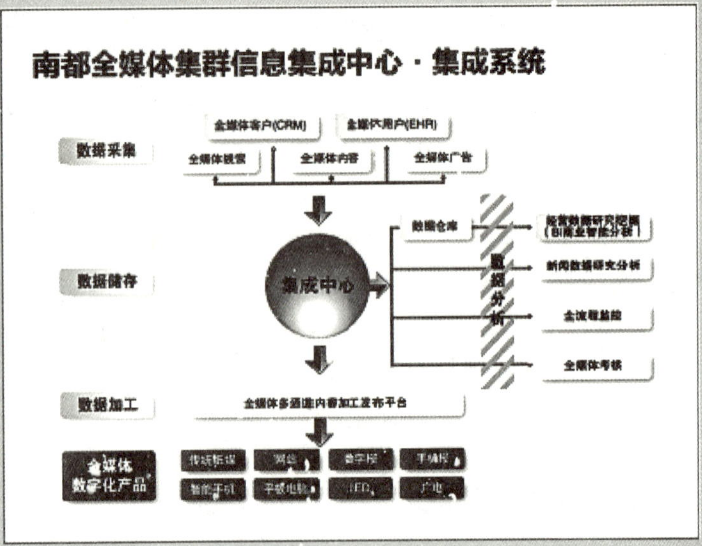

广州日报中央编辑部示意图

链接——

2015 年 6 月 4 日，人民日报客户端、新华社发布客户端、光明都市传媒、中国日报客户端、央视新闻客户端、浙江新闻客户端对“东方之星”号客轮翻沉事件救援情况的报道。

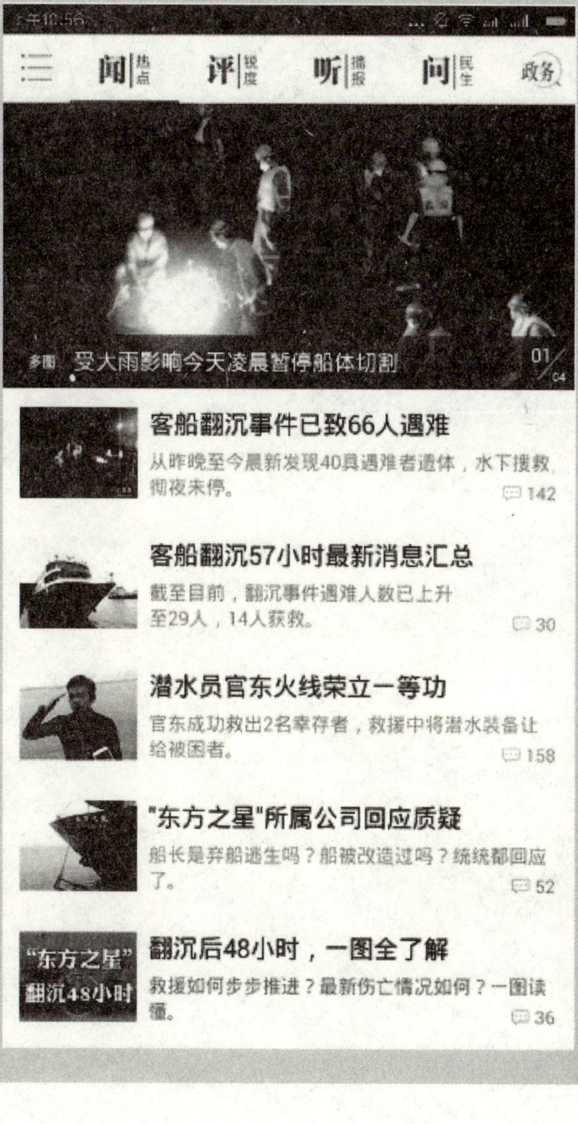

上午11:05
浙江新闻
头条
杭州
官员
时局
原创
救援未停"东方之星"遇难人数升至66人
习近平又一重要论述印发全军
落水船员漂20公里被渔民救起
滚动｜救援人员在"东方之星"上切割第三孔
公务员面试培训费贵过学开飞机每小时1500！

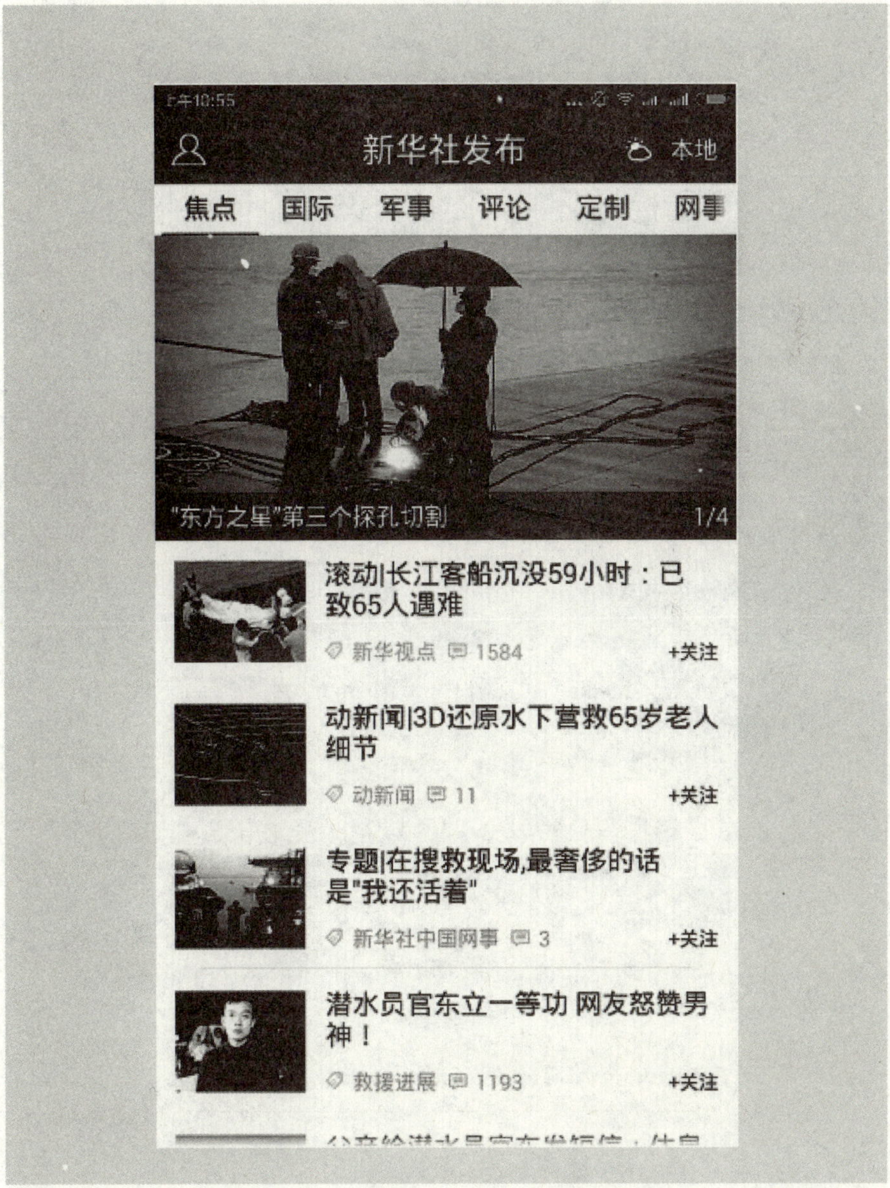
新华社发布
本地
焦点
国际
军事
评论
定制
网事
"东方之星"第三个探孔切割
1/4
滚动|长江客船沉没59小时：已致65人遇难
新华视点 1584
+关注
动新闻|3D还原水下营救65岁老人细节
动新闻 11
+关注
专题|在搜救现场,最奢侈的话是"我还活着"
新华社中国网事 3
+关注
潜水员官东立一等功 网友怒赞男神！
救援进展 1193
+关注

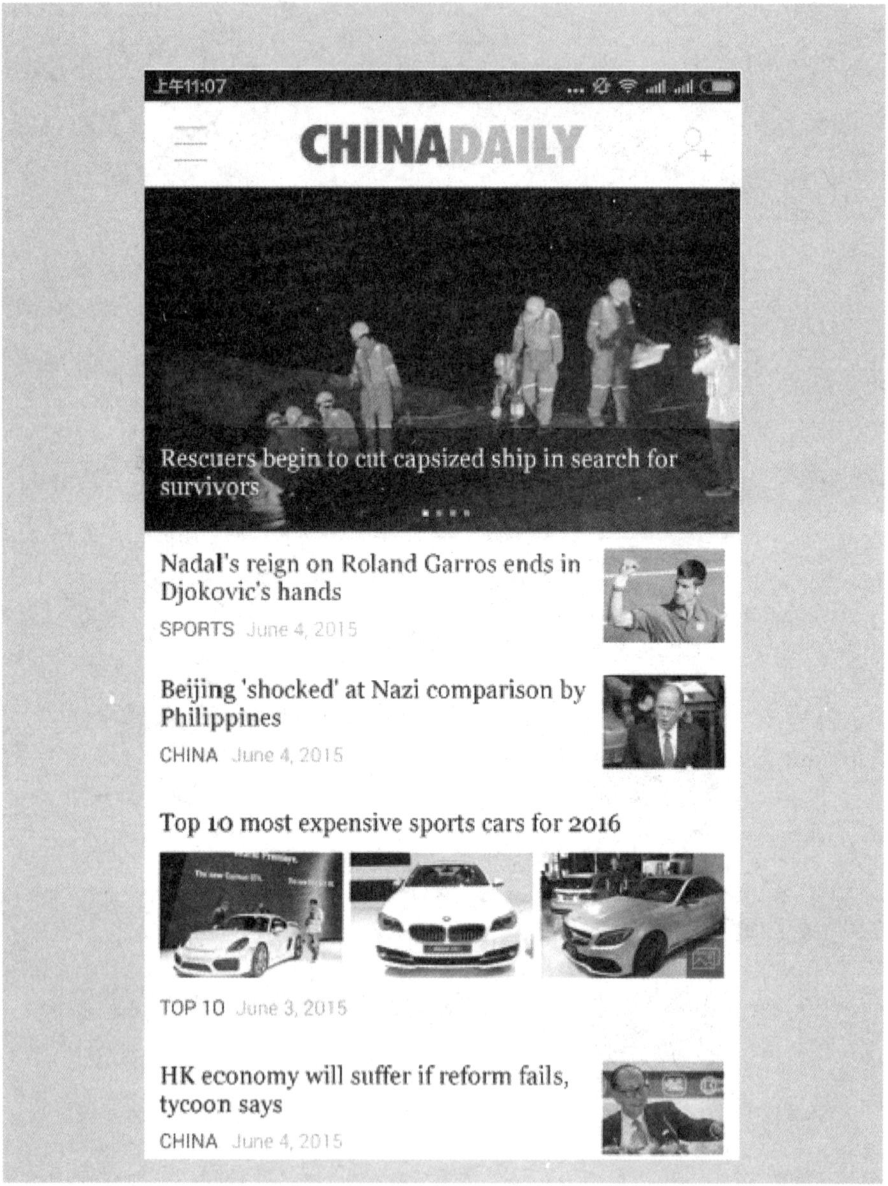
上午11:07
CHINADAILY
Rescuers begin to cut capsized ship in search for survivors
Nadal's reign on Roland Garros ends in Djokovic's hands
SPORTS June 4, 2015
Beijing 'shocked' at Nazi comparison by Philippines
CHINA June 4, 2015
Top 10 most expensive sports cars for 2016
TOP 10 June 3, 2015
HK economy will suffer if reform fails, tycoon says
CHINA June 4, 2015

2015年06月04日
星期四 11:04:03
直播
湖北监利 “东方之星”客船在长江翻沉
搜救方案：切割开舱 翻转扶正
国已研发出多个中东呼吸综合
长江客船翻沉 搜救人员事发现场紧急救援
都市传媒

技术力量是媒体融合发展的核心驱动力，媒体融合发展的技术支撑不断夯实。2014年以来，全媒体采编平台作为媒体融合的基础技术平

台,得到了各新闻单位的高度重视。从中央到地方,各媒体集团在媒体融合发展过程中着力弥补原有技术短板,强化自身技术能力,以重点项目的形式推动全媒体采编系统、数据库、云平台、数据传输发布系统等的建设,吸收采用大数据、云计算等前沿信息技术,改进内容生产传播。

如中央人民广播电台建立了“中国广播云采编平台”,有效连接全国广播电台从业人员和新闻采写资源,把四级办广播的资源分散劣势变成集聚优势,在台式机、笔记本、平板电脑、智能手机等多终端上实现了报题、选题、素材编辑、文稿撰写和审核的多元统一管理。人民日报成立了媒体技术股份有限公司,负责“人民日报社全媒体新闻平台”项目的设计开发、实施和运行维护,为人民日报媒体融合发展提供技术支撑和驱动。新华社成立了“713 实验室”,主要工作内容是对云计算、大数据、内容聚合、移动互联网、多媒体内容检索、数据可视化、数字版权管理、宽带短波传输等关键性、瓶颈性技术和标准进行研究论证、测试、仿真和示范运行。光明日报成立了“融媒体中心”,将其作为报社媒体创新的技术平台、新媒体内容的加工基地,承担所有新媒体领域的技术支撑,并负责产品设计和市场对接。光明日报还与微软公司合作,面向 skype 用户推送时光谱新闻服务,并推出了“媒体云”,将微软先进的 Windows Azure 计算技术和光明日报的新闻传播经验结合起来,向广大媒体机构提供云计算服务。中国日报社与中国科学院合作成立了新媒体联合实验室,基于大数据和云计算技术,建设中国日报的全球媒体云平台,在这个平台上构建面向全球的“融媒体”传播研究平台。

在媒体融合发展过程中,诸多信息领域的前沿技术已经广泛用于新闻报道实践中,如新华社发布客户端利用 LBS 智能定位技术,并引进吸收“用户画像”技术,根据读者兴趣自动匹配新闻,实现了新闻的精准推荐。

媒体融合带来机制与体制创新,更激活、优化了媒体的人才使用和培养机制。复合型新闻传播人才是媒体竞争的核心要素,也是媒介人才培养的重要组成部分,媒体融合的发展趋势也倒逼着对这方面人才的需求有了进一步增长。

从 2014 年起,中央和地方主要新闻单位,一方面吸引聚拢优秀外部人才,加大新兴媒体内容生产、技术研发、资本运作和经营管理人才的引进力度，另一方面，创新机制体制激活优化内部人才，培养全媒体记者、全媒体编辑、全媒体管理者，有力地夯实了媒体融合发展的人才基础。如中央电视台探索建立全媒体评价体系，为传统的收视率统计引入新媒体影响力评价机制。2014年起，央视的每周全台工作例会，除通报前一周全台节目收视外，还对节目在新媒体上的表现进行通报。浙江报业集团出台了《互联网技术人员管理办法》，参照互联网企业对技术人员的职业发展管理实践，对技术人员晋升设计了技术通道、管理通道双向畅通的职业通道。在上海市委的支持下，上海报业集团实施了采编专业职务序列改革，通过建立首席记者、高级记者、资深记者等新闻采编业务序列，改变报社内部职务晋升"写而优则仕"的传统模式，为好记者、好编辑提供了新的职业发展空间。在薪酬制度上，优秀记者和编辑的收入可以高于主任、副总编辑甚至总编辑。

全媒体人才培养、培训是各媒体推动融合发展的重要内容。通过进行互联网思维、前沿传媒技术、产品思维等培训，许多媒体正在逐步解决现有采编人员在移动互联网时代的认识转换、技能提升和信心重塑问题。光明日报在清华大学举办了全媒体管理高级研修班，邀请业界、学界专家进行全媒体管理、社会化媒体运营、数据分析挖掘等方面的讲学，有力促进了报社采编部门思想观念的转变，树立了采编人员推动媒体融合发展的自觉自信。

综上所述，传统媒体和新媒体的融合发展是系统性的、综合性的、全新性的媒介发展新阶段。媒体融合所带来的不仅是简单的媒体发展观念层面的变化，更是媒介形态、采编流程、管理机制、服务内容、技术推进、人才培养等多层次、复合型的媒体变革。

链接——

2015年6月6日，《光明日报》在第七版刊发了《打造有强大竞争力的新型主流媒体——媒体融合发展系列调研报告之一》，其中披露了一组与媒介融合有关的数字：

人民日报客户端从2014年6月12日上线至今，在不到一年时间里，自主下载量已超过4500万。

"新华全媒头条"栏目2014年12月31日面世，仅据360浏览器监测显示，推出首月，全网访问量就超过了2000万。

光明日报法人微博2014年11月的直播话题"连线乌镇·带你去看世界互联大会"，在新浪、腾讯微博上阅读量达2400万。

浙报集团2012年32亿元收购边锋浩方，获得3亿注册用户，2000万活跃用户，为媒体融合发展提供了用户平台。

湖南广电2014年4月实施"芒果独播"战略，全力支持芒果TV发展，目前芒果TV全平台日均活跃用户已超过3000万。

思考题

1. 新闻媒介有哪些特点？
2. 何为新新媒介？
2. 对当下的媒介融合现象有何看法？

阅读书目

1. [法]让－诺埃尔·让纳内：《西方媒介史》，段慧敏译，广西师范大学出版社，2005年5月版。
2. [美]保罗·莱文森：《新新媒介》，何道宽译，复旦大学出版社，2011年3月版。
3. [日]佐藤卓己：《现代媒介史》，诸葛蔚东译，北京大学出版社，2004年11月版。
4. [法]雷吉斯·德布雷：《普通媒介学教程》，陈卫星、王杨译，清华大学出版社，2014年9月版。

第八章　新闻传播过程

在现代社会，作为重要社会实践活动之一的新闻传播活动是一项复杂的系统性工程。其中，构成新闻传播行为的各构成要素，既有自身的规律，又有着密切的相关性。新闻传播过程实际上就是这些相关组成部分既矛盾又统一的有机、有序的运动过程。

一、新闻传播行为的构成要素

1948 年，美国政治学家、传播学家哈罗德·拉斯韦尔(Harold Dwight Lasswell)在《传播的社会职能与结构》一文中开宗明义地提出，描述传播行为的一个简便的方法就是回答下列五个问题：谁(who)，说了什么(say what)，通过何种渠道(in which channel)，对谁(to whom)，产生何种效果(with what effect)。这就是为后进者奉为“经典”的五个“W”模式。所谓模式，是科学研究中以图形或程式的方式阐释对象事物的一种方法。它与现实事物具有对应关系，但又不是对现实事物的简单描述，在某种程度上具有抽象化和定理性。模式或与一定的理论相对应，是对理论的一种解释或素描，但也存在一定程度的不完全性。以此来反观拉斯韦尔的五个“W”模式，可谓高度简约地概括了早期信息传播的基本规律，并阐明现代大众传播所包含的几个最基本的要素与环节。其中，“传播者”是有组织的群体；传播的“信息”是一种文明的大量生产且不断交换的符号建构物；大众“传播工具”是大规模的，以先进技术为基础的传播设备与传播系统；“受众”是为数众多且分布范围极广的具有某种特性的社会公众或群体。这几种要素是构成一般信息传播行为最基本的结构性要素，同时，各要素之间有序、有机地连接成为一体，使大众传播成为行动者主体具有明确目标指向的行动过程。

与拉斯韦尔的五个“W”模式具有共同特点的是香农—韦弗的数学模式，二者都是通过线性模式来表示信息传播的一般规律。对于大众传播活动的阐释，奥斯古德与施拉姆的循环模式、德弗勒的互动过程模式等，已经注意到新闻传播活动的循环性与互动性，而赖利夫妇、马莱克兹的传播系统模式则将信息传播活动看作为一个有机的系统。

无论是线性模式、循环与互动模式还是系统模式，均是对大众传播活动在某种观测视角下的化约，与复杂的、动态的、有机的、互动的和具体的信息传播活动相比较，理论总是极具概括性。

二、新闻传播的一般流程

大众传播学中所说的一般信息的传播与新闻传播的含义不完全相同，但任何信息传播行为总是一致性地具有其最主要的组成部分，即信息、传播者、接受者和特定的渠道。这就是说，新闻传播作为一种社会性的新闻信息传播活动，同样由相互关联着的四个主要组成部分构成：新闻事实、新闻传播者、新闻受众与新闻媒介。在具体的新闻传播活动中，新闻传播者将有广泛认识价值的新闻事实，借助于特定的新闻媒介传播给具有某些特性的广大受众，而且这种传播行为本身具有高度明确的目标指向性。在此，可将新闻传播活动简单地描述为：在广泛的社会领域中，新闻传播者以新闻媒介为中介，将一定的新闻事实传播给受众的社会性活动。

新闻传播的实际过程远比描述的复杂，有许多关键问题应预先考虑。例如，现实生活中不断变动的事实为何转化成新闻事实？新闻事实如何变成新闻？新闻媒介作为新闻传播者和受众的信息中介，其意义是什么？受众作为新闻接受者，在整个新闻传播活动中的能动性与被动性如何理解？“传”与“通”是否意味着新闻价值的完全实现？等等。

以上所有的因素基本上都必须在新闻传播的一般流程中予以解读。

如图所示：

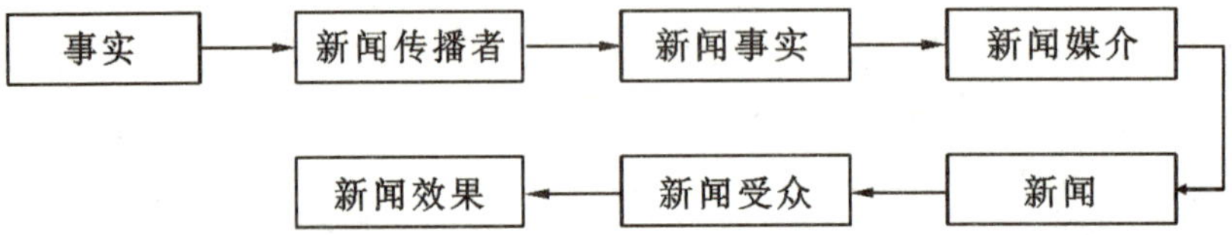

从新闻传播过程线性图可以看出，整个新闻传播过程从流程上可划分为三个具体的环节：新闻的选择与加工；新闻的复制与传播；新闻的接受与效果。三个环节顺次连接并有机互动，使新闻传播活动完整呈现。

1. 新闻的选择与加工

在新闻传播活动的初始阶段，媒介组织的普遍目标是要制造出在品质上符合专业或行业标准的产品，并且能够成功地将产品推销给消费者，使受众也能接受它。这个目标的落实关涉到新闻的流动。传播学家贝斯（Bass）曾用“双重行动”两阶段理论来描述新闻的流动方式。[①] 其中的两阶段分别指收集新闻与处理新闻。面对一定的事物、事实、事态、事件的发生或发现，新闻传播者按照新闻价值等新闻选择标准来收集事实，对其予以评价性鉴定之后，将其转化为具有一定新闻价值的新闻事实。这时，“双重行动”的第一阶段——收集新闻宣告完成。新闻的处理流程则包含广泛，从责任编辑的任务布置到一连串的新闻会议或新闻事件的采访、跟进，一直到新闻选定、版面规划和陈述、最终的新闻编辑，包括制作目录版面或者电视读稿以及安排准备最后的播出等等，都属于新闻处理流程。可见，整个新闻处理的流程涵盖面相当广。

2. 新闻的复制与传播

在新闻传播活动流程的第二个环节中，媒介组织及其成员要将已经选择、加工后的新闻事实，即以文字、声音、图片、影像等物化的符号建构物，通过特定的传播媒介予以复制与传播。此时，新闻事实这种潜在的新闻将会转化为现实意义上的新闻，纸媒将新闻呈现于版面上，广播、电视将新闻呈现于频道中，网络媒体将新闻呈现在“屏”中。新闻事实与新闻

① ［英］丹尼斯·麦奎尔：《麦奎尔大众传播理论》，崔保国、李琨译，清华大学出版社，2006 年 7 月版，第 245 页。

媒介，或新闻内容与形式及其承载体以特有的方式完美地融合为一体。

被复制与传播的新闻，在信息内容的含量及其形式上与新闻事实保持一致，传播媒介只是对已经加工好的新闻事实即新闻产品予以最大范围的“呈现”。当然，在此环节中，媒介对新闻产品的呈现本身也大有讲究，媒介组织的目的也会在“呈现”中再次体现。新闻版面的安排、广播电视播出时间的选择、网络新闻头条滚动等“技术”操作层面，始终追随新闻接受者的“眼球”或其感官系统，追求新闻的“到达率”即新闻呈现背后的阅读率、收听率、收视率、点击率、转发率等。同时，要注意的是，新闻呈现环节中具体媒介的介质与技术水平也至关重要。在通常情况下，良好的介质与高水平技术的完美结合，会使新闻信息的呈现达到理想的境界。

3．新闻的接受与新闻价值实现

任何新闻信息传播的目标最终都是指向受众，衡量媒介组织的产品功用与价值的标准之一在于受众。可以说，受众的接受在某种程度上决定了新闻价值的实现程度，也决定了媒介组织的新闻生产与再生产的方式和策略。可见，新闻传播活动流程的第三个环节至为关键。一方面，新闻信息的接受与新闻价值的实现，证明了新闻传播活动在其流程上的完整性；另一方面，新闻的接受与价值实现也可被视为新闻传播活动的另一起点，即新闻再生产的逻辑起点，因为没有消费就没有所谓的生产。当然，在此环节中，新闻接受者主观态度多种多样，接受习惯差异纷呈，接受方式千变万化，接受程度深广不等，接受效果也并非整齐划一，但理想化的新闻传播目的与目的的实现就体现在此环节当中。

三、新闻传播过程中的新闻选择

新闻选择，是新闻实践活动主体在特定的新闻传播环境下，根据一定的价值取向和原则标准对新闻事实、新闻作品所做出的取舍与认定。新闻选择在具体的新闻传播过程中，可以从两个不同的层面上理解：

其一，在新闻产品生产环节，新闻信息的传播主体根据新闻价值等原则和标准，对于客观存在于现实生活中的纷繁复杂的事实予以选择、加工,使其所蕴含的能够转化成新闻事实的素质得到凸显或强化,并最终成为潜在意义和潜在形式上的新闻。

其二,在新闻产品的消费或接受环节,新闻信息的接受主体根据新闻的原则和标准,对于已经加工、复制和传播的新闻信息予以选择性接触、选择性理解与选择性记忆,使新闻中所蕴含的能够满足广大受众的认知、情感等需求的那些特殊的质素得以凸显或强化,并最终成为现实意义上的新闻或实现新闻价值。在理论新闻学中,对于新闻传播实践活动的新闻选择,往往只关注新闻选择的第一层面,其余部分则在受众研究中得到格外的关注。

对于新闻传播者的新闻选择,有学者认为,这是"新闻学全部知识、新闻工作经验和其他社会科学及自然科学知识的综合运用。新闻选择是新闻工作中最重要的工作之一。"[①]这项重要工作对传统新闻选择过程而言,就是在新闻采访、新闻写作和新闻编辑的各个环节上,对新闻事实和报道对象进行多层次筛选,以达到"择优"和"择真"的具体目标。[②]

新闻选择目标的达成必然依赖于先在的新闻选择标准。一般而言,新闻选择有以下三方面的依据:

1. 新闻价值

新闻价值的原则和标准用于厘定新闻事实中所蕴含的新闻性的强弱与新闻产品中新闻性的强弱,以及测度新闻事实或新闻产品的信息量和社会影响力。新闻信息的传播者根据其价值评估的结果,做出取与舍、缓与急的处理决定。新闻价值作为新闻选择的具体标准,也就是前文讲过的新闻价值的几个要素。

2. 政策法规

在任何社会环境下的新闻信息传播,政策法规当然地成为选择新闻的标准之一。它用于确定和测度新闻事实和新闻产品的传播价值和社会价值。对于新闻信息传播主体而言,政策法规判定新闻事实的结果,往往决定了新闻事实能否以及以何时、何种范围、何种方式等被新闻接受者所接受,最终也使得这些政策法规成为新闻传播实践活动的法律或伦理

---

① 李良荣:《新闻学概论》,复旦大学出版社,2012 年 11 月版,第 329 页。

② 郝雨、王艳玲:《新闻学概论》,上海大学出版社,2003 年 3 月版,第 114 - 115 页。

戒条。

3. 伦理道德

新闻传播实践活动是一项高度社会化的实践活动。它涉及新闻事业及其主体与其他社会事业及其主体间的相互关系，并构成了其间的伦理界线。伦理道德之下的新闻选择，其实关涉的是在新闻选择中如何承担其道德责任问题。假新闻、有偿新闻或有偿不闻等现象，在最基本的层面有悖于新闻传播的伦理道德，有时甚至触犯了国家法律。

当然，对于新闻选择而言，其原则和标准甚多，诸如新闻定义、版面美化、可读性等，但与上述三个标准相比，所起到的是辅助性而非决定性作用。

四、新闻传播过程的主导性

在新闻传播过程中，主体的主导性作用问题一直存在着广泛的争议，即对于新闻传播主体与新闻接受主体的地位有认识上的分岐。在传统的新闻传播观念中，受众接受的是传播者所选择、加工、复制、传播的新闻信息，对于新闻信息接受虽有选择性注意、选择性理解、选择性记忆等主观能动性，但在传播过程中始终处于被动地位。随着第二媒介时代的到来，特别是新新媒介的出现，受众的主体地位得到了空前的提升，正如鲍尔（R·A Bauer）在其《固执的受众》一文中所言，以往的问题是信息如何作用于受众，现在的问题是受众如何使用信息。

这一方面说明了科学技术发展对受众具有技术赋权作用，另一方面，也使人们充分意识到传统新闻传播观念的认识偏差，将会影响到新闻传播活动的整体推进。所以说，受众本位意识时代的到来，既是对现代新闻传播业高速发展的必然回应，也是新闻传播主体在新的传播时代主体地位的应然调整。因为，在网络传播时代，新闻传播活动中原有的社会分工被打破，传播者主导地位有一定程度上的动摇；网络新媒体的出现使新闻接受主体对传统媒介的依赖程度下降，也使传播者的地位相应下降；网络传播渠道的增多，方式的变化，也使新闻接受者接触媒介的主动性大大提高。可以说，伴随着网络新媒体的出现，受众本位时代真正地到来了。

需要注意的是,受众本位意识绝对不是受众本质意识。所谓受众本质意识,就是将受众推到新闻传播过程的绝对地位,整个新闻传播活动完全受其指令与掌控,新闻传播活动因受众的存在而存在。而现实的情况是,作为身处各种噪音之中的意义解释者和内容提供者,新闻记者将变得更为重要,因为他们能够拥有个性化的完整界面来组织他们所关心的信息。由此可见,在新闻传播过程中,传播主体与接受主体之间的主导性因媒体介质的不同呈多元化分布,甚至是流动的。

思考题

1. 新闻传播行为的构成要素有哪些?
2. 如何理解新闻传播者在新闻传播活动中的主导地位?

阅读书目

1. [英]丹尼斯·麦奎尔:《麦奎尔大众传播理论》,崔保国、李琨译,清华大学出版社,2006 年 7 月版。

2. [美]约翰·H·麦克马那斯:《市场新闻业:公民自行小心?》张磊译,新华出版社,2004 年 10 月版。

第九章
新闻事业的产生与发展

新闻传播发展史表明，从人类早期简单的新闻传播现象发展到当今时代大规模的世界范围的新闻事业活动，是一个不断发展、演变的历史过程。探寻新闻事业发展规律的观测点，既应该放在当代社会的新闻事业发展的现实之中，也应观照过往历史的新闻传播现象，以便能更加深刻地认识当今时代新闻事业的活动内容与方式，指导新闻传播者循着合乎历史规律的运行轨迹，展望新闻事业的发展方向。

一、古代社会的信息传播方式

在人类社会发展漫长的历史过程中，随着人们活动范围的拓展、视野的扩大，随着社会生产力水平的逐步提高，新闻传播不断调整着自己的传播方式并由低级向高级发展。

所谓传播方式，是指人类在传播信息过程中，对能够运载信息的物质载体的使用并依据其具体的特点而调整信息传播的方法。传播方式必然地受社会生产力的制约。古代社会的传播大致经历了这样几种传播方式：

1. 口头传播

这是人类最原始的传播方式，是原始人类利用自身身体结构的某个部分所能产生的简单的声音，结合一定姿势或肢体动作等来交流信息、表达思想的行为方式。

大量的人类学研究表明，人类在产生语言之前经历了漫长的历史混沌时期。那时,人类的语音发声系统尚处在萌芽的时期。人类使用的唯一语言方式类似于动物的呼喊尖叫。这种声音成为原始人最重要的信息传播方式。如狩猎是原始人获得生存资料的主要劳动方式,当一个人发现猎物时,他便发出一种有规律的呼喊,其他人听到这种声音便聚集起来,集体行动,使得捕猎获得成功,这便完成了一次口头信息传播的过程。

在语言产生之后,口头传播不论其内容还是范围,都大大地拓展了。在与自然的长期斗争中,原始人互相帮助和共同协作的场合增多了,生产活动越来越复杂,相互呼应和彼此要传达的东西越来越多。于是,原来只能发出单调声音的喉部和口部器官在劳动中不断使用,抑扬顿挫的音节不断增多,逐渐能够发出一连串清晰的音节来。一定的音节和一定的思想相结合便产生了语言。语言的运用使人类口头传播更趋完善,为人们更广泛地传播信息、交流思想、积累生活和生产经验提供了有效的载体,革命性地延伸了人类的传播功能。换句话说,语言的丰富与发展,使口头传播一跃而进入了一个新的阶段。

可以说,口头传播是原始人类生活和生产中最基本的传播方式,对促进原始人类生活与生产的进步与发展具有重要的作用。当然,在当代的现实生活中,口头传播仍是人们获取信息不可忽略的重要渠道。

2. 图画传播

图画传播是古代人类交流信息的一种重要方法。考古发现,大约在三万年之前,人们便开始利用一些简单的图画表达某种特定的事物和思想。旧石器时代,人类已经在其居住的洞壁上画出具有一定含义的生动的图画,图画起到了传递信息的作用。即使在近代社会,一些地方遗存的原始部落仍沿用着图画传达信息的方式。普列汉诺夫在《没有地址的信》中引述了许多人类学的研究成果,借以说明用图画传播信息是原始人类重要的传播方式。可以说,早期的图画传播,使原始人逐渐由原来的思维具体性产生了思维概括与抽象的能力。

图画传播在今天仍有特殊的、不可替代的作用。在日常生活环境中,特别是在一些公共场合,图画传播仍起到重要的信息告知和提示等作用。甚至在一些特殊环境中,图形符号还能对信息传递的保真和保密起到不可替代的作用。

3. 实物传播

古代社会还经常用实物来贮存、传递信息。结绳记事就是用实物保存、传播信息的一种有效方法。《易经》中记载:“上古结绳而治,后世圣人易之为书契。”汉代郑玄在《周易注》中说:“古者无文字,结绳为约,事大,大结其绳;事小,小结其绳。”古代秘鲁的印第安人结绳水平也相当发达。他们先用一条主绳,再在主绳上系上各种颜色的绳子,不同的颜色表达不同的意思,红色绳子代表士兵和战争,黄色绳子代表金子和财富,白色绳子代表银子和和平,等等。古希腊西罗多德在其所著的《历史》中记载:大流士在征战中陷入困境。于是,斯奇提亚人派一个使者专程来送“实物信”,里面包着一只鸟,一只老鼠,一只毒蛙和五只箭。“实物信”的含义为:波斯人,你既不会像鸟一样飞天,也不会像老鼠一样钻地,更不会像青蛙蹦到水里,那就赶快投降吧,否则,我们就用箭将你射死。

实物传播虽不乏奇思妙想,但实物传播在信息表达与理解的过程中不像语言传播那样明确清晰,因此,理解一个国家或地区的语言特别是文化习俗,对理解实物传播中的信息含义而言,格外重要。

4. 信号传播

信号传播是人们用醒人耳目的物质存在刺激信息接受者的感觉器官以完成某种特定信息传播的行为,其最大特点就是迅速、及时、准确、清楚。比如,我国古代长城上的烽火台就是专为传播外敌入侵信息而设定的:“遇有紧急,昼则熏烟,夜则举火”,可达到“接连通报”的目的。在古代非洲,还有一种信号传播的方式是击鼓,每隔一定距离设置一个鼓台,当边境发现敌情时便扬起鼓声,把信息传到城里。

5. 手抄新闻

手抄新闻就是把新闻抄在一定的介质上,使之传播到更广范围的传播方式。手抄新闻主要有三种形式:

其一,是书信手抄新闻。由于邮路的开辟特别是古代驿站的发达,使书信传递既快又畅通。在唐代,明文规定邮件的传递速度,陆驿每天70里,紧急公文一天400里。书信手抄新闻重点传递官府的军事文书与情报、国家间的外交文件,也包括民间的少数书信往来。

其二,是古代手抄新闻。大约产生于我国唐代中叶,距今已有一千多年历史的《邸报》是最早的手抄新闻。当时,各地方政府都在京城设立被称为“邸”的联络机构，在《邸报》上抄写皇帝的诏令、皇室动态、封建王朝的法令、公报、官僚奏章、官员任命、赏罚消息及京都边事等。“宋因唐制，各州镇亦设进奏院于京师，始由州镇补人为进奏官。太宗始简充进奏官，以京朝官及三班使臣监之。熙宁四年诏应朝廷推用才能赏功罚罪，事可惩劝者，中书检正枢密院检详官，月以事状录付院，誊报天下。”①在我国宋代风行一时的手抄新闻不只是《邸报》，民间流行的大量手抄小报，也是当时重要的手抄新闻传播形式。

其三，是近代手抄新闻。公元15、16世纪意大利的威尼斯等沿海城市，棉纺、丝织、造船等行业逐渐兴盛起来，各种手工业作坊迅速发展，使其发展成为当时世界上最大的商业中心之一。各地商人云集于此，急需从这里了解世界各地的商业经济情况。于是，社会上便分化出一批以专门代客收集、抄写新闻为主要谋生手段的“新闻工作者”。抄写的新闻内容主要包括市场行情、道路通行情况、船舶起航及到达时间、各种商业及金融信息，还包括一些世界各地的奇闻逸事。近代手抄新闻被视为资本主义生产关系萌芽的产物，是现代报纸的雏形。

6. 印刷新闻

印刷术产生于我国汉代，我国也最早把印刷技术应用于书籍出版，直到1638年即明崇祯十一年，又把印刷术应用于《邸报》。戈公振在《中国报学史》中记载：“书籍之以活字排版，在宋时有之”，“至报纸之前的活版排印，则自从崇祯时始。”“至崇祯十一年方有活版，自此以前，并是写本。”②

7. 其他传播方式

除上述主要的信息传播方式以外，古代还有诸如露布、旗报、牌报、揭帖等信息传播方式。有些方式仍然沿用至今。

人类社会存在和发展离不开信息传播，同时，人类社会发展的一定历史阶段所具有的和能够达到的生产力水平，也决定着信息传播采用什么样特定的方式并与之适应。

---

① 戈公振：《中国报学史》，中国新闻出版社，1985年11月版，第25页。

② 戈公振：《中国报学史》，中国新闻出版社，1985年11月版，第28－29页。

二、古代信息传播活动的特点及其原因

古代社会的信息传播方式是特定历史阶段的产物，与一定社会生产力发展水平相联系，因而具有自身的显著特点。

1. 从媒介发展层面来看，古代社会信息传播的发展异常缓慢

人类的信息传播活动每时每刻都在变化，但古代传播媒介始终是处于低水平发展的阶段。主要表现在：一是媒介本身的发展落后于当时生产力发展水平。最典型的例证就是我国在印刷术产生三四百年之后才将这一技术运用于《邸报》的印刷与出版。二是没有形成以收集并公开面向社会传播新闻信息的专门机构。三是没有形成固定、连续的新闻出版物。四是新闻传播的规模狭小，新闻传播过程中没有明确分工。

2. 从信息传播内容层面分析，古代社会的传播活动很难说是新闻传播，传播的内容也并非纯粹是新闻

古代信息传播的重要原因与驱动力往往取决于单纯的功利目的。因而，古代的信息传播基本上属于空间传播，即有具体而明确的传播对象。所以，古代信息传播活动与其说是一种新闻传播活动，还不如说是一种情报活动，或者说，是新闻活动与情报活动的混合。

3. 从信息传播范围而言，古代的信息传播是一种封闭型信息传播系统

古代社会的信息传播并非公开面向整个社会，而只是在社会生活中一个狭小的领域内活动，其传播范围有限。

如《邸报》等手抄新闻，不仅没有畅通的发行渠道，而且出版数量也微乎其微，这些“新闻报道”不可能扩散到社会的各个阶层。另外，它所反映社会生活的范围也十分有限，主要集中在对统治阶级社会活动的反映上，统治阶级的传播活动在规模上大大超过被统治阶级的传播活动。而信息传播范围的狭小决定了读者范围十分有限。

4. 从信息传播媒介的属性层面分析，统治阶级掌握并垄断了社会传播媒介

由于古代的传播媒介、传播内容、甚至传播符号的垄断性，媒介的掌

控者决定着信息传播的内容和方向,剥夺了普通民众参与传播活动的权利,与当代社会新闻传播活动的公开性与广泛性形成了明显的对比。

正如马克思所指出的:物质生活的生产方式制约着整个社会生活、政治生产和精神生产过程。只有把古代的信息传播活动置于由生产方式所决定的社会经济、政治、文化的整体背景之下,才能深刻理解产生古代传播活动特点的动因和历史渊源。

(1)生产方式决定着社会历史的发展过程。

仅从我国社会发展的历史过程来看,封建社会的内在结构长期稳固不破,自给自足的小农经济成为社会主导性经济关系,阻碍了人们为满足高一层需要而进行的创造性劳动,从而扼杀了社会生产力发展的直接动因。尽管中国封建社会经历过无数次农民起义的冲击,但始终没有动摇过社会政治经济内在的基础性结构方式,封建社会的大厦始终没有受到过毁灭性打击。在这种社会内部长期缺乏应有活力的特定环境下,信息传播活动也显示出极大的历史局限,具体表现在传播内容上缺乏变动与活力,传播媒介也长期没有得到发展。

(2)生产方式决定着社会对信息的需求程度。

不同的物质需求与精神需求直接导致人们的各种社会性实践活动,同时,也会产生相应的社会交往,而一定社会关系的性质和内容又制约着人们社会实践活动的方式与结果,进而改善人的需求本能。封建社会落后的生产方式限制了人们的社会交往,扼制了人们对信息普遍性的需求,从而影响了古代传播活动的展开。“鸡犬之声相闻,老死不相往来”的自给自足小农经济,使整个社会缺乏交往、缺少交换。这种生产方式自然激发不出人们对信息的强烈需求欲望和参与传播活动的内在动力。当整个社会对信息质与量的需求没有内在驱动力时,必然导致古代社会的信息传播活动从数量到规模、从内容到形式都呈现出发展缓慢的态势。

(3)生产方式决定社会性质并对信息传播媒介产生影响。

恩格斯曾说,社会阶级在任何时候都是经济关系的产物。生产力的发展必然导致新的社会成分的产生及人的新素质的出现,也会导致社会产生新的历史需求。但同时,生产关系则因社会成员的利益、习惯和结构化的本质而具有保守性。于是,生产力的发展性与生产关系的保守性便形成了一种矛盾。在这一矛盾中,作为上层建筑重要构成部分的古代信息传播活动,体现的是落后生产关系的要求,即代表着封建统治阶级的意志。而且,封建社会的“国家机器”为了维护稳定的统治,也需要在自上而下的官僚机构间,以及所谓的“对外”方面进行信息交流,以保证其“政令”畅通且行动协调一致。因此,古代社会中统治集团通过对传播媒介的控制,控制着古代社会传播活动的内容和方向,体现了统治阶级对传播规模、传播方式等的主导地位。

(4)生产方式决定社会文化心理的形成。

一定社会的经济、政治、文化的发展是一个相互影响、相互制约的动态过程:经济是基础,政治是主导性因素,而文化则既受社会经济、政治生活的制约,又为经济、政治活动提供社会可以承受的推动力。封建文化是在落后的封建生产方式的基础上滋生的,它一经形成便深刻地影响人们的文化心理结构、思维方式、价值标准、审美情趣等,且经过长期的历史积淀过程,形成了人们思想与思维习惯上的惰性。在中国,经过长期小农经济王国的生活锻造,社会形成了一系列农业社会的典型文化特征:思想封闭、视野狭窄、因循守旧等等,社会文化生活形成一种“超稳定结构”。在这种文化背景之下,社会缺乏思变的内在动力,人们没有思变的外部要求,往往将新事物视为洪水猛兽,将新思潮视为异端邪说,容不得半点儿标新立异,任何社会行为均不敢越雷池一步,整个社会沉浸在一种缺乏活力、缺少创造、专制集权的气氛中。封闭的社会如何能繁衍出大量的、具有新鲜旺盛生机的、对社会进步具有推动力的新信息?而僵化的环境又怎能培植出更充分、更有利于信息传播的自由空间?信息的广泛传播、思想的充分交流和新闻的大规模活动,只能在一个充满生机与活力,充满民主开放的环境中产生与运行,而古代封建社会恰恰缺乏这种条件。

(5)生产方式提供了社会精神活动的实践范围、实践深度和实践方向,同时也对其构成限制

古代社会的信息传播活动作为一种社会精神交往活动,它的实践范围、实践深度和实践方向是古代社会生产方式的产物。在其传播活动中,传播什么信息,采用何种方式,传播范围多宽泛,都和古代社会的生产方式密切联系在一起。同时,一定的生产方式体现着人们一定的智力水平和思维能力,这对传播活动的范围、深度和方向也产生了影响,事实上,也限制了它们的进一步发展、壮大。

三、新闻事业的产生

古代社会的信息传播活动，由于受生产方式的限制而呈现出自身的诸多特点，远不能称为一种社会事业，只能说是一种信息传播活动并呈现出某种传播特征。

人类的信息传播活动在一般情况下遵循着这样一条发展线索：起初表现为在狭小的范围内进行，并以非职业性的口头传播为标志的人际传播，再发展到借助诸如图像传播、工具传播、实物传播、手抄新闻等传播行为，最后发展成日益成熟而强大的新闻事业。

1. 新闻事业形成的条件

一项社会事业的形成必须有适合它生长发育的社会的政治、经济、文化等现实条件。古代的信息传播活动之所以能发展成现代的新闻事业，其前提是应该具备使之转化的各种条件。当然，由生产方式所决定的社会历史发展的自然进程是这种转化的决定因素。在对信息传播活动予以微观层面考察时，就会发现新闻事业的产生有着同生产相联系的更为直接的条件。

(1)社会对信息的需求达到前所未有的程度。

任何社会对信息都有一种自然的需求，但新闻事业产生之际的社会对信息的需求显然达到了前所未有的程度。如果没有足够的信息流通并提供给社会，社会将难以续存。大量新的信息流通对于社会的存在与发展来说，既使得新闻事业应运而生，同时，无异于为社会的发展进步注入新的血液。

(2)原有的信息传播方式满足不了这种需求。

在社会急剧增长的信息需求面前，原有的信息传播媒介及其传播手段与方式对于信息需求的满足感到无能为力。社会对信息的需求与满足之间的矛盾进一步激化，这必然导致新的信息传播手段与方式的产生。

(3)新的专业分工出现。

社会对信息巨大的经常化需求，使得一些社会成员从其他社会实践活动中分化出来，专门从事收集、发布信息的活动并成为职业的新闻传播者。传播媒介的规模也随之扩大。

(4)社会生产力的发展能够为新的信息传播提供更为先进的技术手段,使信息的迅速传播和大范围传播成为可能。

古代社会的信息传播活动是新闻事业得以产生的前提和基础,新闻事业则是古代社会信息传播现象发展的必然结果。但是,古代社会信息传播活动并不等于新闻事业,从前者转变成为后者,需要具备以下基本的条件,具体表现在:

其一,是有一定数量和规模的传播机构作为传播的基点,并在传播机构上呈现多样化的局面;

其二,是采取某种特定的传播方式,经常、定期地向社会发布新闻;

其三,是拥有一定数量的以传播新闻为专门职业的从业人员。同时,传播机构和专门从事新闻传播的人员不是为着自身的需要去采集、发布新闻,而是为了适应和满足社会的信息需要,其所从事的是一种有目的的社会传播活动。

其四,是新闻传播机构逐步成为社会公认的新闻发布机构,它面向社会进行有目的的新闻传播活动,并对社会产生极大的影响,具有舆论上的权威性。

对于新闻事业的形成而言,后两点是最主要的条件。古代社会的传播活动由于并不充分具备这些条件,因而还不能称为新闻事业。

2. 新闻事业

何为新闻事业?对这一概念目前有很多不同的观点:

第一种观点认为,一种以收集消息、供给消息为专门事业的活动,就叫新闻事业,如报社、通讯社、广播电台、电视台等的专业活动。新闻事业就是以传播新闻和供给新闻为职业的这样一种事业。

第二种观点认为,新闻事业是发布新闻的专门机构,如报社、电台、电视台、通讯社、新闻电影制片厂、杂志社等机构的总称。

第三种观点认为,新闻事业是人类从事采集与发布新闻的活动及其手段的总称,主要由报社、电台、电视台、通讯社、杂志社、新闻教育等机构组成。

第四种观点认为,新闻事业是新闻机构及其各项业务活动的总称。

以上关于新闻事业概念的表述,反映了研究者站在不同角度对新闻事业的认识,揭示了新闻事业某一个侧面的特点,具有一定的合理性。但是,对某一事物或活动的认识与理解,应该总观事物发展的全部过程,把该事物置于整个社会的互相联系之中,站在全局的角度把握事物最本质的特征。

"事业"一词在《现代汉语词典》中有如下解释,即事业是"人所从事的,具有一定目标、规模和系统而对社会发展有影响的经常性活动"。可见,"事业"须包括以下几个要素:一是作为主体的人所从事的,二是有目的,三是经常性活动,四是对社会的发展有一定的影响,五是有一定规模和成一定的系统。新闻事业是古代社会信息传播活动发展到一定历史阶段的产物,如果将人所从事的大规模的新闻采集和发布活动视为新闻事业的基本点,把"事业"所具有的要素和"新闻采集和发布活动"这种社会活动联系起来看,新闻事业的概念至少应该包含以下几层含义:人类所从事的、经常性的社会活动是其最基本、最显著的含义;有明确的目标,即传播新闻是满足社会对信息的需求,这是新闻事业独有的特点;同时,也正是因为其满足社会信息需求的特点而使其在社会上产生广泛而巨大的影响。

据以上分析,可以为新闻事业作如下定义:新闻事业是人类通过专门机构经常从事的、以采集和发布新闻信息为主要手段,来满足社会信息需求的大规模的社会活动。这一定义,把新闻事业的逻辑基点放在大规模的社会活动上,就使新闻事业同它产生之前的一切社会信息传播现象区别开来。如早期的信息传播活动只限于人际传播,是自发的、无组织的,没有一定的规模和系统;在漫长的封建社会,信息传播活动有了长足的发展,形成了一定的规模和系统,但传播内容局限在狭小的范围内,读者仅限于少数人,因而在社会上没有产生足够的影响;后来在欧洲出现的手抄新闻,由于数量少和读者范围窄,同时也不是定期的经常性活动,因此,也不可能在社会上产生较大影响。因此,上述各类信息传播活动都不是严格意义上的新闻事业,只有在近代印刷报刊产生以后,新闻活动成为大规模的、经常性的、在人们生活中产生极大影响的社会活动时,才标志着新闻事业的形成。

任何事业的存在都呈现着形式与内容两个方面,新闻事业的构成也是如此。从新闻事业的外在形式而言,一般是指传播消息、知识、情报、娱乐、广告等信息的传播媒介,在现代社会主要指报纸、广播、电视、网络、通讯社、新闻电影和新闻性杂志等;从新闻事业活动的内容而言,新闻事业是以采集和发布新闻为重要手段来满足社会需求的社会活动。不论哪种类型、哪种性质、哪个国家的新闻事业,都存在这样的外在形式和活动内容之间的有机联系。活动内容的不同决定了不同国家、不同阶级的新闻事业的阶级属性、目的任务和服务对象上的差异;外在形式的不同,则表现出不同的新闻事业在物质载体、技术手段方面发达程度的差异。人们认识与分析新闻事业,往往将重点放在其传播活动的内容上。

3. 新闻事业的产生

16 世纪前后,在地中海沿岸的一些城市,资本主义生产关系在封建专制的管辖下滋生蔓延,像一股巨大的冲击波击碎了封建制度在社会和人们心灵上设置的种种樊篱。商品经济的大举入侵又使社会陷入四分五裂的状态,这在客观上推进了信息交流活动的发展。于是,定期印刷报纸作为新闻事业代表性的信息载体,在当时物质和技术手段能够提供足够支持的历史条件下应运而生。

(1)新闻事业的萌芽。

近代定期印刷报纸出现之前,曾出现过一系列新闻事业的萌芽现象,它是近代印刷报纸的直接来源。如在 14、15 世纪首先在意大利威尼斯产生,后来流行到德、英、法等欧洲国家的手抄新闻是新闻事业萌芽的最初表现。从 15 世纪末开始,欧洲的印刷商发行一种通常四到八页、十五页的不定期的“小册子”,有的附有木刻插图,专门用来报道某项重大事件,如战役、王公葬礼、节日庆典等,或者转载某份“手抄新闻”上的文章。它们一般在大城市的书店出售,或由小贩沿街叫卖。后来又出现一种侧重奇闻逸事、刑事案件、天灾人祸等新闻的“活页印刷小报”。16 世纪初,随着欧洲宗教改革运动的进行,导致一大批“活页小报”问世,刊登的内容由奇闻逸事等“社会新闻”转到宗教论战上来,后来又蒙上政治论战的色彩。16 世纪中期,德国出现了定期出版的“年历”,后来演变成“年鉴”。如 1588 年奥地利人夏末埃尔在法兰克福编撰的《博览会年鉴》,这是第一批出版的编年志。它每半年或一年出一册,专门刊登欧洲各国重大事件,其中有政治、军事和商业情况。

上述史实反映的都是定期印刷报纸产生之前的印刷品的一些情况。

由于出版不定期、发行量有限、信息到达迟缓、没有固定订户，这些印刷品在完成它的历史使命后便在欧洲各国销声匿迹了。

（2）定期印刷报纸的出现。

经过一段曲折的尝试过程之后，出版定期报纸的条件已经具备。新闻事业的起步——定期印刷报纸步入历史舞台。1609年，德国出版了《报道或新闻报》，学界认为这是世界上最早的定期印刷报纸。其后，此类刊物陆续出现在欧洲各地，如1615年德国出版的《法兰克福新闻》，1622年英国《每周新闻》，以及《每周匈牙利新闻》《每周法国新闻》《每周意大利新闻》等，这些报刊均定期出版并通过邮局发行。这些定期出版物相对扩大了读者范围，并使办报者有了固定的收入，出版行为有了稳定的经济来源。在刊发内容上，这些周刊以登载政治、经济、军事动态为主，少数还配有言论。

日报的出现是印刷新闻的重大发展，也使新闻事业日趋走向成熟。世界上第一张日报是1660年在德国出版的《莱比锡新闻》；英国第一张日报是1702年出版的《英国每日新闻报》；美国于1704年出版了第一张日报《波士顿新闻》；我国第一张日报是由王韬于1874年在香港创办的《循环日报》。

日报的出版极大地缩短了出版周期，扩大了发行量并吸引了大量的读者，更重要的是，日报出版所面临的新闻信息量之多、印刷要求之高、分工之详细和管理之复杂，都是过去手抄新闻与活页新闻所不能比拟的。定期印刷报纸在发展中不断完善，从18世纪初开始，报纸从内容到形式都基本固定下来。

新闻事业最早以定期印刷报纸为标志而产生，这可视为人类新闻信息传播史上的一场革命，具有非常重要的历史意义：它从根本上改变了社会信息传播的性质、结构、功能和方向；它开拓了人们的视野，促进了人们的社会交往。新闻事业的产生，既是人类文化发展的产物，又极大地推动了人类文明的进程，它在推动人类历史进步方面表现出伟大的力量，在社会政治、经济、文化等各个领域都产生了深远的影响。它具有神奇的魔力，把人们领进一个未知而新奇的世界，在不知不觉中增进了人们的知识、变换着人们头脑中固有的思想。

新闻事业产生后，人们可以瞭望与观测世界的窗口被打开了。

4. 新闻事业产生的必然性

新闻事业的产生是资本主义生产关系发展的必然结果。虽然资本主义生产关系在14、15世纪的地中海沿岸各城市已经萌芽，但资本主义的新纪元是在16世纪开始的。报纸的产生与发展过程同早期资本主义生产关系的形成进程基本相符，它表明近代定期报纸的产生是资产阶级生产关系发展的必然产物。

第一，商品关系是资本主义生产关系的历史出发点。商品生产是资本主义生产的最高阶段，资本主义商品生产与商品关系一经形成，随即冲击了原有的社会生产制度，引起了一系列的社会变动。在这种剧烈的社会动荡之中，小农经济秩序与结构土崩瓦解，原有的生活方式发生了动摇与改变。社会内部似乎蕴含着一种强大的冲击力，把多种事物重新组织，把形形色色的人物一股脑推上历史前沿。经过一系列社会震荡的眩晕之后，人们开始主动适应并调节自身行为以便把握客观世界的变化与发展。

随着社会规模的不断扩大，人们的视野打开了，并表现出对外界事物的极大兴趣；贸易的极速发展特别是世界市场的形成，使商人们懂得了信息开放给予人们的空前的尝试新事物的可能性，更使人们理解到信息闭塞无异于坐以待毙；社会分工的详尽使人们感受到如不能准确地了解其他生产程序的消息，生产便不可能有效进行；社会内部的矛盾引起阶级之间的激烈对抗，密切关注其他阶级的微妙变化以调节自己行动便成为一种客观要求；城市人口的急剧增加更是密切了人们的关系，彼此之间的信息交流与沟通成为新生活、新生产的常态。

如上所述，整个社会在各个领域与各种层面发生了巨大的变化。这些变化与变动产生出过去社会从未有过的、如此众多的新闻，变动的社会也需要这样的新闻。于是，媒介的规模扩大了；媒介本身独立了；媒介发布信息周期缩短了；媒介容量增多了；媒介的传播范围拓宽了。可见，资本主义生产关系不仅决定了新闻事业产生的社会需求，而且，也创造出产生新闻事业的文化环境和物质条件。

第二，资本主义生产关系也创造并提供了新闻事业发展的文化与思想基础。社会经济生活的变化最后必然要落实到文化上，并构成社会主体从心理结构到思维方式、风俗习惯的一系列变化。早在"文艺复兴"时期，资产阶级思想被称为"人文主义"，主张一切应以"人"为本，反对神学权威，提倡个性解放，肯定现实生活，发展个人才能，反对蒙昧主义、神秘主义，倡导追求知识，探索自然，反对封建压迫。随着资本主义生产关系的日趋成熟，资本主义的文化思想也日趋体系化、固定化，并深深地融汇于广大社会成员的思想当中，形成特定的文化心理结构。从这个意义上讲，一方面，作为社会进步的产物，资本主义社会为新闻事业的发展提供了比封建社会更加合适的社会文化土壤；另一方面，资本主义社会发展需要社会为其提供一大批具有一定文化水平、训练有素的人员，从而导致大量学校的出现，这在客观上为日报培养出一大批能够读报的读者群。

第三，资本主义生产关系创造并提供了新闻事业发展的循环交流空间和神经感知系统。在资本主义社会的发展过程中，作为交通空间的现代城市大量涌现，不仅在技术水平、物质生产等方面，为新闻事业的大发展储备了能量，同时，也为新闻信息的流动构筑了足够的现实空间。“在19世纪的100年间，‘煤炭和蒸汽革命’的发祥地伦敦的人口从96万增加到1454万，增长了14.7倍。如果把已城市化的郊区也算在内的话，人口膨胀了16倍以上。新兴城市柏林和纽约同样是名副其实的‘电气和化学革命’的产物。1816年时人口只有22万的柏林，1871年为93万，到1900年则膨胀到271万。1840年时人口为31万的纽约，到1860年为81万，1900年增长到了344万……人口的集中成为可能的社会经济基础，形成由人、物、能源、信息组成的‘交通’系统。”①

四、新闻事业的发展

新闻事业一经产生，它就受到不同社会形态的政治、经济、文化等条件的种种限制，但总体上呈现着发展的趋势。新闻事业不断发展，并在19世纪后进入到一个高速发展的黄金时期，具体表现在：

1. 报纸继续发展并由政党报纸向大众报纸转换

报纸产生之初，报上仅刊登一些干巴巴的消息以及一些实用性信

① ［日］佐藤卓已：《现代传媒史》，诸葛蔚东译，北京大学出版社，2004年11月版，第27－28页。

息。到17世纪中期,报纸上开始登载评论文章并逐步把报道扩大到社会和文化生活的各个方面。与此同时,报纸的发行量继续扩大并获得某些政治权力。1789年的法国资产阶级革命,以及美国独立战争是报刊发展史上的一个重要阶段,几乎除了英国之外,整个欧洲的报刊都发生了翻天覆地的变化。这一时期,报刊业空前繁荣,各种形式的出版物纷纷问世,各种政治倾向显露其中,各报之间竞争激烈,许多报纸办得雅俗共赏。特别是法国大革命第一次确立了新闻自由的各项重大原则,对后来新闻事业的发展影响重大。1789年8月26日,法国国民议会通过的《人权宣言》第11款,至今仍是人类最宝贵的权利之一:"每个公民都有言论、著述和出版的自由,但是,在法律限定的情况下,应当对滥用此项自由承担责任"。"出版自由"这个口号,从中世纪以来到19世纪,在全世界成了伟大的口号,有力地推动了报业的发展。在美洲,美国独立战争后建立了联邦制,1789年国会通过宪法修正案,规定人民有宗教信仰自由、言论出版自由等权利;国会不得制定宪法限制人民的言论和出版自由。美国资产阶级革命后,资本主义发展迅速,资产阶级日渐强大,资产阶级左、右翼政府和实力集团纷纷出版报纸,政治斗争成为报纸的重要内容。

18世纪后半期开始的工业革命,为资本主义社会创造了巨大生产力,使世界的全貌发生了奇迹般的变化。工业革命后,资本主义的迅速发展使报纸开始成为资本主义企业。英美先后出现了廉价的报纸,这种报纸售价低、销量大、广告收入多、经营管理企业化,是资产阶级报纸"大众化"的开始。"廉价报纸"是资产阶级报纸的雏形,它们发展到19世纪取代了"政党报纸"而成为资产阶级报纸的主体。

报纸之所以能得到持续发展,主要是因为社会仍然具有使之发展的内在动力。首先,是经济活动范围越来越扩大,人们对信息的需求也就愈发迫切;其次,社会政治活动的展开特别是选民的扩大,使越来越广泛的社会阶层对政治问题发生兴趣;第三,教育的普及使潜在的读者群不断扩大;此外,城市化也是报业发展的重要原因,因为整个社会成员文化水准不断提高,审美观日趋多元,而只有报纸才能满足不同读者的不同需要;经济成本降低,则是另外一个重要因素。19世纪初期,报刊被视为少数富贵之士、上层人物才有的特权。到了报刊印刷工业化的时代,报纸生产的成本降低了，售价降低了，报纸才在市民阶层普及，这带来报纸销售量的扩大，进而带来广告量的增多。这种良性循环不仅刺激着报纸进行内容与风格的改进，也促进着报纸规模与影响力的扩张。

2. 无产阶级新闻事业的产生

在新闻事业发展过程中，无产阶级新闻事业的产生无疑是其重要的发展标志。当然，作为无产阶级的新闻事业，无论其产生还是发展，都有明显的阶段性。

（1）以行会及工人运动中的报刊为代表的萌芽状态的无产阶级报刊。

18 世纪中后期到 19 世纪中期，英、法等欧洲主要资本主义国家先后完成了工业革命。工业革命不仅创造了巨大的社会物质财富，同时，也创造了资本主义的掘墓人——工业无产阶级。随着资本主义固有矛盾的进一步激化，必然引起无产阶级和资产阶级之间的阶级对抗。在斗争中，工人们开始建立自己的组织并争取结社的权力。19 世纪，英、美等国先后出现了第一批以行业为主的全国性工人联合会，并以此为组织依托创办了自己的报刊：如 1825 年，伦敦各业代表委员会创办了《各业新闻及其工匠周刊》；1828 年，美国工人组织创办了《五金工人自由言论》；1830 年，英国全国劳工保护协会创办了《联合行业周报》，以及后来的《人民之声》周刊。

这些刊物站在工人阶级的立场上，反映工人们的愿望与要求，维护工人阶级的权力，支持工人罢工斗争。但是，由于当时无产阶级整体还没有从自为的阶级转变为自觉的阶级，这些早期的工人报刊既没有系统完整的科学理论做指导，又没有广阔的无产阶级自觉斗争做基础，因而还未能形成真正的无产阶级新闻事业。

英、法等国的无产阶级在斗争的实践中逐渐认识到，要从根本上改善自己的处境，就必须进行政治斗争以改变自己没有政治权力的状况。因此，这些国家的无产阶级开展了独立的政治斗争，使无产阶级反对资产阶级的斗争进入了一个新的阶段。1836 年，英国工人阶级掀起的宪章运动，法国里昂工人的起义以及德国西里西亚纺织工人的起义，都是工人运动进入这个新阶段的突出标志。在宪章运动期间，出现了一大批工人阶级的报刊。这些报刊已经把自己的活动和整个无产阶级利益联系起来，反映了工人阶级的优秀品质和伟大政治抱负，并展现了无产阶级新闻事业诞生的曙光。

1837年出版的《北极星报》是在群众中最有威信、影响较大的宪章派报纸。它对宪章运动作了完整的报道，它的宣传报道和政治独立使英国各地的工人阶级联合起来，推动了宪章运动的发展。马克思、恩格斯高度评价它，认为《北极星报》"在各方面都成了欧洲最优秀的报纸之一。"

马克思作为科学社会主义理论的奠基人，他的报纸实践活动对创立这一理论学说起到了重要的作用。1842年，马克思把社会批评的热情转到了新闻战场，决心以报纸作为武器对封建制度进行斗争。他开始为具有温和反政府倾向的《莱茵报》撰稿，同年10月被聘为该报的主编。马克思在办报期间，深入社会调查研究并广泛接触社会各方面的问题，了解人民群众的生活和疾苦，直接参加现实阶级斗争，写了《关于反对地主阶级的掠夺行为》一文，痛斥地主阶级的残酷剥削，揭露普鲁士国家及其法律的反动本质，坚决维护劳动人民的利益。

(2)以无产阶级政党机关报为代表的相对成熟的无产阶级新闻事业及其发展。

随着工人运动的蓬勃发展，革命风暴席卷整个欧洲。1847年，世界上第一个无产阶级政党"共产主义同盟"建立。1848年，《共产党宣言》发表，这是马克思、恩格斯创立科学共产主义理论同工人运动相结合的产物，标志着工人运动进入了一个新的历史时期。在新形势面前，他们迫切需要创立一种宣传工具来统一工人阶级的思想，指导各国的工人运动，实现自己的奋斗目标。早在1843年，当马克思正在从一个革命民主主义战士向共产主义战士转变的时候，他就深刻地意识到"必须为真正独立思考的人们找到一个新的集合地点"，此集合地点在马克思看来是指创立一个革命的日报。后来，马克思终于找到了一个这样的"集合点"，这就是他主办的全世界第一份无产阶级报纸《新莱茵报》。

1848年6月1日，《新莱茵报》在欧洲革命浪潮中诞生，这是第一份革命工人阶级的机关报，它的出版具有极为重要的意义。恩格斯说：在每一个党，特别是工人党的生活中，每一期日报的出现总是意味着大众向前迈进了一步；这是它至少在报刊方面能够以同等的武器同自己的敌人做斗争的一个阵地。

《新莱茵报》是欧洲民主派的喉舌，它一贯高举无产阶级国际主义的旗帜，大力支持各国工人阶级革命事业，支持各国人民反对封建制度和民族压迫，争取民主和独立的斗争。从创刊号起，《新莱茵报》就决心利用自己的每一天向封建反动势力和资产阶级的背叛行为开火。报纸上发表了马克思、恩格斯的社论、评论和论文，论述了德国和欧洲各国革命运动中的一切重大问题。马克思认为，《新莱茵报》的主要任务就是破坏现有政治制度的一切基础。报纸对各国的封建王朝、背叛人民的大资产阶级、欧洲各国的反动阶级都进行了无情的揭露和批判。

由于《新莱茵报》的某些立场和它在人民群众中日益增长的影响，普鲁士的反动政府不断对它进行压制和迫害。1848 年 9 月底，反动派查封了《新莱茵报》并下令逮捕其编辑恩格斯、沃尔夫等人，同时，也对马克思进行威胁。对于反动派的迫害，马克思坚决表示：在任何情况下也要坚守住这个堡垒，不放弃政治阵地。由于马克思的革命活动和《新莱茵报》的革命立场，以及它在人民群众中日益增长的影响，更加引起了反动政府的恐惧，并以种种借口将马克思驱逐出境，1849 年 5 月 19 日《新莱茵报》被迫停刊。《新莱茵报》在自己的传播活动中确立了无产阶级报纸的战斗性的基本原则，它的优良革命传统直到今天还被许多社会主义报刊所继承。

19 世纪末 20 世纪初，世界历史进入到帝国主义时期。无产阶级革命中心逐渐转移到了俄国。随着工人运动的蓬勃发展，马克思主义开始在俄国传播并出现了许多马克思主义团体和小组，建立一个新型的无产阶级政党的条件已经成熟。列宁在《从何着手》一文中说：首先，我们需要报纸。其次，我们需要的是全俄的报纸。最后，我们要的报纸必须是政治的报纸。在现代的欧洲，没有政府机关报，就不可能有称得上的政治运动。①

1900 年 12 月 24 日，列宁同普列汉诺夫、克鲁普斯卡娅等一起，在德国的莱比锡创办了全俄第一个政治报纸《火星报》，来着手解决建党的任务。由于当时还没有统一的党，只有在无组织状态中进行工作的分散小组和团体，因而，列宁给这期报纸提出的任务是：首先是把全党的力量团结在它的周围，在俄国建立一个统一的马克思主义政党，报纸应该成为工

① 列宁：《从何着手》，《列宁选集》第 5 卷，人民出版社，1986 年版，第 6－7 页。

人政党的集体组织建立者。列宁在报纸第四期社论《从何着手》中明确提出了以报纸为中心的建党计划,通过报纸用马克思主义统一全党思想,在报纸周围培养和建立起一个作为建党骨干的全国性组织。列宁在描述《火星报》的任务和作用时说:"报纸的作用并不限于传播思想,更要进行教育和吸引政治同盟军,报纸不仅是集体的宣传员和积极的鼓动员,而且是集体的组织者。"①《火星报》通过报纸进行建党的组织工作、通过代办员和通讯员同国内各个地方的委员会保持联系,把分散的组织集中统一起来,为建立统一的无产阶级政党做了组织上思想上的准备。

3. 通讯社的出现

为了适应社会经济政治生活的变化和报业发展,通讯社作为新闻事业的一种特殊的、重要的组成部分产生了。从此,通讯社和报纸互为依存,互相促进,长期构成了新闻事业的主体成分。

世界上最早的通讯社是匈牙利人查理·哈瓦斯于1835年在巴黎创办的"哈瓦斯社"。哈瓦斯是个商人,精通数门语言,哈瓦斯社成立之初他一人兼任社长、记者和送稿员,主要业务是收集各国出版的报纸并从中翻译出适合法国人口味的信息卖给报社。后来,他在欧洲的一些大城市物色通讯员,形成了自己的新闻收集网。1840年,哈瓦斯用信鸽开展了布鲁塞尔与巴黎以及伦敦与巴黎之间的通讯业务。到了19世纪中叶,哈瓦斯可以做到以电报的方式向各地报馆发送新闻了。1979年,哈瓦斯社成立股份有限公司,兼营广告业务并与法国广告公司保持密切联系,规模日益壮大,也成为后来法新社的前身。

1849年,沃尔夫在柏林创办沃尔夫通讯社。这是世界上第一家用电报收集新闻的通讯社。

1850年,保罗·朱利亚斯·路透在德国创办路透社,第二年迁到伦敦。

1848年,纽约的六家报纸达成了一项合作采集新闻的协议并结成纽约美联社,后来吸收一些其他报纸成员。由于纽约美联社在稿件方面照顾纽约的报纸,引起其他地方报纸的不满,这些地方报纸便纷纷成立自己的通讯社,但都称美联社。1900年经过协商,组成统一的机构即现在的

① 列宁:《从何着手》,《列宁选集》第5卷,人民出版社,1986年版,第8-9页。

美联社。

通讯社的产生有着深刻的社会历史原因。

首先,通讯社是资本主义世界市场体系形成下的产物。由于资本主义的发展需求,本国的生产已经不能满足他们对剩余价值日渐膨胀的欲望,殖民主义者向海外的经济侵略和军事扩张便成为一种历史的必然。在某种意义上,通讯社正是服务于殖民主义向外侵略扩张的需要而产生的。如英国的路透社,哪里有"日不落"帝国的旗帜,哪里便有路透社的声音。通讯社的宣传助长了殖民主义的扩张并为其提供了广阔的宣传阵地。正如联合国教科文组织的报告中说的:通讯社把贸易和商业的局面进一步打开,把世界大大的缩小了,起到了通讯社所独有的突出的作用。通讯社助长了殖民主义国家的利益,帮助维护了当时的政治、经济秩序,并且扩大了帝国的商业和政治利益版图。

其次,通讯社是报业大发展的产物。报业的大发展创造出一个信息量需求颇大的新闻市场:报纸数量增多、周期缩短、版面扩大、新闻报道范围的拓展,都使报业组织与机构需要大量源源不断的新闻,最后导致了专门为其提供新闻的通讯社的产生。

再次,通讯社是降低新闻生产成本的需要。由于资本主义活动遍布世界、新闻采集系统的规模日益扩大,新闻信息传播费用也日趋昂贵,仅有少数大报社有能力保持自己的通讯网并派记者采访重大事件,而绝大部分的报纸由于财力所限无法办到。因此,购买通讯社的新闻便成为一种廉价获得消息的便捷渠道。同时,这种购买行为也刺激了通讯社更新设备、广采消息、快速传递并日趋发展壮大。

通讯社与报纸相互依存,共同发展,通讯社既是适应报纸的需要而产生的,对报纸的进一步发展也起到了保证和推动的作用,但在另一方面,通讯社的发展壮大也会在客观上造成新闻垄断的局面。

4. 传播媒介的革命与电子媒介发展

现代科学技术的发展使无线电技术运用于新闻传播领域并产生了电子传播媒介。电子传播的诞生是人类新闻传播领域中的一场重大革命。

1837 年,美国工程师莫尔斯发明了电报;1845 年,欧洲最早的有线电视开始创立,电报线路网很快扩展开来;1866 年,新闻报道范围随着电缆网的扩展而扩展,并运用于通讯社的业务中;1874 年,依莱莎 · 格香成功地将音乐曲调通过电线传到另一个地方；1895 年，意大利人马可尼发明了无线电报，并且成功地将无线电信号越过大西洋，从英国传到美国；1909 年，查尔斯·赫罗尔德在加州第一次试验无线电广播，第二年传播纽约都会剧院一位意大利歌唱家的演出并获得成功；1920 年 11 月 20 日，美国西屋(West House)电气公司在匹茨堡创办了世界上第一座代号为 KDKA 的广播电台，它标志着电子传播媒介的产生。1929 年，英国开始试验无声电视，接着试播有声图像并于 1936 年建成电视台，正式播出电视节目。

电子传播媒介的出现是 20 世纪传播领域中的一个巨大变革，在新闻事业发展史上具有重大意义和深远影响。电子传播媒介改变了过去报业长期独霸传播领域的局面，并运用自身特有的优势发挥着重要作用，这既是对报业的一种挑战，也是一种促进。在当今时代，报纸、广播、电视、网络构成当代新闻事业的重要组成部分，在新闻传播舞台上发挥着各自独特的作用。

链接——

日本新闻学家佐藤卓己在《现代传媒史》中，将广播视为一种“新政媒介”并引述如下史料来说明广播之于“新政”的重要作用。1929 年 10 月 24 日这一天被称为‘黑色星期四’，美国经济受到了重创并扩展成了世界性恐慌。与 1929 年相比，1932 年的国民生产总值下降了 56%。1300 万人成了失业者。在这种形势下，也就是希特勒上台后的第三十三天，1933 年 3 月 4 日，罗斯福宣誓就任美国第三十二届总统。

当天，广播播放了罗斯福的就职演说，引起很大的反响。八天以后的星期天傍晚，在白宫的外交官接待室，罗斯福开始了所谓的“炉边谈话”。实际上，罗斯福在讲话时，宛如把暖炉前的话筒当作他旁边的人，这种谈话让大恐慌形势下的民众感到了安慰。当时设计师所设计的收音机的流行款式像暖炉一样，音箱在下边，在起居室中，收音机成为比暖炉更重要的设备。大众在纯属私人的空间里放上一台收音机，便有了一种直接参与政治的感觉。

> 与取得政权后便接连进行广播演说的希特勒不同，罗斯福在他第一任期的四年间只发表过八次“炉边谈话”。深知广播演说效果有局限的他，取而代之的是把每月举行两次的记者招待会制度化了，单是在第一任期，他就做了337次讲话。罗斯福通过把大量的信息泄漏给记者的方式来控制舆论，他只有在恰当的时间才进行“炉边谈话。”

5. 新闻事业类型的多样化

世界的多样性决定了新闻事业的多样性。不同国家由于其社会制度、经济模式、文化背景不同，新闻事业也呈现着不同的类型。

一段时期以来，人们考察世界新闻事业的类型时，只将其区分成社会主义与资本主义新闻事业两种。这是20世纪50年代初期承袭苏联的一种观点，鉴于当时整个世界局势的发展和中国对外关系的格局，这种分类是符合当时实际情况的。历史的车轮走过了70多年，世界历史发生了巨大的变化，国际关系也出现了许多新特点，其中一个显著变化，就是一大批发展中国家纷纷独立并在国际舞台上积极发挥作用。因此，在考察新闻事业的类型时，不仅要从国际关系总体战略角度去分析研究，还要与不同国家的社会制度、经济模式、文化背景等因素紧密联系起来，按照它们不同的活动内容、方式、作用及其影响来加以区别。

照此思路，目前，世界新闻事业大致可以分为三种类型：社会主义新闻事业、资本主义新闻事业、发展中国家的新闻事业。社会主义和资本主义既是一个政治概念，也是社会发展过程的概念；同样，发展中国家既是一个政治概念，同时，又是经济发展过程的概念；前两个概念和后一个概念不是并列而是相互渗透的关系。客观世界的复杂性，要求人们在考察新闻事业的类型时，要从实际情况出发，抓住新闻事业在反映社会自身发展过程中的主要矛盾从而做出更符合客观事物本来面目的判断。

社会主义新闻事业在工人运动兴起的过程中起步，以无产阶级革命报刊为基础，随着社会主义取代资本主义的历史进程走上社会历史舞台。1917年十月革命胜利后，世界上第一个社会主义国家成立，苏维埃政府所领导的报刊广播开创了社会主义新闻事业的先河。因此可以说，在无产阶级报刊的发展过程中，已经孕育了社会主义新闻事业的萌芽。第二次世界大战后，一大批社会主义国家纷纷建立，促使社会主义新闻事业在世界范围内的蓬勃发展,形成了一股不可阻挡的革命浪潮,连一些非社会主义国家的报纸也公开打出社会主义旗帜。当前,尽管社会主义制度在各个国家的实施模式互有不同,但社会主义新闻事业以其独有的特点已经在世界新闻格局中形成了庞大的体系。

资本主义新闻事业是资本主义生产关系的产物。资本主义发展到今天,已经大大改变了早期资本主义新闻事业的存在形式,就其事业规模、活动方式与生产内容、技术与设备条件等来看,已非早期报纸能比。现在,资本主义新闻事业已成为资本主义社会一股很有影响的力量,在一定程度上左右着社会发展的具体情状。

发展中国家的新闻事业是第二次世界大战之后一大批民族独立国家登上世界历史舞台后的产物,是世界新闻流通领域中的一支新军,它的出现标志着广大发展中国家自我意识的觉醒。尽管发展中国家的新闻事业进程不尽一致,指导方针也有差异,但它代表着世界新闻事业发展的一股潮流,则是不可忽视的事实。如同发展中国家不断走向文明富强一样,发展中国家的新闻事业同样有着广阔的前景。

新闻事业类型的多样性是世界形势与国际关系错综复杂的反映,是整个历史不断发展变化的必然结果。而新闻事业的不同类型,也必然会形成不同的新闻体制。

6.新闻体裁的多样化

随着新闻事业活动规模的扩大、反映社会生活广度的拓宽和深度的增强,新闻体裁也越来越呈现多样化的趋势。以西方国家新闻的表现形式为例,可分为五种样态:

(1)纯新闻(Straight News Report),又称客观报道,迅速地报道短时间内发生的新闻事实,向受众提供一个有价值的纯粹的事实,一般用倒金字塔结构来报道。

(2)深度报道(in - Depth Report),围绕一个新闻事件,新闻记者提供有关方面的材料和各种评价,靠受众去分析、比较,新闻记者对各种观点并非赤裸裸地表现自己的倾向和意见。

(3)解释性报道(Interpretine Report),也称新闻分析,它集中回答新闻要素中的“为什么”,围绕一个受众有疑问、社会有争论的事件或社会问题提供大量的背景材料,来揭示事件或问题发生的原因,比较隐晦地表达传播者的观点或倾向。

(4)调查性报道(Investigative Report),又称"揭丑报道",它用大量的事实揭示一件丑闻或秘密交易,鲜明地表达作者的观点和倾向。

(5)特稿(Feature),它抓住新闻事件的特征与细节,是一种用详尽的笔墨对新闻事件加以详细描述的新闻体裁,强调故事性与报道文采。

新闻体裁的多样性是社会生活日趋复杂的产物。在新闻实践中,人们常根据社会活动领域把新闻分为几大类,如政治新闻、经济新闻、文教新闻、体育新闻、科技新闻、社会新闻等。不同的内容需要不同的表现形式。社会生活如此广泛,仅凭一种或几种新闻体裁,是远远不够的。因而,与特定的内容相对应的新的新闻体裁将会不断出现。

7. 新闻学研究与新闻教育的产生

新闻学研究与新闻教育是新闻事业的有机组成部分。新闻事业的发展需要不断地总结已有经验,认识和掌握其中的客观发展规律。同时,新闻事业不断扩大,对新闻从业人员的要求越来越高,也需要专业化的新闻教育来适应。

新闻学研究最早起源于德国。德国一些大学生将报业作为研究对象撰写毕业论文,这是最早的新闻研究活动。18 世纪中叶,世界上最早的新闻学专著和第一个新闻研究所在德国问世。新闻教育则最早出现在美国。1878 年,美国密苏里大学在英文系开办新闻专业课;1893 年,宾夕法尼亚大学商学院开设新闻选修课。到了 20 世纪初,各国开始兴办新闻系或新闻学院进行专业授课。1908 年,美国开办密苏里大学新闻学院,是世界上最早开设新闻专业教育的最高学府,被誉为"美国记者的摇篮。"1912 年,哥伦比亚大学开办新闻学院;1919 年英国开办伦敦大学新闻系;1924 年,法国成立里昂大学高级新闻学院。

中国的新闻教育开始于 1918 年,这一年,北京大学成立了新闻学研究会,蔡元培为会长,徐宝璜、邵飘萍等人为教师,旨在"灌输新闻知识,培养新闻人才"。1924 年,复旦大学在中文系成立新闻学科,并于 1929 年扩大成立新闻系。

五、新闻事业形成与发展的一般规律

新闻事业的发展不是盲目的，作为一种客观事物，它与社会生活各个方面有着必然的联系。新闻事业的发展受诸多因素的影响并体现出一些基本规律。

1. 社会经济的发展变化是新闻事业形成发展的决定因素

从各国新闻事业形成发展的历史中可以看出，作为一种独立的社会事业，它与特定社会的经济生活变化有着极为密切的联系。首先，新闻事业本身就是资本主义生产方式的产物；其次，资本主义生产方式逐步成熟，为新闻事业发展提供了极为广阔的天地；再次，封建落后的生产方式极大地扼杀了新闻事业的发展生机。如1833年，外国传教士郭士立在广州创办了我国境内第一种中文报刊，尽管被认为是为了殖民者毒害麻痹中国人民而创办的，但它却在客观上适应了中国资本主义生产关系的需要。1861年11月，上海英商字林洋行主办的《上海新报》就是主要为商业贸易服务的。这类报纸能够诞生的最根本原因在于，资本主义生产关系在中国的顽强生长。

新中国成立后，社会主义新闻事业随之进入发展和成熟期，特别是进入新时期以来，随着我国社会主义市场经济的发展，新闻事业也在不断创新，包括新闻事业存在形式与发展方向的改变，都出现了新的特点，以适应变化中的社会经济生活。

同时，社会的政治民主程度对新闻事业的发展具有极大的影响。一般来说，社会政治生活的民主化是新闻事业赖以发展的必要条件；而政治的专制则是扼制和阻碍新闻事业的桎梏。1644年，英国政治家约翰·弥尔顿提出“出版自由”；18世纪法国百科全书派D. 狄德罗（Denis Diderot）为代表的资产阶级倡导“天赋人权”“民权在民”，使民主思想在社会上广泛流传，迎来了19世纪欧洲国家新闻事业的繁荣局面。19世纪末20世纪初，自由资本主义发展到垄断资本主义，致使新闻事业出现了垄断的局面。

2. 新闻事业的形成和发展受到社会生产力水平与物质技术条件的限制

在特定的社会生产方式下，每当社会生产力有了新的发展，物质技术条件有了进一步改进，传播工具就得到一定程度的更新，从而使新闻事业得到进一步发展。18、19 世纪欧洲工业革命，使得社会生产力以前所未有的速度影响到传播领域：蒸汽机为动力的滚筒式印刷机代替了人力印刷机，印刷的数量与速度提高了几十倍。20 世纪电子技术运用到传播领域，使传播媒介电子化，大大加速了信息流通的速度和广度，以致当代社会被命名为“信息社会”“媒介时代”“互联网时代”等。

3. 社会整体的科学文化水平是影响新闻事业发展不可忽视的因素

社会上拥有一定数量的受众是新闻事业形成和发展的前提。比如，在早期的资本主义生产关系孕育、产生出一批有文化知识且训练有素的读者群，这是定期印刷报纸产生的必要条件。具体而言，报纸要有一定的读者群才能生存与发展下去，而成为读者的必要条件则是具有一定的文化水平与阅读能力。随着资本主义生产关系的发展、大工业生产的普及与发展、各类学校教育大量兴办，为整个社会文化水准的提高提供了可能，也为报纸创造了读者群。随着新闻媒介种类的增加和反映社会生活内容的拓宽，新闻媒介也会反过来促进社会科学文化水平的提高，这是新闻事业能够顺利发展的不可忽略的因素。

六、中国新闻事业的发展趋势

新闻事业发展的方向遵循着最大限度满足社会对信息的需要，以及最大限度发挥其社会功能的原则。社会发展对信息的需要呈无限增长的趋势，而这种需求能否得到满足，往往受到各种因素的限制。信息需求与需求不能被满足的客观现实，是新闻事业在发展过程中永远存在的矛盾，而矛盾的每一步解决都会推动新闻事业进一步发展。与此同时，人们为满足自身需要而不断进行的创造性活动，也会促使社会生产力不断发展，从而引起社会对信息需求的不断增长。因此，为了保持与社会对信息需求的增长相一致，满足社会对信息的需求，新闻事业将会不断地发展进

步。在此大背景之下,中国的新闻事业发展将会有如下趋势:

1. 新闻事业的体制改革不断深入

随着国家经济体制与政治体制改革的深入,必然触及作为意识形态的新闻事业。新闻事业体制改革涉及的问题有:新闻机构隶属关系的调整;对新闻事业功能的认识;新闻机构自主权的扩大;新闻自由的保障;新闻法的实施;新闻事业舆论监督权的保证与贯彻;新闻事业对党负责和对人民负责的高度统一;新闻事业社会效益与经济效益的协调;新闻机构之间以及内部之间的平等竞争,等等。

2. 新闻活动主体的新闻观念不断更新

新闻观念更新不仅包括新闻从业人员的新闻观念发生变化,而且受众的新闻观念也在不断发生变化。其中包括党性观念、信息观念、受众观念、时间观念、竞争观念、效益观念、服务观念等等。

3. 新闻事业功能与新闻报道手法更趋多元

人们对新闻传播媒介功能的认识不断加深,使新闻事业传递信息和提供服务与娱乐的功能日益增强,大量的新闻由过去单纯的、低层次的反映事件过程的报道,转变为事前预测、事中分析评论、事后系统反馈的多层次、多角度、多种分析与综合。新闻事业已成为社会经济生活中不可缺少的中间桥梁、载体和媒介。人们利用新闻事业的功利目的的增强,也促使新闻报道手法的更趋多元。

4. 新闻生产高度技术化

得益于科学技术的不断发展进步,新闻传播者逐步摆脱了过去手工操作的落后局面,代之以信息采集、加工、传播的日益现代化。而且,随着新闻媒介的有机融合,新闻信息传播无论在信息的采集与输送、媒介产品、媒介技术平台、媒介的经营与管理、媒介资本输入与输出等多环节,都形成了真正意义上的“媒介融合”。

5. 信息渠道多元,信息质量提升

现代通信技术的高度发展,使新闻信息传递时间大大缩短,甚至走向同步。新闻的“时效性”基本上为各新闻单位共享,新闻的时、度、效成为关注热点,互联网+时代也对新闻传播提出了新挑战、新要求。新闻机构向人们提供信息质量与数量的高低多寡就成为人们衡量新闻机构是否有价值的重要标准。同时,随着新闻机构发布信息质与量的增强,新闻传播的重点已由过去的新闻机构提供新闻变成了新闻接受者选择新闻。过去由新闻传播者决定受众阅、听、看的垄断局面已被大量的多层次、多角度、多渠道的信息来源所打破。同时，由于人们需要的信息愈来愈特殊，愈来愈个性化，使得信息呈现出多样化分布，与此相适应的，则是大量的专门性媒介渠道出现。

思考题

1. 新闻事业的发展有何标志？
2. 如何理解新闻事业发展的一般规律？

阅读书目

1. [日]佐藤卓已：《现代媒介史》，诸葛蔚东译，北京大学出版社，2004年11月版。

2. [澳]格雷姆·特纳：《普通人与媒介：民众化转向》，许静译，北京大学出版社，2011年5月版。

第十章
新闻事业的性质与功能

新闻事业有自身特有的性质，并在社会整体进步与发展中发挥着独特的作用。对新闻事业性质与功能的科学认识，有助于新闻传播者正确把握新闻实践活动的规律，使新闻事业在不断发展的同时更好地服务社会。

一、新闻事业的性质

新闻事业是新闻传播者凭借各类传播媒介所从事的有目的、成系统、大规模的社会实践活动。新闻事业的性质就是其本身具有的，不同于其他社会实践活动的特有属性。

最早的新闻事业即定期出版的报纸是在生产方式发生巨大变化并引起社会对信息的大量需求的条件下产生的。传播信息是报纸最重要的功能，后来出现的通讯社、广播、电视、互联网等各类传播媒介，仅仅是在传播技术手段和介质上发生改变，并未改变其传播信息这一重要的外部特点。新闻事业从产生一直发展到今天，它的全部活动内容可以概括为一句话：传播信息。但这一外部特征并非为新闻事业的内在质的规定性，也非新闻事业独有的特点。在众多社会实践活动中，也有许多其他活动都同样呈现出传播信息这一外部特征，如文艺实践活动、文化教育活动等。新闻事业的内在质的规定性在于它活动方式的独特性：即以新闻报道和评论作为自己传播信息的主要手段。

新闻事业和其他各类社会活动最主要的区别在于：

新闻事业主要是通过报道新闻的方式同社会发生联系。新闻所具有的特点如真实性、新近性等,都是由报道新闻这一活动方式规定和派生出来的。

所以,新闻事业的总体性质可以概括为:以报道和评论新闻为主要活动方式的社会信息传播活动。

新闻事业的总体性质决定了新闻事业在开展活动时体现出自身具有的以下几种特征:

1. 新鲜性

新闻事业最显著的特征之一是新鲜性。

马克思说:新闻事业像"流动的泉水"一样,每天或者定时地将真实现实中涌现出的新鲜事物反映出来,而又"以累增的精神财富汹涌地流回到现实中去"。

就是说,新闻事业应该而且必须反映现实中新鲜的事实。新鲜性,是新闻事业活动内在特殊矛盾的外部表现,是对新闻事业活动带有规律性的总结。

2. 真实性

真实是新闻事业活动的生命。

新闻作为反映现实生活的一种独特手段,直接反映的唯一对象只能是客观现实世界,是各种各类客观存在的事实。客观事实是极其复杂的,同一个事实由于时空环境和客观条件的差异会表现出多种不同现实的侧面。

因此,客观地反映事实就要站在全局的高度对整体事实的各种现象进行理性的分析,并按照新闻真实性的要求展开新闻传播活动。

3. 客观性

新闻事业活动的客观性,是指新闻事业在反映客观事物时,要站在客观公正的立场上,采用客观公正的传播手段呈现客观事实,按照事物本来的面目进行报道,不能随意地以主观意愿对客观事物进行解释。

在新闻报道内容上,要求所报道的事实是客观存在的而不是主观捏造的;在新闻报道的形式上,要求对客观事物认识或理解的倾向性隐含于对客观事实的叙述之中。

4. 公开性

所谓公开性，是指新闻事业在传播信息的过程中，公开从现实的社会生活中采集事实，又公开面向社会发布新闻。

这就要求新闻记者要通过正当的、公开的途径与手段获取新闻事实，借助公共的新闻传播渠道向社会公开发布新闻以及对新闻的评论。新闻事业的公开性通常被视为新闻媒介公共性的重要标志。

5. 文献性

新闻事业作为反映社会生活的特有的活动方式，具有多重价值。一方面，它迅速及时地反映客观事实，使受众快速、及时了解各种新的信息；另一方面，它真实地记录社会生活中发生的大大小小的特殊事件，描绘出历史发展的自然进程。

从某种意义上说，新闻事业是历史发展的记录活动。如马克思在写作《资本论》时，大量翻阅了大英博物馆资本主义国家出版的报纸，引用了许多数据和材料；美国未来学家阿尔温·托夫勒在写作《第三次浪潮》时，也借助了美国和世界上许多国家出版的重要报刊上大量的一手资料，使其著作的内容更加真实。

6. 阶级性

新闻事业的阶级性特征，主要指新闻事业在运用特殊的活动方式，即报道与评论事实来反映客观世界的过程中，表现出来的有利于特定阶级、集团的立场与观点，并为其政治、经济、文化等各种活动提供有利的社会舆论环境。

新闻事业具有阶级性的原因主要在于：新闻事业作为社会上层建筑的意识形态范畴，必然要反映一定经济基础的利益关系。特定的新闻事业必须运用自己特殊的手段去巩固和强化特定的经济基础，否定、排除那些不利于或破坏这种特定经济基础稳定的因素，从而创造适合特定经济基础和谐稳定发展的社会环境。

一定社会的经济基础既为新闻事业提供赖以活动的现实环境，决定它的活动内容、活动方向和活动范围，同时，新闻事业又要充分发挥自己的主观能动性，调动一切手段为经济基础服务。

新闻事业作为统治阶级或利益集团所掌握、控制、支配和影响的社会信息传播活动，它必须服从统治阶级的整体利益，为统治阶级维护和巩固自己的统治服务。在前现代和现代社会的某些阶段,统治阶级通常将新闻媒介视为巩固其政权的工具。即便在当下时代,新闻事业也往往倾向服务于某一政党或者利益集团。

作为新闻事业的从业人员,新闻工作者的世界观、价值观、政治立场、思想观念等,会自觉或不自觉地迁延或渗透到新闻事业活动中,对新闻事业的活动产生一定的影响。

受众的信息反馈是影响新闻事业活动阶级性不可忽视的因素。在一定的社会中,受众是不同类型和不同层次的存在。他们总是会对新闻传播媒介发出的信息持肯定或否定的态度,并综合运用自己以往的经验对传播内容进行判断。特别是对一些重大的社会敏感问题,大多数受众的意见往往会对新闻事业活动的方向起着重要的影响。

新闻事业的阶级性有自身特有的体现方式:对事实的选择是体现其阶级性的基础;新闻评论是新闻事业阶级性特征的集中体现;编排方式与技巧,也是体现新闻事业阶级性特征的重要方法。

但需要进一步提出的是,新闻事业具有阶级性的特征,并不是指新闻事业的全部内容和整个过程都具有阶级性,而只是新闻事业特定历史阶段和特定内容范畴的特征表现。

二、新闻事业的社会功能

新闻事业的社会功能是指新闻事业对于社会所起的作用和影响。具体来说,新闻事业有以下几项社会功能:

1. 传播信息

新闻事业是一项社会信息传播活动。人类社会之所以离不开新闻事业,新闻事业之所以能形成并高速发展,就在于它能够提供人们所需要的客观世界新近变动的信息。新闻事业的产生适应了人类社会对信息需求的急剧增长,它的发展以人类对信息的需要作为内在动力,人们按照最大限度地发挥新闻事业信息功能的目的,来不断地调节其内部结构。传播信息是新闻事业的本质属性所规定的,是它能够发挥的最大优势。

因此,新闻事业首要的社会职责就是组织新闻工作队伍,以高度的新闻敏感，捕捉事物变动的信息，了解新近发生的事实，及时、迅速地向社会做出真实、全面、负责的报告。新闻事业的这一功能，又被称之为“监测环境”，新闻事业也因此被称为“社会雷达”。

新闻事业需要最大限度地发挥其传播信息的社会功能，须从多方面着手：

其一，是增大信息“量”。信息存在于社会生活的各个领域，要把它们充分挖掘出来，变成可被社会利用的物质财富与精神财富。

其二，是提高信息的“质”。信息经过综合处理才能发挥作用。“原始”信息的高质量，为信息的有效处理提供了良好的条件。高质信息是那些真实的、准确的、全面的、深刻的、直观的、迅速的信息。信息的低质传播意味着传播流程中“噪音”过大。

其三，是要畅通信息传播的渠道，减少信息在流通过程中的多层阻滞。

2.引导舆论

新闻事业产生之初，其职能主要是传播信息。随着社会生活的不断分化改组，新闻事业引导舆论的职能便逐渐显现出来。现代社会以来，新闻事业被视为社会舆论的中心，人们常常把新闻组织和机构看成是社会的舆论机关。

新闻事业引导舆论的内在机制在于，新闻事业活动的实践主体是特定社会环境中具有一定主体意识的人，而无论是作为个体的或整体的新闻传播者，其思想观念必然会自觉不自觉地渗透到新闻活动中，导致对客观事实的报道与评论带有一定的主观色彩。

一般情况下，新闻事业常常以某种审时度势的眼光对舆论进行“于我有利”的运用：对相符于新闻事业主体的舆论，不仅反映之，而且发挥之、扩散之；对相悖于新闻事业主体的舆论，则加以解释、说明、引导，使这种舆论向相反的方向转化，从而形成新的舆论。新闻事业在舆论反映和舆论引导两个层面都具有相当的力量。

对于由“舆人之论”引申而来的现代观念上的舆论，简而言之，就是公众的意见。舆论的形成过程较为复杂，但舆论的力量不可小觑。新闻事业要反映舆论、引导舆论，首先要求新闻传播者应正确认识舆论的基本特征：

(1)群体性。舆论是社会上一般公众共同的意见，是一种群众心理的外在显露。它在很大程度上体现了人心的向背,是一种思想的、道义的和精神的巨大力量。所谓“防民之口,甚于防川”“民意不可违”是舆论力量的真实写照。

(2)自主性。公众参与或退出舆论活动、赞同或反对任何舆论意见,均完全出于自我意愿,不受任何力量的胁迫。舆论是人们自发的、自觉的、自由的内心态度表现。

(3)倾向性。舆论一般是不同利益集团对有关事物价值判断的集中反映,代表了不同集团的根本利益,因而,舆论总是具有一定的倾向性,在阶级社会中往往表现为特定的阶级性。一般来说,相同经济和政治地位的利益集团和阶层群体在生产关系方面所处的地位也趋同,因而对一定社会事件往往会持有相同的看法,形成共同的舆论。究其根本,利益是舆论倾向性的基础。

(4)评价性。舆论的评价性是指舆论主体对舆论对象所持有的倾向性评价,它是舆论倾向性的具体表现。个体或团体对舆论对象所做的评价是受他们在社会生活中所处的地位和价值观决定的。任何个人或团体,一旦成为舆论谴责的对象,他们往往会自动调整自己的行为以适应社会规范的要求。同时,任何个人或团体,一旦成为舆论赞扬的对象,他们往往会更加自觉、更加持之以恒地延续现有行为以巩固已经获得的社会地位。

(5)公开性。所谓公开性是指通过不同意见的充分交流,使人们的意见在社会上公开传播。未能公开表达的公众意见不能称作舆论,只是一种情绪和态度的隐性表达。舆论之所以会成为一种不容轻视的社会力量,很大程度上就取决于它的公开性,因为公开性具有极强的社会规范功能。现实生活中“不怕领导就怕见报”的情形,就是舆论公开性力量的真实体现。

(6)权威性。舆论的权威性是指舆论的不可抗拒性。舆论是一种多数人赞同的、被社会公众广泛认可的社会态度。它是大多数人的一致意见,一旦形成就必然产生一种社会舆论压力。逆舆论而动的人会在社会中陷于孤立并难以保持原状态继续存在。但舆论权威性所产生的控制性不同于法律的强制性,舆论的强制性建立在精神的社会压力之上。

(7)即时性。舆论是舆论对象的伴随性产物。舆论对象出现随即就会产生舆论,随着社会事件的消歇、社会问题的解决等舆论对象的消失,舆论也会消散。

新闻事业要引导舆论,还必须正确认识舆论的社会功能。功能是指事物能满足主体需要的综合性机能,舆论的社会功能表现为对社会生活的积极或消极作用:

积极作用表现为给一定社会环境中人的活动提供一种导向力,通过影响社会与人的行为或活动,达到促进社会有序发展的客观效果。消极作用是指舆论的负面功能,往往会对社会的正常发展起一种阻碍的作用。

总体来看,舆论的综合性机能有:

(1)对社会成员及其行为进行规范与整合。

舆论总是会对舆论对象提出某种的诉求或批评,其内容有时是对既有规范的重申和强化,有的则是针对社会变迁中的问题而提出的活动规范、行为准则和价值标准。

首先,舆论通过广泛的传播,使社会主体形成一种共同的意志和目标,起到引导、协调社会成员行为的作用,使社会生活有条不紊,各方面配合默契。如在社会急剧变动时期,旧的社会规范还未彻底打破,新的社会规范尚未建立起来,整个社会处于一种失范甚至是失序状态,社会成员的社会态度和社会行为,便会处于一种不知所措、无所适从的状态之中。这时,社会舆论的功能便是创建一整套适应时代要求的临时的、新的社会规范以指导社会成员的思想和行为,对整个社会起到整合作用。

其次,舆论还经常通过维护、嘉奖现存的社会规范来发挥其社会整合功能。人们经常见到这样一种情况,一个人或社会组织在社会活动中如果违反了社会公德或常规,且未受到任何社会制裁,那么这种现象便会蔓延开来,使社会的正常秩序受到一定程度的破坏。如果针对这种现象,能够形成相应的舆论加以公开谴责,便可使既有的社会规范重申和加强,从而有效地纠正一度出现的社会失范状态。

再次,舆论的社会整合功能是通过操纵人们的意识来实现,而这种操纵又是建立在舆论对个体的某种控制机制上。美国著名的社会心理学家罗斯(Ross)在其《社会控制》一书中,把控制机制概括为:意见制裁,就是通过外界舆论对人们的行为进行评价的方式来制约人们的行为;交往制裁,即通过割断社会个体与其他社会成员的相互交流和交往方式,使它处于孤立状态来制约人们的社会行为;暴力制裁,是指在今天的文明社会中移交给司法机关来实施的强制性纠治。显然,意见制裁和交往制裁方式是现代舆论发挥其整合功能的重要机制所在。

(2)为社会组织和机构建构完善有效的公共关系。

在现代社会,社会组织和社会机构总是处在开放的社会环境之中。在其运行过程中,既要最大限度地在公众中树立良好的组织形象,又必须了解组织内外的各种信息,舆论无疑就是满足这一社会需要的有效工具。在社会公共关系中,一定的组织和机构总会借助社会舆论的力量,调整自己的行为以促使其形象不断完善,美誉度不断提升。由此,公共舆论自然就成了建构公共关系中的重要手段之一。

(3)对国家和社会管理机构实施监督。

监督是舆论社会功能的一个重要方面。在一个不断走向民主化、开放型的国家中,国家和社会管理机构及其工作人员必须接受社会成员的广泛监督。这种监督一方面,是有组织、有程序地逐级向上反映意见,另一方面,也可以是在社会成员中自发地形成各种批评性意见和诉求,即以舆论的形式促使政府有关部门和社会管理机构及其工作人员重新审视并修改已有的管理行为。从这个意义上说,舆论监督是现代大众传播事业的一个重要职责。

(4)对社会整体发展进行调控与维护。

舆论不仅仅对社会个体、社会群体、社会组织,以及国家和社会管理机关具有多重作用,更重要的是,对整个社会的整体发展具有不可或缺的客观调控和维护功能,主要表现为有效地抑制不良因素和刺激健康效能因素,使复杂的社会活动沿着正常的轨道发展。

3.传播知识

知识是一种特定的人类信息,是整个信息世界的重要组成部分。在一定的历史条件下,人类通过有区别、有选择的信息,认识和掌握自然界和人类社会运动规律,以及人类自身的思维方式,并通过大脑的思维使这些信息系统化并形成知识体系。

可见,知识是人类社会实践主体对其实践经验的总结,是人们的主观世界对客观世界的真实反映和理性概括。信息是知识的原料,知识是系统化的信息。

马克思将报纸誉为“人民生活的教科书”,就是强调新闻事业具有传播知识的特有职能。新闻事业传播工具的公共性、传播方式的公开性、传播范围的广泛性、传播速度的迅捷性、传播内容的真实性等,决定了它可以成为传播科学技术、文化知识的最佳渠道。并且，新闻事业从来是将客观世界最新变动的真实再现与反映视为自己的最大责任。

在社会的政治、经济、文化、科技等实践活动，以及社会成员的日常生活发生急剧变化的今天，旧知识作为历史陈迹会不断储存，新知识则在大批量产生，知识更新的周期越来越短，更新速度越来越快。

英国著名科学家詹姆斯·马丁(James Martin)断言：人类的科学知识在19世纪是每五十年增加一倍；20世纪中期每十年增加一倍；20世纪70年代每五年增加一倍；现在则是每三年增加一倍。客观世界如此不断地变动，新知识如此迅速地产生，往往只有新闻事业才能跟上这种变动的速度。

同时，还要认识到，最新科学知识的传播，往往是通过新闻事业这一传播渠道实现的。通过新闻传播媒介每时每刻进行传播的大量新闻报道，其中包含着十分丰富的知识性。特别是在今天，广播电视知识性栏目不断播出，网络媒体知识性板块常设，专业性报刊的不断出版，都是为了适应各种知识日趋丰富、发展与更新的新形势。传播知识，满足受众对知识的需求，应该是新闻事业义不容辞的责任。

4. 提供娱乐

新闻事业是否应该发挥娱乐功能，存在不少争议。传统观念认为，报纸的文艺副刊、广播电视的文艺节目不是新闻活动，而是借助新闻媒介进行的文学艺术活动，因而娱乐功能的发挥并非新闻事业本属的职能。事实上，新闻事业是具有多重功能的社会实践活动，它的新闻报道除了有时政的、严肃的新闻报道外，也有带娱乐性、趣味性的新闻。

随着新闻事业的发展，娱乐功能不仅没有被削弱，反而有进一步强化的趋势。以我国为例，伴随着社会的改革开放，新闻改革势头强健。改革开放30多年来的新闻改革成就，除了新闻理念回归新闻本位、新闻业务水平不断提高、新闻媒介不断增多、新闻媒介结构日趋合理、新闻媒介的经营与管理逐步科学之外，对新闻事业功能的多元化认识与理解，也逐步形成共识。

据《中国文化产业年度发展报告(2014)》数据显示，从近10年的测算结果来看，我国文化产业增加值呈现出持续上升的趋势，且发展较为平稳。2014年，全国有线电视用户2.24亿户，有线数字电视用户1.69亿户。年末广播节目综合人口覆盖率为97.8%；电视节目综合人口覆盖率为98.4%。全年生产电视剧441部15783集，电视动画片199132分钟。全年生产故事影片638部，科教、纪录、动画和特种影片186部。出版各类报纸478亿份，各类期刊34亿册。同时，以网络新媒体和游戏为代表的新兴产业发展迅猛，技术和平台两种因素在文化产业发展中的作用越来越重要。随着智能手机和无线网络的持续发展和普及，手机继续保持上网第一大终端的地位，网络平台在文化产业发展中的作用显著。①

链接——

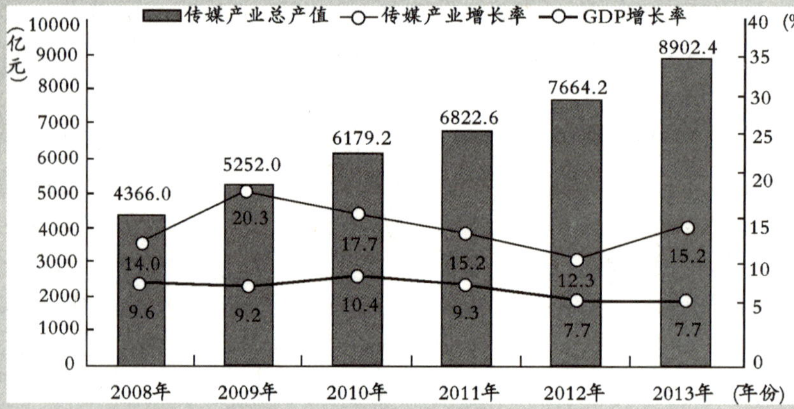

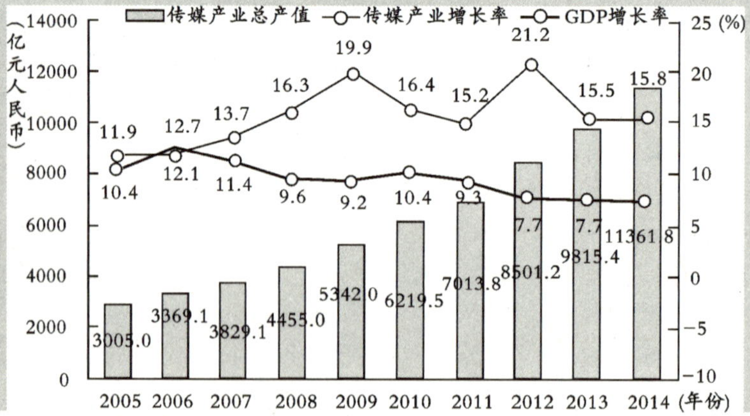

① 张晓明、王家新、章建刚主编：《中国文化产业发展报告(2014)》，社会科学文献出版社，2014年4月出版，节录见 http://www.hnswht.gov.cn/whcyc/ktcg/content_69477.html。

5. 差异化的具体职能

世界上的新闻事业都是具体的，新闻事业职能的发挥，也必然以具体的形式表现出来。作为具体的新闻事业，由于存在类型的差异、党派立场的不同，表现出来的具体职能是有很大区别的。

例如，社会主义新闻事业为社会主义制度服务，资本主义新闻事业为资本主义制度服务，这都是受阶级属性的制约。从整个无产阶级新闻事业的发展历史可以看到，无产阶级新闻事业的具体职能是随着不同历史时期的主要任务的变化而变化。而紧密配合党的中心工作开展自己的工作，是无产阶级新闻事业发挥具体职能的一个显著的特点。

马克思、恩格斯在总结《新莱茵报》办报经验时指出："报纸最大的好处就是每日都能干预运动，能够反映当前的整个局势，能够使人民和人民的报刊发生不断的、生动活泼的联系。"

1901 年 5 月，列宁在《火星报》的社论中说："报纸不仅是集体的宣传员和集体的鼓动员，而且是集体的组织员。"

毛泽东在 1925 年《政治周报发刊理由》一文中说："为什么出版《政治周报》？为了革命。""向反革命宣传反攻，以打破反革命宣传，便是《政治周报》的责任。"

1939 年，毛泽东在《〈共产党人〉发刊词》中指出："它的任务就是：帮助建设一个全国范围的广大群众性的，思想上、政治上、组织上完全巩固的布尔什维克化的中国共产党。"

1941 年，延安《解放日报》创刊时规定的任务是："团结全体人民，共同抗战。"

1952 年，第一次全国广播工作会议规定了五项任务：宣传马列主义，毛泽东思想；宣传党的纲领和政策；报道政治生活、经济建设中的重大事件，主要形式为新闻；传播科学知识和先进经验；播送优秀文艺作品。

1981 年，中共中央书记处对广播电视工作的重要指示中指出：广播电视是教育、鼓舞全党、全军和全国各族人民建设社会主义物质文明和精神文明的最强大的现代化工具。

以上引述，从不同的侧面反映了在各个不同时期，党对新闻事业的具体要求，这些具体要求和规定无疑为新闻事业的职能发挥提供了切实有效的指导。

思考题

1. 决定新闻事业性质的内在规定性是什么?
2. 新闻事业的社会功能主要体现在哪些方面?

阅读书目

1. [美]威尔伯·施拉姆、威廉·波特:《传播学概论》,何道宽译,中国人民大学出版社,2014 年 6 月版。
2. [美]沃尔特·李普曼:《公众舆论》,阎克文、江红译,上海人民出版社,2006 年 4 月版。
3. 陈力丹:《舆论学——舆论导向研究》,中国广播电视出版社,2002 年 5 月版。

第十一章
中国新闻事业的工作原则

中国是社会主义国家，作为从事社会主义新闻事业的新闻传播者，对中国新闻事业的特征与表现应该有深刻的认识与切身的体会。新闻实践活动在社会主义新闻事业中如何展开，应该遵循哪些最基本的原则，既是新闻学的基本理论问题，更是一个实践性问题。本章将具体探讨中国新闻工作的党性原则、真实性原则、群众性原则，以及新闻批评与舆论监督的原则。

一、社会主义新闻事业思想资源的历史考察

社会主义新闻事业是从无产阶级新闻事业发展而来的。无产阶级报刊一开始是作为批判资本主义制度的出版物而出现的，它是无产阶级反抗资本主义制度剥削和压迫的产物，是组织群众进行革命斗争的有力的思想武器。当无产阶级掌握政权后，新闻事业也就成为由社会主义国家掌握的文化事业的一部分。

如果对无产阶级办报思想的形成和发展作一个粗略的梳理，可分为以下几个时期：

1. 马克思、恩格斯的人民报刊思想时期

马克思、恩格斯作为无产阶级的先锋战士和导师，在他们的一生中，亲手创办和主编的报刊有四种，协助创办并参与编辑的有五种，直接影响

办报方针并给予各种形式支持的有七种。此外,还为六十多家报刊撰稿,供给科学著作并提供物质帮助。在宣传革命的生涯中,马克思和恩格斯也用毕生的时间和精力从事、领导了报刊工作。他们在长期领导无产阶级革命斗争和新闻工作的实践中,逐渐形成了无产阶级报刊的基本指导思想和方针原则。

从 1837 年马克思走上新闻工作岗位,到 1844 年《德法年鉴》创刊,这个时期可以称为人民报刊思想的形成和发展时期,是马克思新闻思想的准备阶段。

在人民报刊思想时期,马克思、恩格斯主要的新闻活动舞台是《莱茵报》。从总体上说,这一时期的新闻思想还没有超出民主主义思想的范畴。从政治层面来看,马克思、恩格斯基本上还是革命民主主义战士;从报刊活动层面分析,他们所从事和影响的几乎都是民主报刊。这两个特点也就决定了他们的新闻思想。因此,从实质上说,这一时期他们的新闻思想还是民主主义新闻思想,即民主报刊思想。具体来说,马克思和恩格斯当时是从自由报刊和人民报刊两个议题去体现民主报刊思想的。

自由报刊的命名,是马克思 1842 年 7 月在《第 179 号〈科伦日报〉社论》中提出来的。他指出:“报刊应不应该是真正的报刊,即自由的报刊?”他认为只有自由的报刊才是真正的报刊。1843 年 1 月,马克思在《摩塞尔记者的辩护》一文中,也谈到自由报刊的一些细节问题。在马克思看来,自由是人类的本性,是人类理性的重要组成部分,而能够体现人类崇高理性的那种报刊就是自由报刊。当然,这种报刊必定是一种自由出版物,而不是受封建检查制管辖下的不自由的出版物。

人民报刊的命名,是马克思 1842 年 12 月和 1843 年 1 月,在抗议当局查封《莱比锡总汇报》的一篇文章中率先提出的,人民的报刊与马克思以前提出的自由的报刊与真正的报刊,从思想本质上是相同的,基本上是指的同一类报刊。在马克思看来,自由的报刊是真正的报刊,真正的报刊是人民的报刊。所以,自由的报刊等于真正的报刊,也等于人民的报刊。

马克思将这些报刊看作是“人类自由的实现”,是“人民用来观察自己的一面精神上的镜子”,同时,把出版自由看作是“人类精神的特权”。比如,在《第六届莱茵省议会的辩论》中,马克思所说的“理性”“人类自由”“精神的镜子”等虽然很抽象,似乎缺乏确定内容;但是,其报刊思想已经显示了它的革命性,并发出了反抗封建专制的呼声。

2. 无产阶级报刊思想时期

从1844年到1864年9月28日第一国际成立，这个阶段应该看作是马克思主义新闻思想的形成阶段。

从1844年到1848年，马克思、恩格斯逐渐由革命民主主义者转变为无产阶级革命家。从《德法年鉴》到《新莱茵报》，从《德意志意识形态》到《共产党宣言》，标志着马克思、恩格斯已经完成了历史唯物主义的理论奠基工作，用精练的科学的语言表达了无产阶级的世界观。这时，他们明确地提出报刊应当为无产阶级所进行的社会解放事业服务，并用"无产阶级报刊"的概念代替了"人民报刊"的概念。

1848年，在欧洲革命风暴中诞生的《新莱茵报》是全世界无产阶级第一张机关报。马克思作为《新莱茵报》的总编辑所提出的办报方针、口号、原则，构成了马克思主义办报思想的基本原理，并逐步形成了无产阶级新闻事业的基本传统。这一时期，马克思、恩格斯完全从现实的阶级关系出发来认识报刊，抛弃了早期新闻观点中的唯心主义成分，把报刊看作为无产阶级的战斗武器。他们不再着眼于描绘一幅关于理想报刊的图景，把报刊仅仅作为人民精神的自我反映，而是从现实的经济关系出发，对报刊进行具体的分析；他们不再抽象地论证出版自由的合理性，把自由仅仅看作是人类理性的发展，而是深入到社会的经济关系中去挖掘自由的本质，把争取无产阶级的出版自由与阶级斗争联系起来，直接把兴办报刊与推翻反动统治的革命斗争相联系，并通过报刊宣传无产阶级的政治纲领。

马克思认为，工人报刊的基本任务是对工人进行政治训练并揭露和批判时代的当权者，即成为当权者孜孜不倦的揭露者。同时，规定了工人报刊的办报原则，认为工人报刊是无产阶级的舆论工具，有明确的阶级性，工人报刊应该通过大量的"日常报道"来展示自己的阶级立场。

3. 党报时期

从1864年到1895年8月5日恩格斯逝世，这一阶段的马克思新闻思想进入到严格意义上的党的报刊阶段。

19世纪60年代以后，随着马克思主义与工人运动的结合，欧美各国的无产阶级政党相继成立，并且建立了无产阶级的国际组织，无产阶级的报刊如雨后春笋般问世。1864年—1872年，第一国际总委员会及其下属机构先后创办了七十多种机关报。无产阶级报刊在无产阶级的革命斗争中发挥了巨大的作用，成为不可轻视的社会舆论力量。

这一时期，马克思完成了《资本论》和《反杜林论》等理论著作，同时积累了长时间的阶级斗争和党内斗争的经验，他们的报刊思想也在不断深化，从自由报刊或人民报刊思想发展到无产阶级报刊的思想之后，又进一步拓展深入到党报思想概念的提出与成熟。其具体表现是，他们为无产阶级党报确立了以下基本指导思想和工作原则：

(1)党的报刊所进行的宣传活动，是工人阶级政治行动的一部分，党的机关报必须由党来领导；

(2)党的政治纲领是党报进行宣传的最高准则；

(3)无产阶级政党的机关报以及党的其他出版物，必须遵循党的政治纲领，阐明党的立场，贯彻党的路线和政策；

(4)必须调节和处理好党报、党的领导机关以及无产阶级群众三者之间的关系；

(5)必须依靠人民，并且由工人自己提供资金，坚持作为无产阶级群众性舆论工具的独立性。

马克思从政治领导、出版方针、编辑队伍、资金来源等方面，对党报作了详细的阐述，以确保党报无产阶级立场和独立自主的原则，这些办报思想体现了无产阶级新闻事业的基本特征。可以看出，马克思、恩格斯的新闻思想由抽象、空洞向具体实用发展，逐步地创立了无产阶级新闻事业的指导思想。

4. 列宁新闻思想时期

从19世纪末20世纪初到俄国十月革命，可称为列宁新闻思想时期。

19世纪末20世纪初，资本主义进入帝国主义阶段，无产阶级革命不再只是理论准备和经验总结阶段，而是提到了革命实践的日程。为了形成革命舆论、组织群众性的革命斗争，并且争取达到革命的最终目的，即由无产阶级取得政权和建立社会主义国家，列宁和他所领导的布尔什维克党充分运用了无产阶级报刊的力量，进行无产阶级革命斗争。这无疑从理论上发展和丰富了无产阶级的办报思想。

列宁的报刊思想既是对马克思、恩格斯办报思想的继承，同时，又结合了俄国无产阶级革命的具体实践，体现在工作实际中就是，既反映了无产阶级新闻工作的一般规律，也体现了当时的时代特点。具体而言，列宁在以下方面发展了马克思、恩格斯的党报思想：

(1)党报应当成为党的思想中心。

列宁提出党报是一面旗帜,它用革命的思想武装工人阶级和人民群众,使精神力量转变为物质力量。

(2)无产阶级党报必须坚持用马克思主义的理论和思想教育工人群众,反对崇拜自发性。

列宁认为:自发的工人运动只能导致改良主义。马克思主义是在实践斗争中总结出来的先进经验,所以,必须向工人"灌输"科学社会主义的思想。他认为,科学社会主义思想作为一种思想体系,不可能从工人运动中自发地产生,它是无产阶级革命家研究社会发展规律和无产阶级斗争规律之后形成的科学理论,也就是由"精英"总结实践规律之后形成的科学理论。只有把社会主义思想灌输到工人群众中去,使科学社会主义思想和工人运动相结合,才能组织无产阶级"真正的阶级斗争",才能达到最后夺取政权和建立社会主义国家的目的。而党的机关报是传播社会主义思想、批判资产阶级思想的重要阵地,所以,在办报原则问题上,必须旗帜鲜明。

(3)报纸的作用不仅限于传播思想,同时,也在政治教育和吸引同盟军方面发挥巨大功能。

列宁指出,报纸不仅是集体的宣传员和教导员,而且是集体的组织者。当时,俄国有无产阶级政党社会民主工党,但党内思想混乱、组织涣散,这种现状和高涨的革命形势形成鲜明而尖锐的矛盾。因此,在统一思想的基础上建立起全国性的马克思主义政党、把分散的小组联合成组织严密的队伍,就成为革命的首要任务。列宁要求党报把这个任务承担起来,指出党报是建党的组织者,同时指出,党报的组织作用表现在:通过马克思主义宣传鼓动和建立全国性的党报代办员网统一思想,培养建党骨干,在思想上为建党打下基础。

(4)列宁还提出了依靠群众办报的新闻工作方针,提倡专业新闻工作者和非专业新闻工作者的结合。

他要求报纸编辑部和实际工作者进行经常性的思想联系,只有得到工人阶级最积极的支持,报纸才能成为代表并支持工人运动真正的机关报。

(5)报纸应当成为对人民群众进行经济教育的工具。

十月革命胜利以后,无产阶级建立了自己的国家,不仅在经济上剥夺了剥削者，而且成为新闻事业的主人。无产阶级新闻事业第一次成为国家的事业，成为社会主义事业的一部分。

在新的形势下，列宁指出：我们已经征服了俄国、夺取了俄国，现在要管理俄国。所以，报纸应当成为对人民进行经济教育的工具。这也是列宁关于新闻指导思想在当时形势下的新发展。

5. 中国无产阶级的新闻事业

随着俄国十月革命的胜利，在“五四运动”时期诞生的中国无产阶级新闻事业，一开始就是党创办的，是党的事业的一部分。中国无产阶级新闻事业继承了马克思主义新闻工作的战斗传统，同时，又具有由中国革命的特点所决定的民族风格，以及中国共产党在长期革命斗争中所形成的优良作风。毛泽东、周恩来、刘少奇等老一辈革命家亲自领导了中国无产阶级新闻事业的建设，并且对丰厚的新闻工作实践经验进行了理论概括，发展了马克思主义新闻思想。

社会主义新闻事业的性质适应着时代的要求。社会主义新闻事业是社会主义国家以新闻报道和新闻评述为主要活动方式的信息传播活动。它包括属于国家的报刊、广播电台、电视台、通讯社、网络媒体，以及属于政党的、企事业单位、人民团体的报刊等新闻传播组织、机构及其活动。

在社会主义制度下，新闻传播媒介属于人民所有，人民是国家的主人，也是新闻事业的主人。社会主义新闻事业是党和人民的喉舌，是党联系人民群众的重要纽带，这是社会主义新闻事业的根本性质。同时，社会主义经济制度的建立是产生社会主义新闻事业及其性质的前提。因此，社会主义新闻事业作为一种意识形态，是社会主义经济制度发展完善的重要保证和必然结果，它必然要求具有社会主义性质的新闻事业与之相适应。这是因为：社会主义新闻事业，既是巩固发展革命成果的需要，也是经济发展的需要，是精神文明建设的需要，同时，也是保障人民群众行使民主权利的需要。社会主义新闻事业既是人民民主自由权利的倡导者和捍卫者，也为人民群众行使民主自由权利提供了另一个舞台。

二、新闻事业的党性原则

在社会主义新闻事业形成和发展过程中，坚持新闻事业的党性原则具有极端重要性，这不仅决定了党的新闻事业的成败，而且也影响到党的宣传工作的成败。具体而言，坚持党性原则是使党的新闻事业永不变质的保证，只有使党的新闻事业保持坚定不移的政治方向，才能在与资产阶级新闻事业划清界限的同时，发挥党的新闻事业的积极作用，推动与指导我国新闻事业改革的良性发展。①

1. 党性原则的形成及其对新闻工作的要求

党性是阶级性的集中表现，是阶级斗争发展到高级阶段的产物。在任何阶级社会中，新闻事业总是掌握在一定阶级手中的舆论工具，是一定阶级的喉舌和耳目，具有强烈的阶级倾向性。代表一定阶级的政党无不自觉地以新闻为工具作为自己思想以及意识形态斗争的武器，这也就不可避免地赋予各种新闻事业以各自鲜明的党性。

在资产阶级政党掌握政权的报刊阶段，报刊直接宣传资产阶级政党的思想和政策，并不讳言自己的党派性。随后出现大众化报刊，以对商业逻辑的尊崇，使报刊成为一种承载信息的商品。这时期的资产阶级新闻事业，以经营新闻商品为手段，以赢取商业利润为目的，并在将新闻事业推向自由竞争的市场的同时，也宣称经济独立，标榜新闻报道和言论的自由、客观、公正，不受政府和政党的控制。但是事实上，商业化的资产阶级新闻事业并没有也不能完全割断与政党之间的联系。原因在于，商业化的新闻事业依赖于一定的经济财富及其背后的财富集团，这些财富集团又支持或控制着相对应的政党，因此，资产阶级新闻事业仍然反映和维护着资产阶级的阶级利益或集团利益，并不能摆脱其党派性。

如 1962 年，美国总统肯尼迪在纪念“美国之音”成立二十周年时曾说，“美国之音”的管理人员和工作人员的任务是面向世界宣传美国的生活。他还说：“美国之音”一方面，是美国的一个政府部门，是国家的一个工具，它的任务是要以最好的方式代表美国，将美国的消息传到全世界；另一方面，它又是自由事业的一个自由的工具。卡特总统上台后，直截了当地指出，“美国之音”是美国对外政策的一个关键性因素。里根总统也要求“美国之音”在加强美国宣传战中发挥“破城槌”的作用。其实，无论是政党还是其代表人物的政治家，都要利用新闻工具来为他所从事的政

① 李良荣：《新闻学概论》，复旦大学出版社，2012 年 11 月版，第 322 – 324 页。

治活动服务。

无产阶级新闻事业不仅具有自己鲜明的党性，而且始终把党性作为新闻事业的最高原则，毫不动摇，强调新闻工作中应体现无产阶级政党的意志、政党要求和组织原则。这也可以说，是无产阶级区别于其他阶级的新闻事业的显著标志，也是无产阶级在同资产阶级的漫长斗争过程中形成的宝贵经验。

最早提出报刊党派性的是伟大的哲学家、思想家、无产阶级革命导师马克思和恩格斯。他们在长达半个世纪的领导工人报刊和党的报刊丰富的新闻实践经验中，从不同角度论述和总结了报刊的党派倾向。如，在他们指导的第一个无产阶级政党——共产主义同盟的非正式机关报《德意志—布鲁塞尔报》时，首先提出了报刊的党派性。

此后，马克思、恩格斯在领导"革命无产阶级最好的机关报"，即1848年6月1日创办的《新莱茵报》时，从确定办报方针到每一则具体的报道，都始终坚持报纸特殊的无产阶级性质。《新莱茵报》还有一个副标题：民主派机关报。

对于一家真正的无产阶级报纸却又冠以民主派机关报的名称，恩格斯这样解释："当我们在德国办起一家大型报纸的时候，我们就有了现成的旗帜。这个旗帜只能是民主派的旗帜，但这个民主派到处在各个具体的场合，都强调了自己特殊的无产阶级性质，这种性质是它还不能一下子就写在自己旗帜上的。如果我们当中不愿意这样做，不愿在已经独立、最先进的、实际上是无产阶级的那一端去参加运动并推动运动前进，那我们就只好在某一偏僻地方的小报宣传共产主义，只好创立一个小小的宗派而不是创立一个大型的行动党了。但是我们已经不适于做沙漠中的布道者：我们对完整主义者研究得太清楚了，而我们制定自己的纲领目的也不在这里。"[①]在策略考量的背后，《新莱茵报》的灵魂就是无产阶级的革命立场。所以，在轰轰烈烈的1842—1849年欧洲大革命中，"党的机关报"这种明确的定位和强烈的责任感指导着《新莱茵报》，使其成为革命的思想中心和组织中心，并带动其他报刊也成为真正的战斗堡垒。

---

① 恩格斯：《马克思和〈新莱茵报〉》，《马克思恩格斯选集》第四卷，人民出版社，1995年6月版，第182－183页。

无产阶级革命的另一位导师——列宁也强调报刊的党性。

他在1895年谈到民粹主义的问题时指出，唯物主义本身包含所谓党性，要求在对事变做出任何估计时，都必须直率而公开地站到一定社会集团的立场上。又如，1903年，列宁在《给同志们的信》中呼吁出版党内多数派机关报，以此为阵地在同小组习气的斗争中捍卫自己的立场，捍卫党性。

1905年，在著名的《党的组织和党的出版物》一文中，列宁将这种“党性”概念具体化了，明确提出：“党的出版物的原则是，对于社会主义无产阶级的写作事业不能是个人或集团的赚钱工具，而且根本不能是与无产阶级总的事业无关的个人事业。无党性的写作者滚开！写作事业应当成为无产阶级总的事业的一部分，成为由全体工人阶级的整个党性的先锋队所开动的一部巨大的社会民主主义机器的‘齿轮和螺丝钉’，写作事业应当成为社会民主党有组织的、有计划的、统一的党的工作的一个组成部分。”①列宁在这里提出了文字的党性原则，认为“文字应当为党的文字”，同时，也提出了“报纸应当成为各个党组织的机关报”。当然，为了保证党性原则的贯彻，列宁强调党的报刊不能站在党之外，必须同党保持组织上的联系，他要求报纸成为集体的宣传者、鼓动者和组织者。

到了1920年，列宁在为共产国际第二次代表大会撰写《加入共产国际的条件》时，有两条集中强调由党直接掌管报刊的领导权问题。其中第一条为：“日常的宣传和鼓动必须具有真正的共产主义性质。党掌握着各种机关报，都必须由确实忠于无产阶级革命事业的可靠的共产党人来主持。”②

中国共产党从创办和领导自己报刊的那一天起，就遵循着严格的党性原则，并在长期的政治斗争和新闻实践中对新闻工作的党性原则不断加深认识且多样化实施。中国共产党在历次党的纲领和章程中，都明确规定了新闻工作党性原则的内容，要求党的各级组织的报刊和其他宣传工具，必须宣传党的路线、方针、政策和决议，在政治上同党保持一致。

---

① 列宁：《党的组织和党的出版物》，《列宁全集》第12卷，人民出版社，1987年10月第2版，第97页。

② 转引自童兵：《马克思主义新闻经典教程》，复旦大学出版社，2002年11月版，第159页。

同时,为使党性原则真正地得到贯彻,还从组织制度上做出了一系列具体的规定,主要有:重要宣传决策须报告上级党组织并经批准;统一宣传口径;对外报道权的集中管理和控制;统一发布重大新闻;重要稿件送审;新闻工作队伍配备使用的集中管理;党委直接领导或委托宣传部门领导的领导体制等。长期的新闻实践活动证明,这些规定是保证党性原则得到切实贯彻和落实的有力措施。

总的说来,自从无产阶级政党产生以来,马克思主义指导下的工人报刊和党的报刊,已有一百多年的历史,在贯彻党性原则与体现严格党性方面积累了丰富的经验。总结这些经验,无产阶级政党从思想上、政治上、组织上对新闻工作提出了全面的党性要求:

在思想上,要宣传党的理论基础和思想体系,以党的指导思想作为新闻工作的准绳;

在政治上,要宣传党的纲领路线、方针政策,使之成为亿万群众的实际行动;

在组织上,要接受党的领导,遵守党的组织原则和新闻工作的规律。

这些要求,不仅在无产阶级新闻理论中提出来,而且作为党的工作原则和组织纪律在党的决议中得到肯定,由党的组织制度保证它贯彻执行。只有按照这样的要求去做,新闻事业才能够成为真正的无产阶级总的革命事业的一部分。

以马克思主义新闻观作为新闻工作的指针,按照党的指导思想"立言",这是社会主义新闻事业党性原则在思想上的根本要求。在新闻工作实践中,具体贯彻新闻事业的党性原则,应从以下三方面着手:

(1)要密切结合实际,完整、准确、生动地宣传马克思主义、毛泽东思想、邓小平理论、"三个代表"重要思想、科学发展观,以及中国特色社会主义的基本理论和基本观点,学习宣传习近平同志系列重要讲话,宣传、解读好十八大以来党的一系列重要部署,搞好理论宣传。

(2)积极、准确、生动地宣传党的纲领路线和方针政策。

(3)接受党的领导,遵守党的组织原则和宣传工作纪律。

2. 新闻事业党性与人民性的统一

在新闻实践活动中如何贯彻党性原则,需要处理好几个重要的关系,如坚持鲜明的倾向性和真实性的统一;坚持宣传党的原则和掌握灵活的宣传策略的统一;坚持严肃的态度和生动活泼文风的统一,以及坚持维护党的利益和人民利益的统一等①。其中，新闻事业的党性与人民性的关系问题，是新闻界存在着的重大理论问题。

有观点认为，人民性高于党性，并对媒介的人民性进行如下的阐释：完全站在人民的立场上，完全从人民的利益出发，所宣传的正是人民所需要的；最大限度地反映人民的生活和斗争，最大限度地反映人民的呼声、感情、思想和行为；为人民服务。至于党报的党性则被解释为：党报强调党性，就是要强调宣传党的理论、路线、方针、政策，以及若干重要指示和重要措施，为无产阶级的当前利益和长远利益服务等。②

类似观点，实质上是把党性原则说成只代表党的利益，而不代表人民的利益，似乎把党性同人民利益完全的割裂开来甚至在某种程度上对立起来。中国共产党是全心全意为人民服务的党，代表了最广大的人民群众的利益，全心全意为人民服务是社会主义新闻事业党性原则的基本内涵，如果新闻媒体不把党的宗旨——全心全意为人民服务作为自己的宗旨，那么，党性原则还如何坚持？

三、新闻事业的真实性原则

新闻报道在于求真，真实性既是新闻报道的基本要求，也是新闻事业发展的规律之一。具体而言，一切新闻媒体就是通过提供真实的新闻，实现自己特殊的使命。社会主义新闻事业对于新闻的真实性有着更高的要求，它不仅要求每一个新闻要素、新闻事项、新闻事实都“真实有据”，准确地、如实地反映客观现实，而且要求在事实的内在联系和总体呈现方面为公众提供客观、全面和真实的图景，有助于人们透过这些客观的社会生活、生产的图景，认识社会和时代的本质。

1. “实事求是”是新闻工作的根本出发点

辩证唯物主义和历史唯物主义是马克思主义的世界观和方法论，也是社会主义新闻事业的基本遵循。实事求是作为党的思想路线，也同样

① 李良荣：《新闻学概论》，复旦大学出版社，2012 年 11 月版，第 325 - 326 页。

② 姚福申：《新时期中国新闻传播评述》，复旦大学出版社，2002 年 11 月版，第 169 - 174 页。

是社会主义新闻事业必须坚持的重要准则。这一思想路线既是唯物的，即"求实"；同时又是辩证的，人们不仅要求认识事物的表面现象，还要认识事物的内在本质，以及它们之间的关系，即"求是"。因此，社会主义新闻工作应当坚持这样的基本观点：

首先，一切新闻报道都来源于社会实践，它们的真假优劣又必须受到社会实践的检验。

在延安时期，陆定一在《我们对于新闻学的基本观点》一文中，对新闻报道的真实性作了深刻的阐述："新闻是什么？对于这个问题，有两种回答，由于对新闻的本源理解不同，一种人对于新闻是什么，做了唯物论的解释，另一种人则做了唯心论的解释。""新闻的本源是事实，新闻是真实的报道，事实是第一性的，新闻是第二性的；事实在先，新闻报道在后，这是唯物论者的观点。"①陆定一文章的发表，有一定的时代背景，它既是对马克思主义新闻观的科学论述，更主要的是针对当时的德、意、日法西斯的新闻观而写的，同时，也提出了无产阶级新闻事业所应坚持的新闻真实性观念，这就是：无产阶级新闻事业必须坚持唯物论的新闻本源论。所以，新闻工作者在思想上始终要树立这样一个观念：事实是第一性的，新闻是第二性的，二者的关系不能颠倒。

其次，社会主义新闻事业不仅要真实地反映实际，而且还应该有效地指导实际。做到这一点，就要求新闻工作不仅要客观地反映现实世界的外部状况、个别现象，而且要深入到事物的内部，揭示事物的本质，以及客观事实的真相。这样的高标准要求，就是要让新闻工作者以忠于事实、忠于真理的科学态度，真正地认识事物，真实地反映它。

最后，新闻真实性含义还具有多层次性。长期的新闻报道实践，形成了社会主义新闻工作者对于新闻报道的真实性要求，即新闻报道的事实必须同客观事实相符合，包括以下三个方面：新闻事实必须准确；具体事实要真实无误；概括事实必须真实。特别是后者，要求新闻报道的事实和这类事实的总体面貌完全一致，这可视为社会主义新闻事业真实性原则的一个更高的要求。

---

① 陆定一：《我们对于新闻学的基本观点》，陈建云主编：《中外新闻名著导读》，浙江大学出版社，2005 年 8 月版，第 149－150 页。

2. 新闻失实的危害及其纠治

社会主义新闻事业的性质及其所坚持的辩证唯物主义反映论与实事求是的思想路线，为新闻报道的真实性提出了原则性要求，在新闻传播的实践活动中，要把这样的要求变成现实，切实维护新闻真实性原则，就不仅要准确理解、把握新闻真实性的含义，而且还要防微杜渐，高度重视新闻失实所形成的原因以及危害，认真研究纠治的办法。

在我国新闻事业发展过程中，党和各级宣传部门、新闻机构均十分重视新闻真实问题，并不断同新闻失实的现象做斗争。在 20 世纪 40 年代的延安时期，中国共产党就开展了三次大的反“新闻失实”的运动。

(1)反“客里空”运动。

1941 年 9 月 4 日，延安《解放日报》上刊出由地方通讯员所写的新闻报道《富县城内家家户户的纺纱声》，报道了“富县全县都在摇着纺纱车”，并且用数字说话：“以前每人每天只能织布两到三尺，现在已经自己织布五匹”。事后查明，这纯属一条子虚乌有的假新闻。于是，有感于假新闻所造成的不良影响，特别是配合《解放日报》改版和全党整顿“三风”、纠正不良文风的需要，1942 年 11 月 17 日《解放日报》发表了《给本报通讯员的一封信》的社论，列举了当时数种新闻失实现象：曲解事实，如把残酷的战争描写成为游戏；“把个别的现象夸张为整体的现象，完全与事实不符合，吹牛皮，把大的事情写成琐碎的小事”，等等。在一定程度上对这一问题有所纠正。

新闻失实的现象出现，也引起了党和新闻工作领导者的高度重视，不仅在理论上及时地确立了新闻必须完全真实的原则，而且在实践中及时地予以纠正。1943 年 9 月 3 日，《解放日报》发表了陆定一撰写的《我们对于新闻学的基本观点》，从理论上系统地批判了唯心主义新闻观，阐述了唯物主义的新闻真实性等基本原则。1945 年 3 月 23 日，《解放日报》又专门刊发了《新闻必须完全真实》的社论，揭示并纠正新闻失实的现象。1945 年 12 月 13 日，《解放日报》发表了《从五个 W 说起》，从新闻写作的角度更加具体地提出了对新闻工作的要求。

随着中国革命斗争的不断深入，解放区的新闻事业有了更大的发展。同时，党和人民群众对新闻宣传工作也提出了更高的要求。1946 年，解放区农村土地改革逐渐开展，面对这一新兴事物，特别是作为政策性、导向性非常强的一项工作，广大农民和干部迫切希望从报纸上看到一些工作经验,并能够上升到对实际工作的指导。但是,围绕土地改革出现的个别新闻失实现象的存在,却影响了人民群众对报纸的信任。针对这种现象,党中央立即加以纠正,中共中央晋绥分局机关报《晋绥日报》首先在报纸上进行了自我批评。1947 年 6 月 25 日和 26 日,《晋绥日报》辟出版面连续发表了《不真实新闻》,公开曝光了十三条失实新闻。由此,在解放区新闻界掀起了一场反"客里空"运动。

链接——

中国人民大学张之华教授在为《中国大百科全书·新闻出版》卷撰写"反'客里空'运动"词条时,有如下解释:

中国第三次国内革命战争时期,在解放区新闻工作者队伍中进行的以维护新闻真实性为目的的群众运动。

"客里空"是苏联剧本《前线》中的一个惯于弄虚作假、吹牛拍马的战地特派记者。俄文 KPRLKYH 一词,原意是空喊家,中文音译为"客里空"。新闻界用它泛指新闻报道中的虚构、浮夸的作风。1947 年下半年,中共中央晋绥分局机关报《晋绥日报》为了改革报纸存在的弊病,以适应第三次国内革命战争和土地改革形势发展的需要,在报上节选刊载《前线》中有关描写"客里空"的章节,呼吁编者、作者揭露与检查采访、编写中的"客里空"作风。该报在《不真实的新闻与"客里空"之揭露》的标题下,连续编发读者的反映和报社的调查材料。同时,公开检查土地改革前期宣传中的失实报道,分析导致报道失实的不良思想作风和原因。8 月底,新华通讯社播发该社编辑部文章和社论:《锻炼我们的立场与作风——学习〈晋绥日报〉检查工作》、《学习晋绥日报的自我批评》,晋冀鲁豫《人民日报》、《晋察冀日报》、山东《大众日报》、陕甘宁《边区群众报》、《新黑龙江报》等各解放区报纸和新华社各分社迅速响应,在各解放区的新闻工作当中掀起了一场反对"客里空"的运动。这一运动维护了新闻必须真实的原则,发扬了自我批评的优良传统,提高了新闻队伍的素质,赢得了读者对党的新闻事业的信任和支持。运动进行过程中,由于受土地改革中"左"倾思想的影响,曾一度出现过夸大事实、无限上纲,以致揭发不真实的新闻也产生了不真实的偏差。经过这一运动以后,反"客里空"成为中国新闻界经常注意的一个问题。

反“客里空”运动中，不仅揭露了以往就出现过但此时又有发展的“夸大一点”的报道，而且指出了由于立场问题而出现的更为严重的新闻失实的现象。1948年4月2日，毛泽东发表了《对晋绥日报编辑人员的谈话》，阐述了党报的性质、作用、任务及其办报方针、风格等一系列重大问题。1948年10月2日，刘少奇发表了《对华北记者团的谈话》，要求记者：“你们的报道一定要真实，不要加油加醋，不要戴有色眼镜”。

反“客里空”运动，不仅是对新闻失实现象的一次集中清理，也在广大新闻工作者中间更进一步确立了新闻必须完全真实的原则。从此，反对歪曲事实的新闻报道，坚持新闻必须完全真实这个无产阶级新闻工作要求，更加为新闻工作者所重视。“客里空”成了新闻工作者中臭名远扬的反面典型。

(2)对“浮夸新闻”的斗争。

“浮夸新闻”是20世纪50年代“大跃进”时期新闻失实最集中、最典型的表现。

早在20世纪50年代初，新闻工作中就存在着“片面”的问题：只报成绩不报缺点；只按原计划去报道而不顾实际情况的变化；只选择迎合上级兴趣的部分或某个方面进行报道等。

特别是1958年“大跃进”时期，浮夸新闻“恶性发展”。一段时间，浮夸新闻成为一种普遍现象，全国各报纷纷登载什么种类的粮食亩产千斤万斤。新华社原社长陈克寒曾撰文严肃批评这种新闻失实的现象并指出：出现这种情况表面上看是某些机关的人给记者提供了片面的材料，但根本原因是记者的思想作风不健全，采访不深入，对事情缺乏分析研究。同时，他也提出了“消灭片面性的新闻，就必须在所有的新闻机关内部从上至下提倡唯物主义。”应该说，对这种浮夸的、片面性新闻，新闻界不仅是重视的，而且反对的态度也是坚决的。《人民日报》也发表了文章专门分析了造成这种新闻失实的现象和原因。湖南省记者蓝岗也坦露了自己由于按主观的想法，专找符合自己胃口的报道，结果把一个亩产只有750斤稻谷的乡，报道成为“千斤乡”的失实新闻。

当然，1958年“大跃进”时期新闻工作出现的问题不是偶然的，是与当时党的工作指导方针上出现的严重失误相关联的。1981年6月27日中国共产党第十一届中央委员会第六次会议通过的《中共中央关于建国以来党的若干历史问题的决议》中这样认为：“由于对社会主义建设经验不足，对经济发展规律和中国经济基本情况认识不足，更由于毛泽东同志、中央和地方不少领导同志，在胜利面前滋长了骄傲的情绪，急于求成，夸大了主观意志和主观努力的作用，没有经过认真调查研究和试点，轻率地发动了‘大跃进’运动和农村人民公社运动，使追求高指标，瞎指挥，浮夸风和‘共产风’为主要标志的‘左’倾错误严重地泛滥开来”。①

链接——

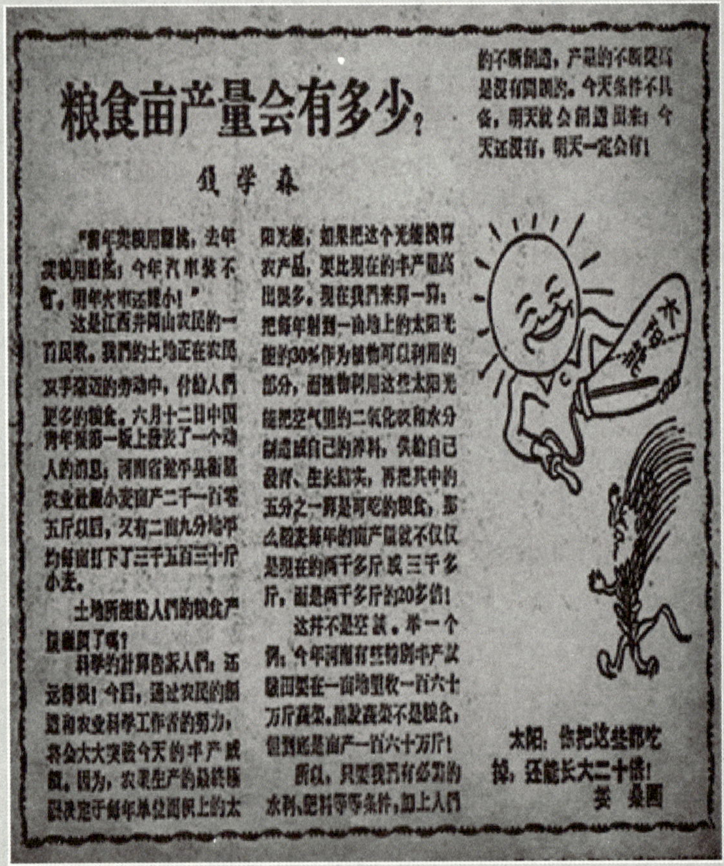

粮食亩产量会有多少？

钱学森

“前年笑我用扁挑，去年笑我用船拉；今年汽车装不下，明年火车还嫌小！”

这是江西井冈山农民的一首民歌。我们的土地正在农民双手深耕的劳动中，付给人们更多的粮食。六月十二日中国青年报第一版上发表了一个动人的消息：河南省遂平县卫星农业社两亩小麦亩产二千一百零五斤以后，又有二亩九分地平均每亩打下了三千五百三十斤小麦。

土地所能给人们的粮食产量碰顶了吗？

科学的计算告诉人们：还远得很！今后，通过农民的创造和农业科学工作者的努力，将会大大突破今天的丰产成就。因为，农业生产的最终极限决定于每年单位面积上的太阳光能，如果把这个光能换算成农产品，要比现在的丰产量高出很多。现在我们来算一算：把每年射到一亩地上的太阳光能的30%作为植物可以利用的部分，而植物利用这些太阳光能把空气里的二氧化碳和水分制造成自己的养料，供给自己发育、生长结实，再把其中的五分之一算是可吃的粮食，那么稻麦每年的亩产量就不仅仅是现在的两千多斤或三千多斤，而是两千多斤的20多倍！

这并不是空谈。举一个例：今年河南有些特别丰产试验田要在一亩地里收一百六十万斤青菜。青菜不是粮食，但到底是亩产一百六十万斤！

所以，只要我们有必需的水利、肥料等等条件，加上人们的不断创造，产量的不断提高是没有问题的。今天条件不具备，明天就会创造出来；今天还没有，明天一定会有！

《中国青年报》1958年6月16日第四版刊载钱学森文章《粮食亩产量会有多少？》

① http://www.cpc.people.com.cn.

人民日報

REN MIN RI BAO

毛主席 刘委员长 周总理电贺朝鲜解放十三周年时指出

侵朝惨败命运等待着美英侵略者

志愿军总部宣布第二批十万大军全部返国

周总理接见朝鲜代表团

联大紧急特别会议讨论中东局势

苏联阿联要美英立刻撤军

艾森豪威尔竭力为侵略黎巴嫩的罪行诡辩

周总理接见阿联大使

就中东局势进行会谈

中柬在和平进步的道路上互相合作

西哈努克首相到昆明

一千多人在机场上欢迎柬埔寨贵宾

迎头痛击帝国主义豢养的走狗

我空军毁伤蒋机三架

一颗早稻大"卫星"

欢迎西哈努克首相

社论

1958年8月15日《人民日报》头版刊登了新华社记者于澄建拍摄的湖北省麻城县建国一社的一组照片，并配以标题《一颗早稻大"卫星"》。照片配发的文字是："麻城县麻溪河乡建国第一农业社创造了亩产干谷三万六千九百五十六斤的丰产记录。这块早稻长得密密厚厚，孩子们站在上面就像在沙发上似的。"

我国早稻又創世界高产紀录

1958 年第 9 期《人民画报》也刊登了于澄建的这组照片，标题为《我国早稻又创世界高产纪录》。

“浮夸新闻”作为新闻史上一种十分特殊的现象，产生的后果是十分严重的。当然,从另一方面看,它也成为新闻界的一面镜子,留下了极为深刻的经验教训。

(3)彻底清除“假、大、空”新闻。

“文革”十年,是中国新闻史上新闻失实最严重的时期,也是广大新闻工作者同这种极为恶劣的新闻失实现象做斗争最为复杂的一个阶段。“文革”十年中,“四人帮”把持了新闻宣传机构,把新闻传播彻底变成了新闻造假。其理论根据是:“事实为政党服务”“事实服从路线的需要”“材料要从斗争的需要出发”等。于是,在整个新闻传播中,颠倒黑白、子虚乌有、夸大的新闻泛滥成灾,假典型、假经验、假情况天天都有,新闻完全成了“假、大、空”。

对于这种肆意践踏新闻真实性原则的现象,新闻工作者和受众是深恶痛绝的。粉碎“四人帮”以后,公开彻底地清除“假、大、空”新闻有了可能。这时,与新闻失实现象的斗争,无论在广度还是深度上,都是前所未有的:在新闻传播实践领域,发扬我党新闻工作的优良传统,维护新闻真实性原则,揭露批判各种内容与形式的假新闻;在理论观念层面,重新阐发并确立了马克思主义反映论和实事求是的原则,对新闻真实性本身的一些理论问题,也开展了深入而广泛的讨论。

3. 新闻失实的原因

通过对新闻失实所作的简要历史考察来看,真正维护新闻真实性原则,杜绝新闻失实是一个复杂长期的斗争过程。尽管社会主义新闻事业历来重视和维护新闻真实性原则,不断开展对新闻失实的斗争,然而,在新闻传播过程中,新闻失实这种现象既有普遍性,又有顽固性的特点。

究其原因,从客观上讲,首先是由于政治环境和社会风气对新闻传播的影响。新闻传播活动总是在一定的政治环境中进行的,新闻自身规律的实现,不可能不受到政治环境的影响和制约。从新闻必须真实这一内在规律的角度来说,良好的政治环境、实事求是的原则,为新闻真实这一内在规律的实现提供了根本保证。

从主观上讲,主要是由于不能坚持马克思主义历史唯物论和方法论,以及实事求是的原则,违反新闻职业道德,没有养成严谨细致、客观求实的工作作风。

除以上因素外,具体从“把关人”角度分析,造成新闻失实现象,大致还有以下几方面的原因：

(1)由于采访不深入、编稿不注意核实，造成新闻报道失实；

(2)新闻工作者思想方法片面，为了突出主题而随意虚构；

(3)不懂新闻特点，不懂得新闻同文学作品的区别，用文艺创作的方法报道新闻；

(4)知识不足，也是造成新闻失实的一个不可忽视的因素；

(5)个别人出于私利，完全无中生有，蓄意造假，致使出现了假新闻；

(6)牵强附会，乱扭角度，紧跟“风向”，造成新闻失实。

链接——

《今传媒》2014年第五期刊发董媛媛、赵夏撰写的论文《从2008-2012年“十大假新闻”看虚假新闻》，文章选取2008年至2012年《新闻记者》评选出的“十大假新闻”作为研究对象，通过量化分类(分析)方法对涉假(新闻)的主要表现和原因进行归类。

表1 2008-2012年“十大假新闻”涉假表现分类

类型	2008-2012假新闻盘点
记者捏造	2008年：《济南铁军探路映秀，两人牺牲》 《比尔·盖茨花亿元租房看奥运》 2009年：《中国海军索马里护航逼出跟踪潜艇》 《〈电影促进法〉及电影分级制度将出台》? 《老板手头紧让五情妇PK》 《女黑老大包养16个年轻男子供自己玩乐》 《石家庄积雪比人高》 2010年：《中国作协作家团入住总统套房》 2011年：《广电总局限港台艺人参与内地电视节目》 《央行发行面值500元人民币》 2012年：《记者扮流浪汉进救助站被打》 《铁道部谋划成立三大集团》 《南京市民排队喝鹿血》

道听途说		2008 年:《巨蟒吞噬中国维和士兵》 2010:《西安市已被确定为国家第五个直辖市》 《喀什房价两个月就翻倍》 《"偷菜"游戏或被取消》 《70%举报人遭打击报复》
未经核实转载刊发	对原稿未核实	2008 年:《"孙中山是韩国人"》 2009 年:《杨振宁证实夫人翁帆怀孕三个月》 2010 年:《金庸去世》 《炒蒜高手掷手千万买走百斤金条》 《中国每年有 220 万青少年死于室内污染》 2011 年:《年终奖计税方法调整》 《动车重大事故死亡人数上限为 35 人》 《新疆藉艾滋病人通过滴血食物传播病毒》 《中国歼 10B 试飞坠毁》 《玉溪将发生 8.6 级大地震》 《武汉大三女生求职时被割肾》 《金庸去世》 2012 年:《广电总局出台六禁令》
	网友恶搞贴子	2008 年:《上海方言:"嗲(dia)"字收入〈牛津英语词典〉》 《北京房地产商协会会长赞成炸掉故宫盖住宅》 2010 年 :《一女生世博排队被强奸怀孕》 2012 年:《广电总局解释〈泰坦尼克号〉裸戏被删》
	来源境外媒体	2008 年:《李佳薇和李湘前夫李厚霖结婚》 《郭晶晶怀上霍启刚骨肉欲离队》 2009 年:《中国 0.4% 的最富裕的人掌握了 70% 的财富》 《奥巴马送金正日 iPhone 和苹果电脑》 2010 年:《传我军数百战机青岛上空军演》

未经核实转载刊发	细节失实	2008 年:《六旬老人考取清华研究生激励儿子》 2012 年:《90 后男孩破解世界数学难题》 《"最美钟点工"救人》 《女兵学习十八大精神》 《柴静央视"你幸福吗"提问方式简单粗暴》 《温州商人林春平收购大西洋银行》
	数据失实	2008 年:《高速列车三秒钟可跨越长江大桥》
	张冠李戴	2009 年:《陈永贵之子陈明亮涉赌涉毒被刑拘》 《国考最热岗位报录比超 4700:1》 2011 年:《李娜怀孕》

4. 重视调查研究,健全工作制度,确保新闻真实

调查研究是一切宣传报道的基础,它应当贯穿新闻工作的全过程:报道计划的确定和实施,离不开调查研究;记者的主要工作就是深入实际,调查研究;编辑的作用同样必须建立在调查研究的基础上。

要综合提高新闻工作者的素质。杜绝新闻失实,关键在人。所以,应十分重视和加强新闻从业人员良好的政治素质、业务素质、知识水平和职业道德诸方面的素质的养成。

健全规章制度,强化工作制度执行力。随着新闻实践改革的进展,应该说,许多新闻单位为防范新闻失实都建立了相关的规章制度。诸如:稿件送审和核实制度;失实更正制度;奖惩制度;以及新闻工作职业道德规范、条例等。需要强调的是,仅有制度还不够,还要采取有效措施,强化对制度办法的执行力,从而促使对新闻真实性的维护逐步走向制度化、规范化。

四、新闻事业的群众性原则

新闻事业具有广泛的群众性，在新闻工作中坚持群众路线，这是社会主义新闻事业区别于其他新闻事业的一个显著特征。

1. 新闻事业的群众性

所谓新闻事业的群众性，是指在内容上，要最大限度地满足群众的需要；在形式上，新闻信息的表现形式与传播方式要能够为群众喜闻乐见；在工作路径上，走群众路线，坚持全党办报、深入群众、为人民办好新闻事业。作为社会主义国家，中国的新闻事业作为党和人民的“喉舌”，反映着人民的愿望和诉求，和人民群众具有一种新型的关系，人民大众是新闻事业的主人，新闻事业理应全心全意地为人民服务，也只有真心实意地依靠群众，才能够办好新闻事业，并且在新闻报道中凸显这样三个特点：群众的内容、群众的形式、群众的写作。

2.“全党办报，群众办报”的办报方针、制度与方法

“全党办报”的口号是中国共产党在延安时期首先提出来的。1942年是党的新闻工作非常重要的发展阶段。1942年4月2日，毛泽东在中共中央机关报《解放日报》改版座谈会上发表的讲话中指出：共产党的路线，就是人民的路线。利用《解放日报》应当成为各机关经常业务之一。① 在“整风运动”中，延安新闻界结合自己的工作和思想实际，进行了认真的学习、反思和思想业务整顿。

1942年4月11日，延安《解放日报》发表社论《致读者》，宣布正式实行改版。改版的基本内容，就是把由少数人办报转变为“群众办报，全党办报”，同时，在文风上废除“党八股”，提倡群众喜闻乐见的活泼文风。1944年2月16日，《解放日报》社论《本报创刊一千期》总结近三年来的成绩时指出：“我们的重要经验，一言以蔽之，就是‘全党办报’四个字”。从此，“全党办报”就以明确的语言，成为各根据地党报的办报方针了。

---

① 毛泽东：《在延安〈解放日报〉（改版）座谈会上的讲话（摘录）》《中国共产党新闻工作文件汇编》，新华出版社，1980年12月版，第185页。

1948年4月2日，毛泽东在对《晋绥日报》编辑人员的谈话中，再次提到党报的办报方针。他说："报纸的作用和力量，就在于它能使党的纲领路线、方针政策、工作任务和工作方法，最迅速最广泛地同群众见面。""我们的报纸也要依靠大家来办，靠全体人民群众来办，靠全党来办，而不能只靠少数人关起门来办。"[①]这样，"全党办报、群众办报"作为办报的组织路线和指导思想，就得到了进一步的强化。

"全党办报、群众办报"的基本内涵有以下几个方面：

(1)党的报纸是党的耳目喉舌，也是人民的耳目喉舌。办好报纸，要依靠全党，依靠人民群众；

(2)各级党委要加强对报纸的领导，使报纸了解党委的工作意图，了解实际情况，了解群众的思想动态；

(3)在党的领导下，发动群众参加报纸的工作，使专业报纸工作人员和群众紧密结合；

(4)组织通讯员队伍，把各个方面的积极分子、先进分子、专家、学者，以及广大读者团结在报纸编辑部的周围，为报纸写稿，提供情况和新闻线索，帮助报纸改进工作；

(5)编辑部重视读者来信来访工作，了解实际情况，倾听群众的呼声，把握群众的脉搏，回答群众提出的问题，使报纸和群众的生活息息相关。

全党办报、群众办报的要求在1942年延安"整风运动"时期明确提出以后，在新闻宣传领域得到了较好的贯彻。几十年来的新闻工作实践也已形成了贯彻这一工作路线的完整制度与方法，目前，比较成熟的做法是：

(1)党的新闻机构的主要领导出席党委的重要工作会议，了解党委的工作，听取党委对新闻工作的指示要求；

(2)各级党的新闻机构必须定期向党委报告工作情况，对于事关全局的重要宣传，应先向党委进行请示；

(3)事关全局的社论、重要新闻和重要理论文章，见报前应送党委或

---

① 毛泽东：《对〈晋绥日报〉编辑人员的谈话》，《中国共产党新闻工作文件汇编》，新华出版社，1980年12月版，第233－234页。

上级组织审阅、批准；

(4)新闻工作者必须重视群众的来稿、来信、来访，热情帮助、培养通讯员搞好新闻报道。各新闻单位还要专门设置群众工作部，集中处理通讯员和群众来稿、来访、来信，并经常调查群众对新闻工作的意见；

(5)建立通讯员网，由各级党委、政府部门直接负责向党的新闻机构提供情况、材料和稿件，并反映对新闻机构的意见、要求和建议。

五、舆论监督与新闻批评

社会主义新闻事业对推动社会主义民主政治具有特殊的作用。其中，正确地运用新闻工具开展批评和自我批评、体现来自公众的舆论监督，是把社会主义民主扩展到政治生活、经济生活、文化生活、社会生活各领域的有效途径，同时，也是公众进行自我教育的重要方法。因此，正确理解新闻事业的批评与自我批评的目的、原则和方法，更好地发挥新闻事业的舆论监督作用，对于推动社会的民主、文明和法治进步，是十分必要的。

1. 实行舆论监督，保护公众利益

新闻媒介是人类社会生活中无处不在的信息触角，并且由于新闻报道的公开性与广泛性，使其成为一种最有效、最广泛的社会监督形式。在中国，新闻的舆论监督，不仅可以引导社会公众的舆论走向和观念倾向，而且还可以对政府工作起到舆论监督的作用。党和政府也一向高度重视新闻舆论监督功能的发挥，党的十三大政治报告就指出："要通过各种现代化的新闻和宣传工具，增加对政务和党务活动的报道，发挥舆论监督的作用，支持群众批评工作中的缺点和错误，反对官僚主义，同各种不正之风做斗争。"

所谓新闻的舆论监督，是指新闻事业利用其本身在社会中的特殊地位和优势，代表广大公众对社会生活和社会实践活动中的一切工作情况特别是不良现象予以监督。

简言之，新闻事业通过对各种情况和公众意见的报道，借以反映舆论、引导舆论，对政府部门、相关社会组织机构，以及个人的社会行为进行规范与调节，以促进政府部门依法依规执政理政，社会机制正常、健康地运行，个人行为合乎公序良俗。

另一方面，舆论监督在更大的意义上也是一种权力制约力量，并成为衡量社会民主化程度的一个重要标尺。

当然，新闻舆论监督作用的充分发挥，还有赖于对新闻媒介的舆论监督功能有深入的了解。

一般来讲，新闻媒介的舆论监督，具有多重社会功能：

首先，新闻媒介的舆论监督是动员全社会施行其民主权利、保护公众利益的有效手段。没有公众权利便无任何监督可言，允许公众依靠新闻媒介监督政府及政府工作人员的工作，纠正社会存在的不良现象，是保障公民权利的重要表现。就新闻媒介本身而言，舆论监督所完成的任务只是通过批评性的报道，揭露错误事实并把它公开传播以引起全社会的注意，使公众充分认识这些错误事实违背公共利益的本质及其危害，并唤起公众捍卫自己及普罗大众的利益意识。在新闻批评报道的影响下，公众也可以把媒介的监督转化为人际监督、行政监督和法律监督。毫无疑问，新闻舆论是捍卫公众利益最强大的舆论武器。

其次，新闻媒介舆论监督也是促进社会管理机构改进工作，纠正各种工作失误的有效方式。此种监督主要集中在社会公共事务上，并把权力施政活动作为监督的重点，在增加政治生活的透明度、监督滥用职权、清除腐败现象、促进为政清廉的同时，也提高了社会公众的民主意识和法律观念。

最后，新闻媒介舆论监督也是公众自我教育的另一种形式。新闻媒体的批评报道不仅对政府职能部门、社会管理机构进行监督和批评，对公众自身所存在的各种缺点和错误，也同样利用新闻媒介这一公共平台加以揭露、引导和分析，从而帮助广大群众认识到自身所存在的错误的、消极的思想，以及各种不良习惯与行为，不断提高全民素质。

2. 正确开展新闻批评

新闻批评应当坚持原则性、富于建设性，要站在党性和人民性的立场，采取“惩前毖后、治病救人”的方式，以建设性的态度开展工作，目的是通过批评与自我批评解决实际存在的问题并预防许多问题的再次发生。具体来说，开展新闻批评应遵循以下基本原则：

(1)明确目的。开展新闻批评,明确目的十分重要,不能为批评而批评,更不能无视大多数人的利益,为小集体或一己私利去批评。1950 年 4 月 19 日,党中央在《中共中央关于在报纸刊物上开展批评和自我批评的决定》中曾指出:“在报纸刊物上进行批评和自我批评,是为了巩固党与人民群众的联系,保障党和国家的民主性,加速社会进步的重要方法。”明确了新闻批评的目的,才能在展开新闻批评的同时把握正确的方向,并以促进和巩固国家的健康发展为目的,从最广大的人民利益出发,最终取向必须符合党和人民的根本利益。

(2)端正态度。1942 年 4 月 2 日,毛泽东在延安《解放日报》改版座谈会上提出“批评应该是严正的、尖锐的,但又应该是诚恳的、坦白的、与人为善的。只有这种态度,才能对团结有利。”①所谓严正,就是要做到旗帜鲜明,严肃认真;所谓尖锐,就是不回避问题,敢于分析问题产生的原因和后果;所谓诚恳、坦白、与人为善,就是要真心实意,坦诚相见,热情帮助,治病救人。

(3)事实确凿。新闻批评的根基首先在于事实的完全确凿无误。只有这样,才能使被批评者折服、信服,也才能经得起时间与事物发展的检验、考验。事实是否确凿,有时可能是批评与诽谤最本质的区分点。

(4)观点正确。要尊重客观事实,描述准确,叙述周全,论证严密,切忌不能用个人的感情好恶代替原则、代替政策。

同时,需要强调的是,开展新闻批评的方式是多种多样的。消息、通讯、调查报告、来信、综述、评论、摄影、漫画、录像、现场转播等,都可以成为开展新闻批评的方式与手段。

3. 新闻批评应注意的“度”的问题

新闻批评,除了坚持以上所述的各项原则外,在程度的把握上,也有需要注意的方面。具体来说,应做到适量、适度、适时。

适量:就是要控制新闻批评的数量,在新闻报道中要注意批评报道与正面报道的数量平衡。

适度:指在新闻批评报道中把握分寸,要考虑到批评对全局工作的影

① 毛泽东:《在延安 <解放日报>(改版)座谈会上的讲话(摘录)》《中国共产党新闻工作文件汇编》,新华出版社,1980 年第 12 版,第 186 页。

响，以及群众、批评对象的承受能力，要从解决问题的良好愿望出发，注意批评方法。

适时：指批评报道要审时度势，选择合适恰当的时机发布，同党的中心工作结合起来，要配合政府的整体工作部署，从而收到更好的社会效果。

思考题

1. 马克思、恩格斯所确定的无产阶级报刊的工作原则是什么？
2. 在新的时代条件下，如何坚持新闻事业的群众性原则？
3. 如何正确开展新闻批评？

阅读书目

1. 童兵：《马克思主义新闻思想史稿》，中国人民大学出版社，1989 年 1 月版。
2. 中国社会科学院新闻研究所编：《中国共产党新闻工作文件汇编》，新华出版社，1980 年 12 月版。
3. 童兵：《马克思主义新闻经典教程》，复旦大学出版社，2002 年 11 月版。

附　录

附录一　中国新闻工作者职业道德准则

（中华全国新闻工作者协会第七届理事会第二次全体会议2009年11月9日修订）

中国新闻事业是中国特色社会主义事业的重要组成部分。新闻工作者要坚持以马克思列宁主义、毛泽东思想、邓小平理论和“三个代表”重要思想为指导，深入贯彻落实科学发展观，高举旗帜、围绕大局、服务人民、改革创新，贴近实际、贴近生活、贴近群众，用马克思主义新闻观指导新闻实践，学习宣传贯彻党的理论、路线、方针、政策，继承和发扬党的新闻工作优良传统，积极传播社会主义核心价值体系，努力践行社会主义荣辱观，恪守新闻职业道德，自觉承担社会责任，敬业奉献、诚实公正、清正廉洁、团结协作、严守法纪，做到政治强、业务精、纪律严、作风正。

第一条　全心全意为人民服务。要忠于党、忠于祖国、忠于人民，把体现党的主张与反映人民心声统一起来，把坚持正确导向与通达社情民意统一起来，把坚持正面宣传为主与加强和改进舆论监督统一起来，发挥党和政府联系人民群众的桥梁纽带作用。

1.积极宣传党和政府的重大决策部署，及时传播国内外各领域的信息，满足人民群众日益增长的新闻信息需求，保证人民群众的知情权、参与权、表达权、监督权；

2.牢固树立群众观点，把人民群众作为报道主体和服务对象，多宣传基层群众的先进典型，多挖掘群众身边的具体事例，多反映平凡人物的工作生活，多运用群众的生动语言，使新闻报道为人民群众喜闻乐见；

3. 积极反映人民群众的正确意见和呼声，批评侵害人民利益的现象和行为，依法保护人民群众的正当权益。

第二条　坚持正确舆论导向。要坚持团结稳定鼓劲、正面宣传为主，唱响主旋律，不断巩固和壮大积极健康向上的舆论。

1. 始终坚持以经济建设为中心，服从服务于改革发展稳定大局不动摇，着力推动科学发展、促进社会和谐；

2. 宣传科学理论、传播先进文化、塑造美好心灵、弘扬社会正气，增强社会责任感，坚决抵制格调低俗、有害人们身心健康的内容；

3. 加强和改进舆论监督，着眼于解决问题、推动工作，坚持准确监督、科学监督、依法监督、建设性监督；

4. 采访报道突发事件要坚持导向正确、及时准确、公开透明，全面客观报道事件动态及处置进程，推动事件的妥善处理，维护社会稳定和人心安定。

第三条　坚持新闻真实性原则。要把真实作为新闻的生命，坚持深入调查研究，报道做到真实、准确、全面、客观。

1. 要通过合法途径和方式获取新闻素材，新闻采访要出示有效的新闻记者证。认真核实新闻信息来源，确保新闻要素及情节准确；

2. 报道新闻不夸大不缩小不歪曲事实，不摆布采访报道对象，禁止虚构或制造新闻。刊播新闻报道要署作者的真名；

3. 摘转其他媒体的报道要把好事实关，不刊播违反科学和生活常识的内容；

4. 刊播了失实报道要勇于承担责任，及时更正致歉，消除不良影响。

第四条　发扬优良作风。要树立正确的世界观、人生观、价值观，加强品德修养，提高综合素质，抵制不良风气，接受社会监督。

1. 强化学习意识，养成学习习惯，不断提高政治和业务素质，增强政治意识、大局意识、责任意识，努力成为专家型新闻工作者；

2. 深入基层、贴近群众、体验生活，在深入中了解社情民意，增进与群众的感情；

3. 坚决反对和抵制各种有偿新闻和有偿不闻行为，不利用职业之便谋取不正当利益,不利用新闻报道发泄私愤,不以任何名义索取、接受采访报道对象或利害关系人的财物或其他利益,不向采访报道对象提出工作以外的要求;

4. 尊重新闻同行,反对不正当竞争。尊重他人的著作权益,引用他人的作品要注明出处,反对抄袭和剽窃行为;

5. 严格执行新闻报道与经营活动分开的规定,不以新闻报道形式做任何广告性质的宣传,编辑记者不得从事创收等经营性活动。

第五条　坚持改革创新。要遵循新闻传播规律,提高舆论引导能力,创新观念、创新内容、创新形式、创新方法、创新手段,做到体现时代性、把握规律性、富于创造性。

1. 深入研究不同传播对象的接受习惯和信息需求,主动设置议题,善于因势利导,不断提高舆论引导能力和传播能力;

2. 认真研究传播艺术,利用现代传播手段,采用受众听得懂、易接受的方式,增强新闻报道的亲和力、吸引力、感染力;

3. 善于利用新载体、新技术收集信息、发布新闻,提高时效性,扩大覆盖面。

第六条　遵纪守法。要增强法治观念,遵守宪法和法律法规,遵守党的新闻工作纪律,维护国家利益和安全,保守国家秘密。

1. 严格遵守和正确宣传国家的民族区域自治制度、各民族平等团结和宗教信仰自由政策,维护国家主权和社会稳定;

2. 维护采访报道对象的合法权益,尊重采访报道对象的正当要求,不揭个人隐私,不诽谤他人;

3. 维护未成年人、妇女、老年人和残疾人等特殊人群的合法权益,注意保护其身心健康;

4. 维护司法尊严,依法做好案件报道,不干预依法进行的司法审判活动,在法庭判决前不做定性、定罪的报道和评论;

5. 涉外报道要遵守我国涉外法律、对外政策和我国加入的国际条约。

第七条　促进国际新闻同行的交流与合作。要努力培养世界眼光和国际视野,积极搭建中国与世界交流沟通的桥梁。

1. 在国际交往中维护祖国尊严和国家利益,维护中国新闻工作者的形象;

2. 积极传播中华民族的优秀文化，增进世界各国人民对中华文化的了解；

3. 尊重各国主权、民族传统、宗教信仰和文化多样性，报道各国经济社会发展变化和优秀民族文化；

4. 积极参加有组织开展的与各国媒体和国际（区域）新闻组织的交流合作，增进了解、加深友谊，为推动建设持久和平、共同繁荣的和谐世界多做工作。

附则：对本《准则》，中国记协各级会员单位要结合实际制定相应实施细则，认真组织落实；全国新闻工作者要自觉执行；各级各专业记协要积极宣传和推动，欢迎社会各界监督。

附录二　关于禁止有偿新闻的若干规定

（中央宣传部、广播电影电视部、新闻出版署、中华全国新闻工作者协会1997年1月15日中宣发[1997]2号）

各省、自治区、直辖市党委宣传部、广播电视厅（局）、新闻出版局、记协、中央各主要新闻单位：

《中共中央关于加强社会主义精神文明建设若干重要问题的决议》明确指出："建立健全规章制度，加强队伍的教育和管理。严格禁止有偿新闻、买卖书号、无理索取高额报酬。"为贯彻落实《决议》精神，加强新闻队伍职业道德建设，禁止有偿新闻，维护新闻工作的信誉和新闻队伍的良好形象，树立敬业奉献、清正廉洁的行业新风，根据中宣部、新闻出版署颁布的有关规定，结合新的形势，重申并制定如下规定：

一、新闻单位采集、编辑、发表新闻，不得以任何形式收取费用。新闻工作者不得以任何名义向采访报道对象索要钱物，不得接受采访报道对象以任何名义提供的钱物、有价证券、信用卡等。

二、新闻工作者不得以任何名义向采访报道对象借用、试用车辆、住房、家用电器、通讯工具等物品。

三、新闻工作者参加新闻发布会和企业开业、产品上市以及其他庆典活动，不得索取和接受各种形式的礼金。

四、新闻单位在职记者、编辑不得在其他企事业单位兼职以获取报酬；未经本单位领导批准，不得受聘担任其他新闻单位的兼职记者、特约记者或特约撰稿人。

五、新闻工作者个人不得擅自组团进行采访报道活动。

六、新闻工作者在采访活动中不得提出工作以外个人生活方面的特殊要求，严禁讲排场、比阔气、挥霍公款。

七、新闻工作者不得利用职务之便要求他人为自己办私事，严禁采取"公开曝光""编发内参"等方式要挟他人以达到个人目的。

八、新闻报道与广告必须严格区别，新闻报道不得收取任何费用，不得以新闻报道形式为企业或产品做广告。凡收取费用的专版、专刊、专页、专栏、节目等，均属广告，必须有广告标识，与其他非广告信息相区别。

九、新闻报道与赞助必须严格区分，不得利用采访和发表新闻报道拉赞助。新闻单位必须把各种形式的赞助费，或因举办"征文""竞赛""专题节目"等得到的"协办经费"，纳入本单位财务统一管理，合理使用，定期审计。在得到赞助或协办的栏目、节目中，只可刊播赞助或协办单位的名称，不得以文字、语言、图像等形式宣传赞助或协办单位的形象和产品。

十、新闻报道与经营活动必须严格分开。新闻单位应由专职人员从事广告等经营业务，不得向编采部门下达经营创收任务。记者、编辑不得从事广告和其他经营活动。

各新闻单位要根据上述规定，结合本单位实际，制定实施细则，认真贯彻执行。要建立健全内部监督制度，发挥纪检、监察部门作用，确保规定落到实处。要接受社会监督，中华全国新闻工作者协会和各新闻单位要分别向社会公布举报电话，确定专人负责，认真受理。对违反上述规定的个人，由新闻单位和主管部门没收其违规收入，并视情节轻重，给予批评教育、通报批评、党纪政纪处分，直至开除，触犯法律的移送司法机关处理。对严重违反规定的单位，由广播电影电视部和新闻出版署给予行政处罚。要选择典型案例公开报道，推动禁止有偿新闻的工作深入持久地进行，务求取得实效。

附录三　联合国《国际新闻道德信条》草案

序言:新闻及出版自由是一项基本人权,是《联合国宪章》及《世界人权宣言》中所尊崇与宣示的所有自由权利的试金石;因此,和平的增进与维护,必须靠新闻及出版自由。

当报业及所有其他新闻媒介的工作人员,经常自动努力保持最高度的责任感,切实履行道德义务、忠于事实,以及在报道、说明和解释事实中追求真理时,这项自由将获得更好的保障。

因此,这一国际道德信条,对所有从事新闻及消息采访、传递、发行和评论的人,以及对从事文字、语言,或任何其他表达方法,描述当前事件的人而言,可作为职业行为的标准。

第一条　报业以及所有其他新闻媒介的工作人员,应尽一切努力,确保公众所接受的消息绝对正确。他们应当尽可能查证所有的消息内容,不应曲解任何事实,也不能故意删除任何重要的事实。

第二条　职业行为的崇高标准,是要求献身于公共利益。谋求个人便利以争取任何有违大众福利的私利,不论所持何种理由,均与这种职业行为不相符合。

任意中伤、污蔑、诽谤和缺乏根据的指控,都是严重的职业罪恶;抄袭剽窃的行为亦然。

对公众忠实,是优良新闻事业的基础。任何消息发表之后,如果发现严重错误,应立刻自动更正。谣言和未经证实的消息,应加指明,并作正当的处理。

第三条　唯有符合职业原则和尊严的任务,才能指派给报业及其他新闻媒介的工作人员,以及参加新闻事业的经济与商业活动人员承担。

发表任何消息或评论的人,应对其所发表的内容负完全责任——除非在发表时已明确否认这种责任。

个人的名誉应予以尊重,有关个人私生活的消息与评论,可能损及个人名誉时,并非有助于公共利益,而仅仅是迎合公众好奇心理者,则不应该发表。如果对个人的名誉或道德人格提出指控时，应当给予答辩的机会。

关于消息来源，应慎重处理。对暗中透露的事件，应当保守职业秘密；这项特权经常可在法律的范围内，作最大限度的运用。

第四条　描述及评论另外一个国家事件的人，有责任获得有关这个国家的必需知识，确保自己做出正确公正的报道和评论。

第五条　本道德信条的基本原则是：确保对新闻职业道德忠实遵守的责任落到从事新闻事业的人身上，而不是由任何政府承担。因此，本道德信条的任何内容，均不得解释为政府可以任何方式加以干涉，并强制新闻界遵守其中所列举道德义务的理由。

（联合国新闻自由小组委员会，经过五次讨论制订）

附录四 1980年以后出版的部分新闻理论教材

名称	作者	出版单位	出版时间
新闻理论基础	甘惜分	中国人民大学出版社	1982年7月
新闻学概论	李良荣	福建人民出版社	1985年6月
宏观新闻学	刘建明	中国人民大学出版社	1991年8月
新闻学基本原理	吴高福	武汉大学出版社	1993年4月
新闻理论教程	成美 童兵	中国人民大学出版社	1993年11月
新闻学	徐宝璜	中国人民大学出版社	1994年1月
新闻学原理	杨立川	西北大学出版社	1994年2月
新闻理论纲要	李卓钧	武汉大学出版社	1995年12月
新闻理论	雷跃捷	中国传媒大学出版社	1997年4月
新闻学概论	陈霖	苏州大学出版社	1997年6月
新闻学概论新编	蔡铭泽	暨南大学出版社	1998年8月
新闻理论教程	胡正荣	中国广播电视出版社	2001年1月
理论新闻传播学导论	童兵	中国人民大学出版社	2002年4月
新闻理论纲要	李卓钧	武汉大学出版社	2002年5月
新闻学概论	郝雨 王艳玲	上海大学出版社	2003年3月
当代新闻学原理	刘建明	清华大学出版社	2003年4月
当代新闻理论	郑保卫	新华出版社	2003年11月
新闻理论教程	杨保军	中国人民大学出版社	2005年3月
新闻学概论	项德生	武汉大学出版社	2005年9月
新闻理论新思路	陈作平	中国传媒大学出版社	2006年1月
新闻学原理	彭菊华	中国传媒大学出版社	2006年1月
新闻学概论	项德生 郑保卫	武汉大学出版社	2006年3月

名称	作者	出版单位	出版时间
新闻理论基础	刘九洲	武汉大学出版社	2006 年 3 月
新闻理论教程	何梓华 成美	高等教育出版社	2006 年 4 月
新闻学概论	邵志择	浙江大学出版社	2006 年 6 月
新闻学基本原理	吴学福	武汉大学出版社	2006 年 7 月
新闻理论基础	丰纯高	中国传媒大学出版社	2006 年 8 月
新闻学导论	李良荣	高等教育出版社	2006 年 12 月
新闻学概论	陈霖	苏州大学出版社	2007 年 1 月
新闻学概论	刘建明	中国传媒大学出版社	2007 年 3 月
新闻传播理论概要	刘建勋 周秦玉	北京大学出版社	2007 年 8 月
新闻理论新编	郑保卫	中国人民大学出版社	2007 年 9 月
新闻理论教程	何梓华	高等教育出版社	2008 年 4 月
新闻理论十讲	陈力丹	复旦大学出版社	2008 年 6 月
新闻理论研究引论	杨保军	中国人民大学出版社	2009 年 6 月
新闻学导论新编	谢金文	北京大学出版社	2009 年 12 月
新闻理论教程	骆正林	北京大学出版社	2010 年 2 月
新闻学概论	林凌	化学工业出版社	2011 年 1 月
新编新闻学概论	刘凡 杨萍	暨南大学出版社	2011 年 3 月
新闻理论教程	郑保卫	北京师范大学出版社	2012 年 4 月
新闻学概论	李良荣	复旦大学出版社	2012 年 11 月
新闻传播学概论	陈霖	苏州大学出版社	2013 年 5 月
新闻学概论	田秋生 李鲤 毛颖辉	暨南大学出版社	2013 年 9 月
新闻理论教程	陈力丹 张建中	中国人民大学出版社	2013 年 10 月
新闻学概论	丛春华	西南师范大学出版社	2014 年 9 月
新闻概论	郭卫东	北京师范大学出版社	2015 年 5 月

参考文献

[1]徐宝璜.新闻学.[M].北京:中国人民大学出版社,1994.

[2]徐宝璜.徐宝璜新闻学论集.[M].北京:北京大学出版社,2008.

[3]邵飘萍.邵飘萍新闻学论集.[M].北京:北京大学出版社,2008.

[4]戈公振.中国报学史.[M].北京:生活·读书·新知三联书店,2011.

[5]甘惜分.新闻理论基础.[M].北京:中国人民大学出版社,1982.

[6]童兵.马克思主义新闻思想史稿.[M].北京:中国人民大学出版社,1989.

[7]童兵:马克思主义新闻经典教程.[M].上海:复旦大学出版社,2002.

[8]中国社会科学院新闻研究所编.中国共产党新闻工作文件汇编.[M].北京:新华出版社,1980.

[9]吴高福.新闻学基本原理.[M].武汉:武汉大学出版社,2006.

[10]刘建明.宏观新闻学.[M].北京:中国人民大学出版社,1991.

[11]陈力丹.舆论学——舆论导向研究.[M].北京:中国广播电视出版社,2002.

[12]杜骏飞.弥漫的传播.[M].北京:中国社会科学出版社,2002.

[13]杨保军.新闻真实论.[M].北京:中国人民大学出版社,2006.

[14]郝雨,王艳玲.新闻学论.[M].上海:上海大学出版社,2003.

[15][美]约翰·H·麦克马那斯.市场新闻业——公民自行小心.张磊,译.[M].北京:新华出版社,2004.

[16][美]J·赫伯特·阿尔休特.权力的媒介.黄煜,裘志康,译.[M].北京:华夏出版社,1989.

[17][美]新闻自由委员会.一个自由而负责的新闻界.展江,王征,王涛,译.[M].北京:中国人民大学出版社,2004.

[18][美]弗雷德里克·S·西伯特,西奥多·彼得森,威尔伯·施拉姆.传媒的四种理论.戴鑫译,展江,校.[M].北京:中国人民大学出版社,2008.

[19][美]威尔伯·施拉姆、威廉·波特.传播学概论.何道宽,译.[M].北京:中国人民大学出版社,2014.

[20][美]沃尔特·李普曼.公众舆论.阎克文,江红,译.[M].上海:人民出版社,2006.

[21][英]丹尼斯·麦奎尔.麦奎尔大众传播理论.崔保国,李琨,译.[M].北京:清华大学出版社,2006.

[22][美]卡斯珀·约斯特.新闻学原理.王海,译.[M].北京:中国传媒大学出版社,2013.

[23][日]佐藤卓已.现代媒介史.诸葛蔚东,译.[M].北京:北京大学出版社,2004.

[24][澳]格雷姆·特纳.普通人与媒介:人众化转向.许静,译.[M].北京:北京大学出版社,2011.

[25][英]丹尼斯·麦奎尔.受众分析.刘燕南,李颖,杨振荣,译.[M].北京:中国人民大学出版社,2006.

[26][英]利萨·泰勒、安德鲁·威利斯.媒介研究:文本、机构与受众.吴靖,黄佩,译.[M].北京:北京大学出版社,2005.

[27][美]马克斯韦尔·麦库姆斯.议程设置:大众媒介与舆论.郭镇之,徐培喜,译.[M].北京:北京大学版社,2008.

[28][法]让——诺埃尔·让纳内.西方媒介史.段慧敏,译.[M].桂林:广西师范大学出版社,2005.

[29][美]保罗·莱文森.新新媒介.何道宽,译.[M].上海:复旦大学出版社,2011.

[30][法]雷吉斯·德布雷.普通媒介学教程.陈卫星,王杨,译.[M].北京:清华大学出版社,2014.

后 记

新闻学是“显学”。这种“显”，更多的体现了时代的需要。伴随着新闻事业的发展，新闻学理论已经形成了系统的理论体系和学科形态。今天，面对新的媒介时代以及媒体格局的深刻变化，在总结吸收既有研究成果和实践经验的同时，对新闻学基础理论进行新的寻绎与梳理，既是我们从事新闻学科教学改革创新的最新成果，也是从新闻学学理角度对新时代新闻事业发展的最好呼应。

作为长期从事新闻理论教学与研究的高校教师，笔者深感有科学合理的学科架构、有思想内涵、有现实针对性，特别是能紧扣时代脉搏的专业教材对大学生是多么重要。为此，我们也不揣谫陋，大胆探索，在吸收新闻事业发展最新动态以及最新学术成果的基础上，既照应教学大纲中对新闻理论基本内容的体系要求，又重点在内容构成、理论阐释、论述角度、素材选取等方面体现出特色，以期更有现实针对性和指导性。

编著体例上，遵从了高校新闻学专业教材的一般要求，同时为了拓展阅读者的知识视野，深化对有关问题的理解与阐述，我们选择、链接了一些资料，并将有关理论文献和学术界的研究成果在正文中予以注明，便于读者索引文献、把握要点、拓宽思路。

一直以来，结合新闻学科的科研和教学实践，我们对新闻学基础理论的探究与寻绎孜孜以求，希冀能将自己的思考与研究成果整理出来并呈于大家。2013 年，适逢陕西师范大学新闻与传播学院启动了“媒介融合下新闻传播系列特色教材”的规划与编写，本书忝列其中，并得到学院各位同仁的关注，深感荣幸。责任编辑张建明先生对本书贡献良多，成书之际，谨表谢意。

全书是作者共同讨论与思考的结果，在成书过程中没有具体分工，唯有全程合作，合力攻关，深感欣然，亦觉释然。

知无涯，学路亦无涯。希望能够得到大家的宝贵意见和建议，亦使我们不断充实，不断完善，不断获得教益。

是为记。

鲍海波　王敏芝

2015 年 7 月